浙江省普通本科高校『十四五』重点立项建设教材

浙江省『十四五』普通高等教育本科规划教材

DAXUESHENG
KOUYU
JIAOJI
JIAOCHENG

大学生口语交际教程

（第三版）

主　编　王建华　俞晓群

副主编　陈源源　张春雷

中国教育出版传媒集团

高等教育出版社·北京

内容提要

本书是大学通识教育教材,是浙江省"十四五"普通高等教育本科规划教材,浙江省普通本科高校"十四五"重点立项建设教材。

本书针对大学生口语交际,系统分析并讲解了招呼与介绍、拜访与接待、提问与回答、意见与建议、说服与拒绝、赞扬与批评、求职与应聘、讲解与评论、谈判、主持、演讲、辩论、新闻发言人等专题的内容。本书借鉴国际流行的案例教学模式,每一专题均对精彩典型的案例进行点评,以此引导学生在实际的演练中掌握各种交际的特点和口才技巧。

本书具有很广的适用面,可作为普通高等学校及高等职业院校相关课程的教材,也可供有兴趣的社会读者参考阅读。

图书在版编目(CIP)数据

大学生口语交际教程 / 王建华,俞晓群主编.
3 版. -- 北京:高等教育出版社,2025.1(2025.8 重印). -- ISBN 978 - 7 - 04 - 063278 - 1

Ⅰ. H193.2

中国国家版本馆 CIP 数据核字第 2024D9G557 号

| 策划编辑 | 宇文晓健 | 责任编辑 | 宇文晓健 | 封面设计 | 张文豪 | 责任印制 | 高忠富 |

出版发行	高等教育出版社	网　　址	http://www.hep.edu.cn
社　　址	北京市西城区德外大街 4 号		http://www.hep.com.cn
邮政编码	100120	网上订购	http://www.hepmall.com.cn
印　　刷	上海叶大印务发展有限公司		http://www.hepmall.com
开　　本	787mm×1092mm　1/16		http://www.hepmall.cn
印　　张	16	版　　次	2011 年 8 月第 1 版
字　　数	295 千字		2025 年 1 月第 3 版
购书热线	010-58581118	印　　次	2025 年 8 月第 2 次印刷
咨询电话	400-810-0598	定　　价	38.00 元

编 委 会

主　编　王建华　俞晓群

副主编　陈源源　张春雷

编　委　李惠超　李爱红　付　伊　骆锤炼

　　　　施麟麒　刘艳娟　毛力群　张　龙

　　　　吴小芬　叶　晗　周　毅　吴雨薇

前　言

习近平总书记指出："'两个一百年'奋斗目标的实现、中华民族伟大复兴中国梦的实现，归根到底靠人才、靠教育。源源不断的人才资源是我国在激烈的国际竞争中的重要潜在力量和后发优势。"党的二十大提出了全面贯彻党的教育方针，落实立德树人根本任务，培养德智体美劳全面发展的社会主义建设者和接班人。中华民族伟大复兴的历史使命对新一代大学生提出了更高的要求，数以千万计的大学生是国家发展的重要人才资源，也是中国式现代化建设的主力军。本教材从国家和民族长远发展的大计出发，聚焦培养造就大批德才兼备的高素质人才，全面提高大学生的素质、知识和能力的目标，重点关注当代大学生口语交际能力的提升。

口语交际能力作为人的基本素养，无疑是大学生的核心能力和竞争力之一。当代社会的人际交往、社会活动、求职应聘、主持演讲、谈判辩论、新闻发布等，无不要求人具有高超的口语交际能力。数字化时代的人机交往、互联沟通，同样需要加强口语交际能力的培养和训练。本教材以相应的语言学理论为基础，借鉴国际流行的教学案例法，以培养大学生的交际能力为本，以大学生为主体组织课堂教学，通过对各类常见的交际情境的模拟再现及实践演练，着力提高大学生的口语交际能力。

本教材最早的版本是浙江大学出版社 2005 年出版的《新编大学生口语交际教程》，为浙江省高校重点建设教材的项目成果。出版使用后的教学实践证明，大学生学习和训练的热情很高，产生了良好的效果和积极的反响。为适应更多高校的教学，2011 年进行了第一次修订，由高等教育出版社出版。国内很多高校使用了本教材，教材也一再重印，其适用性得到验证和强化。2018 年，在第一次修订本基础上重新修订的第二版出版,使用的高校进一步增加,教材的影响日益扩大。2024年,本教材被评为浙江省普通本科高校"十四五"第二批新工科、新医科、新农科、新文科重点教材立项项目。

前不久,高教社宇文晓健编辑联系我,建议对教材进行第三版的修订,以适应高校新文科建设和新时代教学改革的需求。本次修订的原则是保留 2018 年第二版的基本框架,体现教学理念、教学内容、教材体例、编写形式等方面的改革与创新。在教学理念上,注重大学生的情感体验,重视大学生积极参与的教学理念。力求让大学生在实践中了解各类交际语言的特点,从案例中品味交际语言的不同神韵,在演练中实现提高口语交际水平的目标。在教材内容上,着眼于能力的培养和训练,选择切合当代大学生学习和生活实际的 13 个口语交际的情境和专题,以 3 个模块——要点指津、案例点评和演练题精选为主要内容,具有很强的针对性、实用性和可操作性。在教材体例上,以案例分析作为最大亮点和最主要特色,每一专题均配有精彩典型的案例,引导大学生在实际的演练中掌握各种交际的特点和口才技巧。在编写形式上,从内容编排、章节格式、版式设计到印刷制作等方面,都力求做到使教材使用者有耳目一新的感觉,内容与形式并重、学习与演练并行。此次修订的重点是在案例的选择上做了大幅度的调整,剔除了一些过时或不当的例子,增加了时代感强以及大学生更乐于接受的案例进行分析。

2021 年,我被温州大学特聘为资深教授。此次修订由我和浙江科技大学的俞晓群教授共同担任主编,国家语言文字推广基地(温州大学)执行主任陈源源教授和温州大学张春雷教授为副主编。温州大学、浙江科技大学、浙江师范大学、浙江财经大学、杭州师范大学的教授、副教授和博士们参与了修订。他们是:李惠超、李爱红、付伊、骆锤炼、施麟麒、刘艳娟、毛力群、张龙、吴小芬、叶晗、周毅、吴雨薇,李爱红博士还做了全书的校对。感谢各位修订者的合作与努力,也感谢高等教育出版社的配合与支持,使教材修订和出版能如期完成。借此机会,还要向本教材的最初版本和第一版、第二版的各位作者致敬与致谢。

王建华

2024 年 6 月

目　　录

绪　　论

一、口语交际的重要性

语言出现，地球上的人和动物有了清晰的分野，人类从此迎来了文明的曙光。数千年来，尽管后起的书面语越来越精致完善，但作为语言初始形态的口语的交际一直是人类最直接、最活跃、最频繁的交际形式，尤其是今天的网络时代，电话、网络视频不仅使得口语也能像书面语一样"传于异地，达于异时"，而且使得人与人之间实现即时便捷的交流和沟通。口语已成为人际交流最常用、最基本的方式，也成为一种与人们的一切利益息息相关的言语艺术，其重要性日趋显著。

(一) 口语交际是维系人际感情的纽带

系统功能语言学者认为，人际功能是语言的元功能之一；传统的民间智慧也跟我们说："良言一句三冬暖，恶语伤人六月寒。"校园里，一番情真意切的美好话语，可以使初识的师生立时融洽无间，也可以使互相恼恨的同学顷刻间尽释前嫌。

(二) 口语交际是现代人才的基本能力

在现代社会，话语得体、表述准确，是任何一类人才都必须具备的基本技能。《论语》云："工欲善其事，必先利其器。"口语之技，是促使事业成功的必备之"器"。无论修文还是攻理，不"利"口语之"器"，就不能"善"未来之"事"。一个人纵有"经纶"满腹，遇有问询不能迅即答复，遇有争议不能辩解说服，那么，在现代这个合作竞争并存的社会依然难以成为真正有用的人才。此外，口语交际的即时性还决定了交际主体必须具有敏捷的思维能力和高明的应变能力，而这两种能力也是现代人才的基本能力，所以注重口语交际可同时提升自我的思维能力和应变能力。

（三）口语交际是提高经济效益的途径

当今社会，经贸往来、业务谈判、产品推销、教学讲演、医患问答、主持表达、导游服务等，已经成为社会生活中的重要组成部分，这类活动的媒介是语言。可以说，巧妙的话语就是经济效益。现实中，一次成功的谈判使即将破产的企业重现生机、一次精彩的介绍使产品饮誉海内外之类例子比比皆是。服务员、推销员、信息员、导游员等，其口语交际的效果和经济效益直接相关，而教师、律师、播音员、主持人、政府工作人员，其口语的表达，均会对经济效益产生间接影响。

作为未来社会建设的主力军，大学生需要具备出色的素质和扎实的技能，而良好的口语交际能力，则是必备的基础能力之一。

二、大学生口语交际的基本策略

口语交际是个人和社会最为密切的联系方式，旨在通过传递信息、表情达意让对方了解自己的本心，从而建立信任、互助、融洽的人际关系，为自己创造一个良好的外部生存和发展环境。因此，与他人交往，并不需要用什么特殊技巧来驳倒对方，也不一定要在谈话中处于上风，而是要让自己所说的话容易让对方接受，从而实现成功交际。

（一）建立良好关系

通过口语交际建立良好的人际关系主要包括两个方面：一是对人际关系的维持和发展，二是遇到交际危机时的巧妙化解。

维持和发展人际关系，是指在日常口语交际中，尽量不要出现伤害人际关系的不当言辞和行为。健康良好的人际关系是建立在互相尊重的基础上，一旦自身的行为伤害到了别人的自尊，即使是无意识的，也会危害到原本和谐的人际关系。例如，有一名大学生在一次课堂发言中方言味道很浓，这本是一件正常的事，但是旁边同学一直讥笑他，甚至还故意模仿他的口音，以致惹得其他同学也笑话他；由于这位大学生比较内向自卑，这一情景就经常在他脑海中重现，从此以后他始终对这几个同学采取敌视的态度，毕业很多年仍不能释怀。总之，口语交际要考虑对方感受，不要伤害对方的自尊，这是维持良好人际关系的一个底线。

与人交往，不可能总是一帆风顺的，有时会出现交际危机，这时候就需要用口语技巧来化解危机，从而维护好自己的人际关系。比如，交往中，有人会无故对你撒泼发横，或因某些不称心的事而意气用事，讲出种种令人难以接受的话。这时，你若针锋相对，那么对方的"火"可能会越烧越旺。相反，如果你能避其锋芒，就会减少僵持和顶撞，对方的火即使很盛，也会被你避"锋"求"和"的语言扑灭，这就避免了冲突，维持了良好的人际关系。处理口语交际中的危机，需要一定的语言技巧才能完成，所以我们要在日常生活中有意识地培养和提高自己的口语交际能力。

（二）遵循交际原则

1. 合作的原则

语言学家格赖斯提出了会话合作原则，具体地说，即在某个交谈过程中，每一位交谈者所说的话必须符合这一次交谈的目标或方向，必须相互合作。这是口语交际中的一个基本要求，也就是说，谈话者必须提供准确、明白的信息给对方，一旦答非所问，交际肯定是难以继续的。口语交际中必须首先遵循合作原则，努力做到"说得清，听得准，解得透，答得好"。

2. 合礼的原则

语言学家利奇效法格赖斯的合作原则提出了会话中的合礼原则，认为口语交际应合礼。具体而言，口语交际的合礼原则是指口语交际必须符合礼制、礼仪，即符合社会文化要求和规定的礼貌标准。说话文明得体、有礼有节，往往能获得对方的好印象，有利于交际活动的顺利进行；反之，则会让交际受到阻碍。

3. 趋同的原则

社会心理学研究表明，人们都乐于同与自己有相似点的人交往、谈话。口语交际中要尽量减少自己与别人在观点上的分歧，尽量与对方趋同。相似因素的功能在于缩短彼此的心理距离，产生相同或相近的情绪体验，从而产生亲切感。口语交际中应尽量借助各种言语手段凸显双方类似的人生体验、一般的生活常识、共通的专业知识背景以及相当的修养水准等，同质部分越多，交际就越顺利。

4. 相关的原则

口语交际总是发生在一定的社会环境中，交际活动离不开一定的时间、地点和场合，并受它们的影响。俗话说"到哪座山上，唱哪首歌"，就很好地说明了语言要适应外部环境的道理。好的本意、绝妙的语言，如果不适合相关环境的话，就不会有好的效果，甚至会影响交际行为。在口语交际中，环境是动态变化的，"相关"就是要"语随境迁""境变语随"。

（三）理解对方立场

交际是双方的事情，一方通常希望自己的想法、意见得到另一方的理解和尊重。理解往往可以产生心理共鸣，所以在口语交际过程中，交际一方应先选择对方的立场，或者选择对方认可、表示理解的立场，以此为出发点，求得双方情感发展步调的一致性，以实现"心理相容"。由于社会角色的不同可能会产生交际障碍，这时要学会换位思考，站在对方的角度去体验交际对象的情感和需求，理解交际对象的思想和行为，培养自己的同理心。

（四）展示语言魅力

新时代的大学生，在口语交际中除了要展现自己的人格魅力，也应当展现自己的语言魅力，从而更好地彰显大学生的风采。语言是一种充满智慧的交际工具，典雅、幽默而又不乏哲理的语言表达，往往可以体现出一个人的良好修养和不凡品位。要使语言有魅力，需要进行有针对性的演练。

三、大学生口语交际的基本要求

（一）以诚感人

我国古代非常重视言语交际中诚信的问题。《易传》中有"修辞立其诚"的说法，这里的"诚"指的就是诚信，即要求言辞与道德修养相结合，要求言辞有信实的内容。在口语交际过程中保持诚信，不仅要求表达者有诚信的态度，也要求接受者具有真诚、友善的道德修养。从心理学角度而言，交际能够顺利进行的重要基础就是双方互信。交际的一方一旦发现对方有不诚信的信号出现，交际活动就可能会受到影响甚至终止；诚信的态度往往更容易打动对方，赢得对方的心理认可，从而收到事半功倍的效果。

（二）以理服人

作为社会中的一个特殊群体，大学生有其独特的群体特点，其中最明显的一点就是他们都有着较高的文化修养，有一定的逻辑思辨能力。在大学生之间的口语交际中，主导思维和判断的主要因素是理性的力量，这要求交际双方所言说的信息必须有较强的逻辑性，必须具有可接受性。只有这样才可能使对方认同并接受自己的观点和建议，非理性和强词夺理的言论只会导致对方的反感和对抗。

(三) 以情动人

"感人心者,莫先乎情",真情是交际之本。充满诚挚情感的话语能够唤起公众的深切同情,从而达成理解,促成合作。一个人可以抵挡住形形色色的诱惑,却抵挡不住诚挚之情的莅临。美国著名的心理学家阿尔特·蒙荷拉比把语言的表达效果概括为这样一个公式:

$$一句话的影响力 = 15\%声 + 20\%色 + 25\%姿 + 40\%情$$

情感被人们比作交际活动的润滑剂,这形象地说明了情感的调节作用。

(四) 以艺陶人

以艺陶人是指大学生的口语交际要有较高的艺术魅力,能充分考虑对方的需求,选择最恰当的话语手段表达观点、感情,润物细无声般地让人受到感染,从而使对方在不知不觉中既接受了你所言说的观点和意见,又能陶冶性情、愉悦身心。

总之,作为一名大学生,要提高自己的交际能力,就要很好地发挥口语的交际职能,从"诚""理""情""艺"等方面着力,注意它们同交际对象、交际语境、交际要传达的各种信息等的联系,培养自己口语交际的才能,提高口语交际的艺术水平,这样才能在社会这个大舞台上更好地挥洒自如。

四、本书的出发点和主要特点

现代社会全方位的开放和竞争,对口语交际的使用和质量提出了越来越高的要求。作为未来社会建设的骨干和精英,大学生必须具有良好的口语交际能力,善于言说,使美言善言不断,如此方能在实际生活中扮演好自己的角色。然而,我国中小学语文教育中长期形成的重"文"(写作)轻"语"(言说)的现状,使得多数人的口语表达能力明显不足。因此,提升口语交际能力已成为当代大学生的当务之急。本书正是基于这种现状、顺应这种需要而编写的,我们试图通过课堂内外的系统学习和大量演练,使大学生更好地掌握口语交际的基本要求和技能,从而在日常交际中把话说得得体、贴切,甚至出口成章。

本书是一本具有开拓性的大学教材,最大的特点是以应用语言学理论为基础,借鉴国际流行的教学案例法,以培养大学生的交际能力为本,以大学生为主体组织课堂教学,通过对各类常见交际情境的模拟再现及实践演练,提高大学生的口语交际能力。本书可以适应各种专业的大学生口语教学，是一本有创新意义和价值的、专门的口语训练教材。

（一）本书采用案例教学的设计框架

本书借鉴国际流行的案例教学法，通过提供各种常见口语交际情境的典型案例，再现生活中的常见交际情境，使学生接触到各种各样的交际情况或问题，然后通过对案例的各种语言学、交际学的评析，使学生获得对各种交际情境口语表达总的感觉，再经由一定量的对现实交际生活的预演或排练，引导学生在实际的演练中掌握各类交际的特点并习得各类交际的口才技巧。

与传统的老师台上讲、学生台下听的灌输式教学方法不同，本书的案例教学要求以学生为主，采取课堂讨论的方式进行，并促成每个学生在课堂上做出自己的一份贡献。学生必须预先充分准备，利用所学感知、分析教材所提供的典型案例中的交际情境，并作为情境中的主体说出与情境相应的得体的话语。本书提供的大量练习为学生在课堂参与讨论、发言提供了可能。本书案例大多来源于现实生活，有的案例学生熟悉甚至遇见过，有的案例是学生会面临的实际情况或问题，而且案例内容生动有趣，蕴含着语言学的概念、理论。这些都将对学生产生吸引力，并激发他们的参与热情。

本书让学生设身处地地把自己置于一个特定的交际情境中，课堂为锻炼和培养学生面对实际情况的临场发挥能力以及提高学生的口才综合素质提供了一个实训的场所，这与传统的"一言堂"教学模式不同。在灌输式的教学模式中，老师既是"导演"，也是"演员"，学生充当的只是"观众"角色。本书为学生展示、练习口才提供了舞台。学生在课堂上扮演的是"演员"，老师只起"导演"的作用。教师可借助考评机制，将学生在课堂上的参与和表现情况直接作为其考评成绩的一个重要组成部分，促使学生在课堂上提高学习和练习的积极性。本书对课堂这样规约的重要结果，是使课堂教学始终处于"教"与"学"的双向互动中，将"教学"意义发挥到极致：有助于使学生面对各种交际情境时做出迅捷的应对，课堂为学生提供一种解决口语交际实际问题和对他们的现场回答予以快速反馈的机会，这种机会可以极大地锻炼学生口语交际的即时应答能力，这是极重要的口才素养。

（二）本书力求理论知识性和实际应用性的统一

以往的口语训练教材大致可分为三类：一是理论类的；二是讲解类的，内容以讲解为主，辅以举例说明；三是资料类的，或百科手册性的工具书，或某种专题资料の汇编。这三类教材一般以"理论阐释—讲解分析—举例说明"为框架,或侧重理论知识性或侧重实际应用性,内容编排上与口语交际所要求的"以语言理论为指导,规约交际行为"有一定距离,难以使学生在课程所规定的教学时间内较全面地掌握各类具体情境中的交际技巧而迅速提高口语交际能力。

本书精选切合当代大学生生活、学习实际的 13 个口语交际情境和专题,以口语交际的基本要素为核心,对每一专题展开相对系统的理论阐述和方法讲解,根据各专题的口语交际实训把握口语交际的原则和规律,并用这些原则和规律来指导、规约口语实训,所以本书对口语能力的训练有很强的针对性,既避免了教学理论知识的深奥繁复,又发挥了语言知识对言语能力培养的直接指导作用和评价作用,从而达成了理论知识性和实际应用性的统一。

(三) 本书具有较大适应性

本书各专题的设置以培养大学生口语交际的一般能力为着眼点,能适应大学一般专业的教学需要;各专题的相对独立性使得教材内容构架模块化,对课时适应性强;知识理论的系统性和实践资料的丰富性,使得备课难度较小,对任课教师也有较大的适应性。

第 1 专题　招呼与介绍

中国自古以来被称为"礼仪之邦",打招呼和介绍是礼仪文化中很重要的一部分。一位心理学家说过:"遇见陌生的对方,一个亲切的微笑,一个适宜的招呼,都可能会给对方留下极好的印象。"一个得体的介绍也起到同样的作用。适宜的招呼和得体的介绍,可以缩短彼此之间的距离,是人际交往成功的第一步。

要点指津

一、招呼与介绍的基本内容

作为礼仪之邦,遇到认识的人,见面打个招呼是最起码的礼貌。现代社会,陌生人之间的交往增多,每个人可能随时会面对不同身份的陌生人,怎样介绍自己或同行的人? 怎样的招呼和介绍是适宜的? 面对不同的语境和不同的交际对象,我们应该用怎样的招呼和介绍形式?

(一) 打招呼或介绍中的称谓

打招呼或介绍他人时,通常要用到称谓,因为交际双方的身份、地位不同,所处的语境不同,就需要用到不同的称谓。

1. 头衔式称谓

头衔式称谓是指交际时,在对方的姓名后冠以职务、职称、职业等称呼对方,以表示对对方的尊重;通常包括职务性称谓、职称性称谓和职业性称谓三种。

(1)职务性称谓。这是工作场合最常用的一种称谓。它是指用职务称呼交际对象,以显示其在工作中的地位,也表示对交际对象的尊敬。如"张校长""王经理"

是姓氏加上职务,"李处(处长)"是姓氏加上职务简称,"司长""书记"是直呼其职务。

(2)职称性称谓。它是指直接用职称称呼交际对象,常在工作场合中常用。如,"周教授"是姓氏加上职称,"吴高工(高级工程师)""郑工(工程师)"是姓氏加上职称简称;有时候在不清楚对方的具体职称时,可用该业界最高称呼,譬如知道对方是高校教师,直接称呼其"×教授"。

(3)职业性称谓。它是指对从事某些特定行业交际对象的一种称呼,譬如医生、会计、律师、教师等。交际时,可直接称呼对方所从事的职业,如"王会计""冯律师"是姓氏加上职业,而"陈导(导演)"是姓氏加上职业的简称。

前述三种称谓形式可以表现出对交际对象的尊重,但在一定程度上体现了交际双方之间的距离,减弱了彼此之间的亲切感,且在某些公共场合并不适用。

2. 姓名性称谓

姓名性称谓则可弥补头衔式称谓的不足,可以拉近交际双方的关系,增加亲切感。

姓名性称谓是指只称姓和名,通常用于较熟悉的朋友、同事、邻里之间。如果只是称呼交际对象的名字,则显示了一种亲密关系。在姓氏前加上"老、大、小"等前缀,也是一种关系亲密的称呼法。如"老王""大李""小赵"。称呼尊贵的长者时可将"老"放在姓氏之后,如"王老""赵老"等。在熟人之间,有时也直接以姓氏相称,如"上官""赵"等。

3. 礼节性称谓

礼节性称谓是指在不明确交际对象的辈分、身份、年龄等的情况下,为表示礼貌使用的称谓。譬如,近几年流行对陌生的青年或中年男女,无论其是否年轻、漂亮或帅气,都被称作"美女"或"帅哥"。刚开始流行时,这样的称谓多被人认为是在讨好别人,俗气。但随着时间的推移,目前这种称谓还是得到多数人的认可(包括部分老年人),渐渐成为社会上利用率较高的一种礼节性的、友好的称谓。当然,明显比自己年长的,可以叫"叔叔""阿姨",或者在辈分前加上姓,如"唐叔叔""黄阿姨"。对于白发老者,可以叫"爷爷"或"奶奶"。而"女士""先生"的称谓则是无论男女婚否都可以广泛使用的交际用语。

4. 零称谓

零称谓是指不知道怎么称呼交际对象时,通常是用礼貌的问候语、致歉语来代替,如"您好,到西湖怎么走?""对不起,请问附近有银行吗?"而那种"喂""哎""骑车的""戴帽子的"称呼方式,显得很没礼貌,不要使用。

（二）常见的招呼形式

1. 寒暄式

寒暄式是指见面时以天气、节假日、身体状况、生活状况等为主要内容的应酬话，当然，通常这些语言前面都有对交际对象的称谓。寒暄式招呼形式常见的有下列几种类型。

（1）问候型。简单问好或以身体状况、当下的节日为主要内容问候交际对象。如："老褚，您好！""卫医生，新年好啊！""蒋教授，教师节快乐啊！"这些都是一般性问候；"沈老板，多年不见，生意可好？""小韩，最近身体怎么样？"表达了对被招呼者的关心。

（2）言他型。如："小杨，今天好热啊！""老朱，昨天西湖边好冷清啊！"

（3）情景型。这种招呼语属于"触景生情"式，即看到熟悉的人在干什么就招呼什么，是根据具体的语境产生的临时招呼语，如："秦师傅，上班去啊？""尤老板，锻炼哪？""小何，吃饭去啊？"

（4）赞赏型。如："哟，小吕，今天打扮得很漂亮啊！""小施，你这是逆生长啊，怎么越来越年轻了！"

我们日常生活中最常见的打招呼形式是"您去哪儿啊？""吃过了吗？"之类询问去向等类似情景型的招呼语。外国朋友对此很不理解，觉得没有意义。目前大学校园内，学生们见面越来越多地用到"××，您（你）好"，甚至只是抬手说一声"嗨"也算打了招呼了。当然，譬如"张子，上课去呀？""小孔，下课了？""老曹，今天有课啊？"也是很常见的打招呼形式。

2. 体语式

体语式是指通过面部表情或身体姿势来打招呼的方式，主要有微笑、点头，有时也使用举手、欠身或脱帽等。它们通常和前面的打招呼方式结合起来使用，譬如在校园里学生碰见老师，就常说"×老师，您好"，礼貌的称呼加上亲切的问候，再配以微笑和举手招呼。如果距离不甚远可以点头招呼，若距离较远或者不便寒暄、点头时，可以微笑着抬起一手行招手礼（注意招手礼不可向上级或长辈使用，有失尊重）。欠身和脱帽通常在比较庄重的场合使用。

另外，体语式的招呼还有握手、拥抱、亲吻，拥抱和亲吻在外国人之间常用。随着时代的发展，中国比较新潮或者关系比较亲密的朋友之间有时也会用拥抱和亲吻作为见面礼。有时候，打招呼又不限于上述几种方式而呈现出灵活机动的一面，下文会有所提及。

（三）常见的介绍形式

常见的介绍有介绍自我和介绍他人两种,后者也称为引介他人。向陌生人介绍自己的,称为介绍自我或自我介绍,介绍别人的,就叫介绍他人或引介他人。相对而言,自我介绍的应用最广。在一个新的工作、学习环境中,要认识新的同学、朋友时,在社交场合遇到不熟悉的人时,跟陌生单位联系业务时,都需要进行自我介绍。介绍他人是作为第三方为彼此不相识的双方引见、介绍的一种方式。与熟悉的人同行,路遇同行者不认识的朋友或同事时,跟亲友一起见其不熟悉的亲友时,在家中、办公地点,接待彼此不相识的客人或来访者时,往往需要介绍他人。常用的介绍形式有下列几种形式。

1. 简介式

简介式是使用最为广泛的一种介绍方式,适合一般性的社交场合。这种介绍方式往往只需要介绍一下自己或他人的姓名即可。如:"你好,我是金水。""魏强你好,这位是陶李。"

2. 工作式

工作式是指在工作场合的介绍。通常要涉及本人或他人的姓名、工作单位及部门、职务或从事的具体工作等。例如,"您好,我是 W 大学人文学院语言学研究生王芳。"或"小张你好,这位是 W 大学的王教授。"

3. 交流式

在社交活动中,希望与交际对象进一步交流与沟通时会用到交流式介绍。通常包括自我介绍者或被介绍者的姓名、籍贯、学历、经历、工作、兴趣及与交往对象的某些熟人的关系。如:"你好,我叫姜来,在 A 大学工作。我是戚光的老乡,都是山东人。""这位是谢恩,是戚光的同事……"

4. 礼仪式

礼仪式适用于演出、庆典、讲座、报告、仪式等一些正规而隆重的场合。内容包括姓名、单位、职务等,同时还要加入一些适当的谦辞、敬辞。如:"各位来宾,大家好,我叫邹华,是 B 公司的销售经理,我代表本公司热烈欢迎大家出席我公司的展览会……"

5. 推荐式

推荐式用于比较正规的场合,介绍者通常精心准备,其目的是举荐被介绍人,介绍时通常会重点介绍被举荐者的优点和长处。如:"这位是柏阳教授,是一位出色的文物专家,对青铜器很有研究,是考古和文字学双博士。"

6. 问答式

问答式通常适用于应试、应聘和公务交往。问答式的自我介绍，通常是针对提问的内容有问必答，问什么就答什么。如："先生，您贵姓？""我姓喻。"

通常来说，前四种适用于自我介绍和介绍他人，第五种常用于介绍他人，第六种则更多地用于自我介绍。

二、招呼与介绍的基本策略

在交际中得体地打招呼、介绍自己或他人是一门艺术。掌握了有关策略和礼节，不但可以扩大自己的交际圈，广交朋友，而且有助于宣传自我、展示自我，在交际中增加机会，减少麻烦。为了建立良好的人际关系，我们应该学会主动跟人打招呼或做介绍。也许刚开始有点不自然不适应，但只要多锻炼，这方面的能力就一定能得到提高。

(一) 态度诚恳，举止大方

无论是打招呼还是介绍自己或他人，真诚热情、大方自然是交际得以继续进行的基础，矫揉造作、敷衍冷漠必然使交际无法进行下去。因此，打招呼或做介绍时应该态度诚恳、举止大方，说话时要以友善热情的目光注视对方，言语真诚，不要言过其实。尤其是自我介绍时，一定要克服羞涩、紧张的心理，不要有小动作，语速要适中，表达要清晰准确，不要有口头禅。下面是一则自我介绍失败的案例。

李雨晴正好碰上了一个赞美她名字的面试官："李雨晴，你的名字很好听呀！"对此，李雨晴的应答却不尽如人意："是吗，谢谢！这个名字比较符合我的性格，雨是比较温柔的，晴是比较热烈的，我觉得我的个性既有顺从的一面，也有比较热烈积极的一面。"

点评： 面试官夸赞李雨晴的名字，只是想营造一种轻松的气氛。李雨晴的回答却给人一种不真实感。毕竟家长给婴儿取名字时，是完全看不出性格的，名字的寓意只能代表家人对子女未来的良好愿景。李雨晴急于表现自己的优点，结果却违反了最基本的"真诚沟通"原则，容易给人留下不好的印象。面试者碰到这种情况，微笑着真诚地说声"谢谢"就可以了，不宜做太多渲染。

(二) 注意场合，把握时机

打招呼或介绍时要注意场合，不同的场合要用不同的策略。通常情况下，如果你要交际的一方正在跟别人交谈，不要走过去打招呼，这样会打断别人的谈话，显得很不礼貌。此时你可以用体语式招呼，如向对方点头、微笑或抬手示意，这样既没有影响别人交谈，又传达了你的问候之意。在洗手间门口碰到熟人刚好从里面出来，不能问："吃了吗？"面带微笑点头即可。在医院见到熟人，不能招呼一声说："你好。"而是要说："来了？"碰到尴尬的场面，打招呼更要注意策略。如走进房间看到两人正谈得亲密热烈，不妨说声"忙着哪？"赶快离开，一定不要不识趣地坐下来问："谈什么呢？"搅了人家的兴致。到同学、朋友家串门，如果气氛不对，你又无计可施，不妨说声"改日再来拜访"之类的话，马上离开。若是见到不愿见的人，可以说声"你们谈吧"，然后礼貌地离开。

介绍要把握好时机。遇到陌生人而又需要沟通时，应尽快把自己的情况介绍给对方，不要聊了半天，对方主动问起你的情况，你才想起自我介绍，那就陷自己于被动了。打电话也有一个自我介绍的时机问题，最好是在接通电话称呼别人后就马上简单地介绍下自己，让对方心中有数。求职时通常有一个自我介绍环节，此时要把握好时机，以准确精练的语言推荐自己，时间把握在3分钟左右。

在你打算向别人介绍自己时，一定要注意对方的情绪和时间，判断是否适合去推介自己，否则会适得其反，使交际受到影响。必要时，可以利用名片作为辅助手段。

（三）区别对象，分清背景

打招呼时，对不同身份、地位、文化背景的人要采用不同的打招呼形式。大学生私下和好友打招呼可以称对方的亲切的绰号，显示彼此无拘无束、亲密无间的关系；但碰到老师，就要微笑着恭敬地说"老师好"或者"×教授，您好"。而对普通朋友，你只要面带微笑，充满友善地说一声"去哪里啊""吃饭去啊"等简单的句子即可。当然，类似"吃饭了没有啊"这样的招呼语是不能跟文化背景不同的外国人说的，因为这会让他觉得你是想请他吃饭。

三、招呼与介绍的基本技巧

（一）称谓得体

打招呼时得体的称谓能够让交际对象感到礼貌和亲切，为以后的交往奠定良好基础。称谓不得体，往往会引起交际对象的不快甚至愠怒，使交际陷入尴尬致使交际受阻甚至无法继续进行。称谓要根据交际对象的年龄、身份、职业等具体特征和交往的场合，以及双方的关系而有所不同；还要充分考虑交际对象的个人习惯、

谦称与敬称

爱好等因素。

职务性称谓和职称性称谓方式，一般遵循就高不就低的原则，如"教授""处长"可用于面称，"副教授""副处长"一般不当面称呼；大学里，通常会称呼教师或博士研究生"×教授"或"×博士"，不会称"×讲师"或"×研究生"，也不要直呼一个硕士研究生为"×硕士"。

要称谓得体，还必须区分不同的身份和职业。称呼教师可以直呼"×老师"或"×教授"，对医生可称呼为"大夫"或"医生"。有些你不知道怎么称呼的，必要时候可以征求交际对象的意见，不能乱叫，否则可能引发不快。在集会场合，需要跟很多人打招呼时，要注意亲疏远近和主次关系。通常的打招呼顺序是先长后幼、先上级后下级、先女后男、先疏后亲。

（二）注意时代

称谓语是一定历史条件下的产物，有较强的时代性。在社会迅速发展的今天，之前的很多称谓都被颠覆。如1991年前，无论什么身份的陌生人，互相间都可以称"同志"，意思是志同道合的人，这也是当时广泛使用的正式称谓。但后来"同志"的称呼在一些情况下染上了"同性恋"色彩。还有"小姐"一词，近现代是对未婚女士的敬称，曾一度因染上色情行业的色彩而不再被广泛使用，但随着时代的发展，现在这个词的使用频度又有所回升，当前在日常交际中"姓氏＋小姐"这种称谓并不会引起歧义，也容易被公众接受。

称谓还需把握人们的心理状态。过去以老为尊、以老为荣，年龄长是经验、阅历丰富的象征，所以人们不怕被称"老"称"大"。而现在社会，物质丰富，经济发展，温饱没有问题，美成为人们的普遍追求。另外，年轻就是本钱，人们普遍不喜欢"显老"的称谓，这就提醒我们在称呼别人时考虑一下，不要随意就称看起来比你大点的人为"阿姨""叔叔"，稍微老点的人为"大伯""大妈"或"爷爷""奶奶"。除非白发苍苍的老者，否则不要轻易叫"爷爷""奶奶"。如果实在不知道怎么称呼，干脆就用"您好"的零称呼，也比用错了称呼引人不快好。

（三）要有礼貌

无论打招呼还是介绍自己或他人，礼貌是必须遵循的一个基本原则。如果称谓错了，小则引人反感，惹人不高兴，大则闹出笑话，引起误会。

我们在和别人打招呼时，对上了年纪的老人，通常要叫"大爷""大伯""大娘"，不能随口就叫"老头儿""老太婆"，显得粗俗无礼；更不能用"喂""哎"等零称谓作为求人帮助的开场白,否则就注定了交际的失败。

在公共场合,也不要随便用绰号招呼熟悉的人。绰号是根据某人的体貌特征或性格特点、办事风格等给其取的一个有代表性的称谓。绰号有褒有贬,如唐代温庭筠因为长得丑,人称"温钟馗",是贬义的;西汉甄丰喜夜间议事,被人称为"夜半客",是中性的;"诗仙"李白、"诗圣"杜甫等是褒义的。虽然校园里同学、朋友之间互相起绰号很普遍,但要注意绰号的礼貌性,不要拿同学、朋友的缺陷起绰号,更不要把别人的生理缺陷或弱点作为起绰号的依据,伤人自尊,容易给他人造成心理伤害。

在自我介绍或引介他人时,语言要文雅礼貌,要注意介绍的顺序。通常应遵循长者、尊者、女士优先原则,具体是向年长者介绍年轻者,向身份高的介绍身份低的,向女士介绍男士。介绍时,先称呼年长者、身份高者和女士,然后再介绍被介绍者。如:

"章校长,这位是××大学××系的范主任,范××教授。"

"潘总,这就是我多次向您提起的苏女士。"

若双方年龄、地位相当,或者不清楚双方地位情况时,可把后到者介绍给先到者。若多个团队需要介绍时,则可打破上述顺序,先把自己团队的人介绍给其他团队。如果需要集体介绍时,可按座次或职务高低次序介绍。在公共场合介绍别人时,注意不要随意涉及别人的婚姻家庭等情况,尤其是涉及隐私的内容,这是一种礼貌和修养。

(四) 繁简得当

自我介绍的内容很多,通常包括姓名、籍贯、工作单位、主要经历、兴趣爱好、家庭住址、学历等。应根据不同的交际目的、场合或要求适当取舍。通常来说,应酬、发言前的自我介绍要简短,报出姓名和单位即可。若是去单位应聘,就要稍微讲得全面点,除了介绍姓名、毕业学校、学历,还要介绍自己的专业、学习或工作经历、特长、参加过的活动、得过哪些奖项等。但一定要简洁,切忌像背书一样发表长篇大论,因为一般情况已经附在简历上了,你只须挑选各项的重点稍加说明就可以了。若主考官想深入了解你的家庭背景及成员,你再简单地加以介绍即可。

初次见面的自我介绍,信息量要集中,不要把自我介绍变成自我表白,长篇大论介绍自己是不合适的。毕竟自我介绍是为了相互结识,若对方有兴趣继续了解,再详细介绍自己也不迟。自我介绍的内容也不宜过少,以免影响交际的进一步发展。在介绍姓名时,要口齿清楚,表意准确,并作必要说明,如:"我姓胡,古月胡。"

"他姓张,弓长张。"

(五)把握分寸

把握分寸在交际活动中起着极其重要的作用。在自我介绍时,不要自吹自擂、言过其实,要以谦虚为本,要注意分寸,过犹不及,过分谦虚容易让交际对象无法准确了解自己。

大学生在参加招聘时,自我介绍和评价部分相当重要;要在全面认识自己的基础上,根据用人单位的需求,把握好自我介绍和评价的分寸,针对用人单位的需求给自己一个客观的介绍或评价,这样才能引起用人单位的兴趣,否则只会适得其反。

总之,无论是自我介绍还是介绍别人,选择称谓时都要三思,不要随意用不合时宜的称谓;要根据不同场合的不同需要,合理安排介绍内容的繁简详略。

案例点评

一、讲究称呼得体

[案例一]

在某建筑公司上班的王先生与公司门卫的关系处得很好,平时进出公司大门时,门卫都以王哥相称,王先生也觉得这种称呼很亲切。某天,王先生陪同几位来自香港的客人一起进入公司,门卫看到王先生一行人,又热情地打招呼道:"王哥好! 几位大哥好!"谁知随行的香港客人觉得很诧异,其中有一位还面露不悦之色。

点评:为什么门卫平时亲切的称呼,在这时却让几位香港客人诧异甚至不悦? 因为香港人广泛地用"朋友"来称呼陌生人,除非在某些很熟悉的人之间才会以"×哥"相称。对不同的人要采用不同的称呼,还要注意场合。上述案例中,门卫就犯了不注意场合乱称呼的错误。

[案例二]

有一次,演讲家曲啸应邀到一所监狱向犯人演讲,遇到了一个难题,那就是怎么称呼的问题,叫"同志们",好像不大合适,叫"罪犯们",好像会伤害到对方的自尊。经过考虑,曲啸在称呼他们时,说的是"触犯了国家法律的年轻的朋友们",谁知这句称呼一出来,全体罪犯热烈鼓掌,有人还当场落下了热泪。

点评:称呼别人时,尊重别人是最重要的,罪犯们之所以对曲啸的称呼报以热烈的掌声,是因为他的称呼照顾到了罪犯们的自尊,体现了对他们的尊重,也是称呼得体的体现。

[案例三]

近日,林女士在某专柜采购护肤品。销售员一口一个"亲爱的"叫得她直起鸡皮疙瘩。遇到这样的情况,你会接受吗? 对于不同年龄层的人,我们该如何避免称呼尴尬?

"亲""亲爱的"请慎用

——有人欢喜有人愁,男性普遍不感冒

现在网络上经常用的"亲""亲爱的"等用语出现在现实生活中,让很多中老年人直呼难以接受,但在年轻人当中却相当受欢迎。"不是特别熟悉,这样叫怎么听怎么别扭!"已经有两个孩子的林女士告诉记者。林女士表示:"叫大姐、阿姨都行。和女儿一样大的孩子,左一个'亲',右一个'亲',让人冒冷汗,亲女儿都没这么亲昵。"

记者走访商业街发现,一些化妆品或美容美甲店,店员基本上都称年轻的女士为美女,热情一点的都是"亲爱的"不离口。交谈中,网络用语"亲"的使用频率相当高。

"我觉得她们这样很热情,很亲切啊! 在网上购物或者聊天,我们彼此也是这么称呼的。"顾客王某告诉记者。美甲师小李则表示:"工作人员也正是抓住这种心理,把'亲爱的''宝贝'之类的称呼挂在嘴边,拉近和顾客之间的距离,以达到最好的营销效果。"

但是,接受记者采访的男士则无一例外地表示,"亲爱的""亲"这样的称呼让人难以忍受。"服务员这么叫只会让我们很囧很尴尬。"市民小王表示,这样可能会让人产生误会。

年轻女性怎么叫才能受欢迎?

——"姑娘"很文艺,"美女"太轻浮,"小姐"谁叫谁小心!

我们经常会遇到这样的尴尬:对不熟识的年轻女性到底该如何称呼? 美女、小妹、姑娘、小姐……究竟哪一个让人听起来最舒服? 对此,记者进行了调查。

"每次有人叫我'美女'的时候,我就觉得这人有些轻浮!"网友"曾经的梦"留言道,现在被叫作"美女"不是因为长得漂亮,大部分是因为客套。

"我不喜欢别人叫我'美女'。可不管你是去酒店就餐还是逛街购物,对方开口就是'美女'二字,你不答应都不行。"网友表示,满大街的"美女",也不知道是褒还是贬。

而"姑娘"一词还是比较受年轻女孩青睐的。"被叫作姑娘的时候,自己隐隐就冒出一股文艺女青年的气息。"网友"小默"这样说。"虽然姑娘叫起来有点老土,但是比美女顺耳多了!"网友"曾经的梦"这样支持道。很多人认为"姑娘"叫起来通俗又亲切。

至于丫头、妹子等称呼,又太过俗气。而在调查中,很多女性都不喜欢被称作"小姐"。

年纪较大的女性称呼有讲究
——"大姐""阿姨"看情况,"大妈"要看年龄用!

"几次被人拦住问路,都被称作'大姐',我看起来有那么老吗?最生气的就是一个看起来和我差不多大的男生向我问路,开口就说'大姐问个路'。当时我就懵了,说不定比我还老叫我'大姐'?"网友"神马都是浮云"委屈地表示。

"叫'大姐'还是亲切的。"48岁的林女士则对"大妈"这个词耿耿于怀。一次她去买药时被叫成"大妈",不开心了一整天。还有就是去锻炼的时候,一些年轻人总是张口闭口"广场舞大妈"让她很反感。"随着年龄增大,反倒觉得叫'阿姨''大姐'都行,通俗亲切。"林女士表示。

一些年龄在30岁左右的年轻女性对于被叫"大姐"很是反感。而年龄在四五十岁以上的女性被叫成"大姐"却还是很高兴的。若要使用"大妈"的称呼,要考虑对方的年龄。

男性对称呼没有那么敏感
——把人往年轻了叫就行

相较女性对称呼的敏感,男性对于称呼就宽容得多。从"同志"到"师傅",从"先生"到"帅哥",从"小张""老王"到"某总""某工",大部分男性表示都可以接受。

年轻男性叫"小伙子""帅哥"准没错。"别人叫我'小伙子''小帅哥',显得特别青春洋溢。"网友表示。

而对于一些服务行业的中年男性则可以称呼为"师傅"。对于从事文教工作或者在机关单位工作的,则可以统一称为"老师"。"我在机关单位工作,别人称我'老师'的时候还是美滋滋的,感觉很有内涵。"网友"小俊无双"表示,还有就是尽量往年轻了叫,能叫"大伯"的别叫"大爷",能叫"大哥"的别叫"大叔"。

一句不当的称呼可能带来的尴尬超乎想象。随着时代发展,大家愿意被叫得年轻一些,如果实在拿不准怎么称呼,说声"你好",表达自己的诚意也就足够了。

点评:总之,无论男女都喜欢大家把自己往年轻了叫。这个不难理解,如果作为刚入大学的你,走到大街上被人称为"叔叔"或"阿姨",想必也不会高兴。

二、称呼要和时代接轨

[案例四]

称呼要注意时代性,自古皆然,《颜氏家训》有言:

昔侯霸之子孙,称其祖父曰家公;陈思王称其父为家父,母为家母;潘尼称其祖曰家祖:古人之所行,今人之所笑也。今南北风俗,言其祖及二亲,无云家者;田里猥人,方有此言耳。凡与人言,言己世父,以次第称之,不云家者,以尊于父,不敢家也。凡言姑姊妹女子子:已嫁,则以夫氏称之;在室,则以次第称之。言礼成他族,不得云家也。子孙不得称家者,轻略之也。蔡邕书集,呼其姑姊为家姑家姊;班固书集,亦云家孙:今并不行也。凡与人言,称彼祖父母、世父母、父母及长姑,皆加尊字,自叔父母已下,则加贤字,尊卑之差也。王羲之书,称彼之母与自称己母同,不云尊字,今所非也。

点评: 从前,侯霸的子孙称呼他们祖父为家公;陈思王曹植称呼他的父亲为家父,母亲为家母;潘尼称呼他的祖父为家祖。古人就是这么称呼的,但这在现在的人看来是可笑的。现在的南北风俗,称祖父和双亲时,已经不再冠以"家"了,只有山村野夫,才会那么做……《颜氏家训》的话,说明了称谓随时代的变化而变化,昔日王侯常用的称呼,到了后来,只有"田里猥人"才用。可见,如果不注意称谓的时代性,是要遭人笑话的。

三、称呼要礼貌

[案例五]

歧视性称呼伤人。

在健全人如何对待残疾人的问题上,很多健全人做得并不好。残疾人为此感到很伤心,也加重了他们自卑的心理。华清滂举例说,"瞎子""瘸子""聋子"等带有歧视性的称呼在一些健全人嘴里总是轻易地脱口而出,特别是在残疾人面前这样称呼他们,是最不尊重残疾人的行为。还有就是在公共场所遇到残疾人的时候,很多健全人总是用猎奇的眼光看他们,甚至围观他们,而且有的人还一直盯着他们的残疾部位看。这些举动都是对他们心灵最严重的打击。

点评: 以缺陷来称呼残疾人,完全忽视了残疾人听到后的心理感受,是非常不道德的行为。残奥会上的运动员,身残志坚,为祖国争得了荣誉。生活中有些残疾人还成了一些行业的杰出代表。我们要发自内心地尊重他们，不要使用有伤残疾人自尊的称呼。

四、把握介绍的评价分寸

[案例六]

迟子建在《收获》创刊 60 周年活动上的发言《文学就是我的土地》：

在我眼里，《收获》其实是个大粮仓。我来自东北，那个地方不像南方，一年打三季稻、两季稻。我们的大米比较好吃，但一年只有一季。我的写作差不多也是，比较慢腾腾。我当年写《伪满洲国》，不知不觉就写了七十万字。那年我跟安忆还有封信（这封信我还是珍存的），安忆看完《伪满洲国》写信和我说："只有你这种傻愣愣笨壳壳的人才能担此重担。"我在东北这片土地上，现在依然是这样。我打的粮食虽然不是很好，但也尽心了。现在回望一些作品，有非常喜欢的，也有很遗憾的。但是在我成长过程中，《收获》这个园地对我来说是最重要的。

点评：这是作家迟子建在庆祝《收获》创刊 60 周年活动的发言。作者的开场发言目的在于介绍自己与《收获》杂志的渊源，但作者一开始却介绍了故乡东北的特点，东北大米好吃，但一年只有一季，而自己的文学创作也是如此，速度不快，但旨在打造精品，生动形象且含蓄；同时，将作品的产出比作大米的产出，贴合了杂志的题名"收获"，无形中将自己的创作和《收获》杂志联系了起来，也为后面演讲的主题"文学就是我的土地"做了很好的铺垫。

演练题
精选

一、讲究称呼语的得体性

1. 王林和张宁是同一所大学毕业的学生，毕业后又进入了同一家公司，因此两个人非常亲密，互相都以小名称呼，王林叫张宁"虎妞"，而张宁叫王林"皮蛋"。在公司工作两年后，两个人都升为部门经理，王林负责技术部，张宁负责公关部。由于身份的改变，升为经理后的张宁对王林说："以后咱俩不能再以小名互相称呼对方了，这样影响不好。"王林当时表示同意，可是后来的日子里，张宁改叫王林"王经理"，而王林却始终没有改口，继续叫张宁"虎妞"，这让张宁很郁闷。

一天,张宁正和一个客户在办公室里交谈,王林突然走了进来说:"虎妞,晚上一起去吃饭。"当她抬头看张宁时,张宁的脸已经通红了,这时她才注意到沙发上还坐着一个客户。

思考:请谈谈对上文的认识。生活中,我们该如何称呼同事,如何称呼自己熟悉的人或好友?

提示:即使身为领导,在单位有一定的身份和地位,但为显示对别人的尊敬,更为了不出现大的错误,最好对周围的人,不管什么职位身份,统一以其职位称呼。如"马经理""苗董""方教授"等。

2. 一位大学教师的女儿平时在自己家见到她妈妈的老同学,叫他"鲁叔叔"。这次在鲁某任教的学校里遇见他,叫他"鲁老师"。

思考:你觉得这样变化称呼可以吗?

提示:称呼的变化受场景因素制约,不同的环境要用不同的称呼。大学教师女儿的做法十分得体。

3. 小乐刚到大学报到,还不熟悉校园,当他准备去图书馆看书时,走着走着竟迷路了。这时,他看到一位打扫楼道卫生的老大妈,就走上前去说:"老奶奶,去图书馆怎么走呀?"谁知这位大妈头一扭,竟然没有理他,小乐很纳闷。

思考:老大妈为什么不搭理小乐? 如果需要问路,见到比自己年龄大的陌生人,应该怎么称呼?

提示:小乐后来通过打听,知道这位老大妈不喜欢人家叫她奶奶,说是把她叫老了,喜欢人家叫她阿姨。这就说明,称呼别人时,最好用年轻一点的称呼,无论年龄大小,用"您"是最保险的。

4. 下列句子中称谓词语的运用有什么问题?

(1)"宋押司的令尊宋太公住在哪里?"(《水浒传》中,吴用、阮小七在打听宋江老父亲宋太公的住处时问话)

(2)"拜见令尊大人。"(吴用等人跪拜宋太公时的称呼)

(3) 这是您家父托我买的,麻烦您交给他。

(4) 某主持人将一位嘉宾的父亲称为"家父"。

(5) 我们家的家教很严,令堂常说的一句话是:做人要诚实。

二、注意称呼语的时代性

1. 一位 20 岁的年轻人刚到北京不久,想去某景点,但又不知道坐什么车去,所以就想通过问路获知乘车路线。他叫住了一位老大爷,礼貌地问:"先生,请问从这里坐什么车可以去天安门?"大爷看着他笑着说:"我不是先生,你找个先生问问吧。"

年轻人以为那位大爷年纪大了,不知道怎么去天安门。所以,他接着问路人。他找了一位三十岁左右的清洁工,问道:"阿姨,你知道从这儿怎么去天安门吗?"这位女清洁工很不高兴地指着对面的站牌说:"你去那里看看吧,我也不清楚。"年轻人这下纳闷了:难道自己做错了什么?怎么大家都不肯诚心为我指路呢?最后,他只好叫了一辆出租车去天安门。

思考:对大爷的称呼有什么不妥?女清洁工为什么不高兴?

2. 清华大学历史系教授、百家讲坛"彭林说礼"的彭教授在东南大学开讲,为大学生们讲解传统的礼仪规范。在彭教授看来,人们习以为常的一些称呼闹了大笑话。

彭教授说,有的男士向朋友介绍妻子时会说:"这是我的夫人。"这一说就闹笑话了。在古代诸侯的配偶才叫"夫人",这是一个尊称。如果别人称呼你的妻子为"尊夫人",这是一种尊称,自己是不能用的。有人说叫"爱人",彭教授认为不妥,"爱人"是西方传来的词,英文是"lover",是"情人"的意思。而说"老婆"就太俗啦。让彭教授更觉得别扭的是"老公"这个称呼。老公在古代有太监的意思。

向朋友介绍妻子不能叫"夫人",跟朋友介绍丈夫也不能叫"老公"。这时该用什么称呼呢?彭教授解释说,对别人称呼自己的妻子,应该说"内子""内人",向别人介绍老公应该叫"外子"。这番解释引来众人大笑。"在书上看到过'外子'这样的称呼,生活中还从来没听别人说过,觉得有意思。"记者身边的一位学生说。这些文绉绉的称呼用在生活中是否会让人觉得格格不入呢?彭教授认为,传统的雅致的称呼应该沿用,大家觉得奇怪是因为没这样的氛围,从我做起,如果大家都这样说就不奇怪了。

思考:(1)对于彭林教授的说法你怎么看?

(2)如果你结婚了,介绍你的另一半时你怎么称呼他?

三、注重招呼、介绍的礼貌性

比较下面两组句子,试分析用语效果有什么不同。

(1) A. 穿白裤子的,请你挪一下!

B. 穿白裤子的女士,请你挪一下!

(2) A. 卖菜的,请你过来一下!

B. 卖菜的大娘,请你过来一下!

四、把握自我评价的分寸

1. 请在班上对同学们作自我介绍,要恰到好处地评价自己,发现优点,涉及缺点,尤其要简短说出克服缺点的办法。其中请重点介绍自己的姓名,可以采用以下介绍方法。譬如赋予名字积极的意义,编一个关于名字的故事或讲讲名字的来历,将自己的名字与名人挂起钩来讲;使用谐音法;联系古诗词介绍名字。最后讨论所作自我介绍的优点和不足。

2. 点评下面这则求职面试中的自我介绍。

尊敬的各位领导,大家好!

首先我要感谢你们给了我与你们交谈的机会。实际上,我对于我们公司的认识是从我家的洗衣机开始的。我家使用的正是我们公司生产的××牌单桶洗衣机,直到现在已经近二十年了,它仍可以正常使用。最近妈妈终于决定更换洗衣机了。她换的仍是我们公司的××全自动洗衣机。妈妈说:"这个牌子的产品我信赖。"今天,我为我能同制造这种使人信赖的产品的同事们进行交谈而感到非常荣幸。

我叫"吴某某",吴字是个象形文字,意思是一个猎人不断地回头看看他的猎物跟来了没。因此,姓吴的人是猎人的后代。实际上,我的父母都是煤矿工人,从小他们就一直告诉我,要认认真真做事,踏踏实实做人。他们一生的认真和踏实影响和教育了我。大学四年,我努力使自己认认真真做事,踏踏实实做人。我的家庭经济状况很不好,妈妈又多病。说真的,大学四年,我没有拿过一次奖学金,还补考了两次。我几乎把所有的业余时间都用在勤工俭学上了。作为一个学生,打工并不容易,节假日我都很少回家。有一年春节,我上班一直上到凌晨两点才回到寝室。太累了,倒头就睡着了。四点钟的时候饿醒了,没东西吃,喝一口水又继续睡下了。真的,我没有什么值得骄傲的东西,但我很自豪,四年我用自己的双手和努力养活了自己。

今天,我来应聘业务员。如果能获得这份工作,我一定会十分珍惜,我会投入我全部的努力和心血,像为自己干活一样为公司工作。请相信我! 在我工作过的几个岗位上,我都是做得最努力的。在××商场销售××牌电视机,最多的一天我卖出了近六十台。这一纪录到今天还被××公司的领导所称赞。我非常希望获得这份工作。请相信我吧! 我能做好这份工作。

你认为这个自我介绍是否成功,有什么可以总结借鉴的?

第 2 专题　拜访与接待

　　建立和谐的人际关系对我们的大学生活和个人成长意义重大。其中，拜访与接待是人际交往中必不可少的环节。在交际中，你是否会为不知如何拜访老师、领导、同学或仰慕已久的对象而感到绞尽脑汁、束手无策？是否会为不知怎样接待来访的师长、领导、亲朋好友而感到手足无措、面红耳赤？本专题就是为了帮助我们克服社交过程中的心理障碍而设置的。拜访是沟通信息、统一意见、交流感情、解决问题的有效渠道，成功的拜访将会给我们带来满意的收获。接待是个人或组织对来访者所进行的迎送、招待、洽谈等辅助性工作，它是展示个人修养与单位形象的重要窗口，热情大方、彬彬有礼的接待，将会给客人留下深刻而又美好的印象，从而加深彼此的了解，为深入接触打下良好的基础。拜访与接待是人际交往中主客互动发生的交际方式，二者对立统一，密切相关。

要点指津

一、拜访与接待的基本含义

（一）拜访的基本含义

　　在生活中，有许多事情需要当事双方相互交流才能传递信息、沟通思想、统一意见、发展友情。拜访就是一种创造交流机会的有效途径。在现代社交中，根据拜访方式的不同，拜访可分为电话拜访和登门拜访等。当事情比较简单或一时无法登门拜访时，可采用电话拜访的方式。而登门拜访是显示诚意的最佳方式。通常情况下，当我们要拜访师者长辈或领导上司时，最好采用登门拜访的方式，电话拜访会显得有些怠慢，而在登门拜访之前最好先打电话或发信息预约。

根据拜访性质的不同,拜访可分成三类:一是事务性拜访,如因工作问题对客户或上级进行的拜访,这是一种比较正式的交往方式;二是礼节性拜访,如应邀参加婚礼、丧礼、庆典;三是私人拜访,如日常生活中的串门。

从拜访的对象来看,拜访可分为拜访同学同事、拜访亲戚朋友、拜访老师长辈、拜访领导上司等。

拜访的地点可能是私宅、寓所,可能是拜访对象的工作单位,也可能是饭店、咖啡厅等休闲娱乐场所。

(二)接待的基本含义

接待,即迎接招待来访的客人,是为达到某种目的而进行的社会交往。它包括迎客、待客、送客三个环节。在接待和拜访的交际过程中,只有"主雅"才能"客勤"。热情周到、耐心细致的接待,将会为以后的交往活动打下良好的基础。

接待可分为私人性接待和工作性接待。私人性接待,指个人或家庭所进行的接待;工作性接待,则应根据来访者的职务职称和工作性质等,安排适当的接待人员。接待的对象有同学同事、亲戚朋友、领导上司、来访外宾等。

二、拜访与接待的基本策略

(一)拜访的基本策略

人们进行拜访主要是为了加深了解、消除疑虑、达成共识或发展友情等。所有社会组织和个人都有拜访的需求,都需要考虑如何安排必要的拜访活动。要让拜访工作顺利进行,拜访者需掌握基本的拜访策略。

1. 选择合适的拜访时间和地点

拜访要经常化,不能只在"有求于人"时才想到拜访。要经常与拜访对象接触,当知道对方有困难时,要能及时主动登门帮助对方分析原因、解决问题,急对方之所急,想对方之所需。与此相反,"有事才登门,无事不见影"的人在人际交往中肯定是不受欢迎的。

拜访他人,最好提前与主人联系,约定一个合适的时间,以便主人事先做好安排。在具体的时间上,最好选择双方都比较方便的时间。到个人私宅拜访,应尽量避开休息日、节假日、用餐时间、过早或过晚的时间,以不影响对方休息为原则。由于中国人大多有午休习惯,中午最好不要去登门拜访。从我国目前的实际情况看,晚上 7 点至 8 点,是到私宅拜访的较好时机。

到工作单位拜访，应尽量避开周一，因为周一往往是大家最忙的时候。此外，还应避开对方工作高峰时间或午休下班时间。在地点选择方面，应尽量遵循"客随主便"的原则。

2. 要了解拜访对象

世界上没有两片完全相同的树叶，同样，人际交往的对象也各属不同的类型。他们的年龄、职业、民族、文化程度、经济收入、性格爱好、行为方式乃至价值观念、宗教信仰各不相同。知己知彼，方能百战不殆。如果对对方的相关信息不了解，仅凭激情和感觉去拜访，那么，面谈时往往不能得心应手，有时甚至会触犯对方的禁忌，影响拜访效果。因此，优秀的拜访者在正式拜访之前，必须做大量的准备工作，掌握并熟悉拜访对象的"特点"，这有助于制定面谈的策略，从而增加面谈成功的概率。

3. 拜访过程中要注意形象

得体大方的形象会赢得对方的尊重与信任。因此，出门拜访之前，应根据访问的对象、目的等，适当修饰自己的衣饰、容颜。仪表应整洁大方，蓬头垢面、衣冠不整的形象不仅令人生厌，而且也是不尊重主人的表现。在拜访过程中，要注意自身的仪态，不要跷二郎腿、斜靠座椅、抓耳挠腮等，因为糟糕的仪态会让对方产生强烈的不信任感和厌烦感。

（二）接待的基本策略

接待的基本策略主要是做好接待前的准备工作。准备工作是接待工作中非常重要的一环。为了让客人有良好的"第一印象"，平时，就应保持办公室、会客厅或家里的客厅整洁、优雅，准备充足的茶、水及干净的水具等，以免"不速之客"突然到访时手忙脚乱。

当接到客人来访预约时，应该根据来访者的年龄、性别、职业、爱好以及来访目的等做一些适当的物质和精神方面的准备。

1. 物质准备

（1）要打扫一下房间卫生，让会客厅变得更加干净、明亮、整齐、美观。

（2）要注意一下个人形象，适当调整服饰打扮，要表现出优雅的仪态和风度。

（3）适当准备一些待客的糖果、茶叶之类的物品。

（4）按约定准备好客人所需要的文件、书报、账目等咨询材料。

（5）必要时还要安排餐饮，预订旅馆客房，以及车票、机票等。

2. 精神准备

（1）对于来访者，不论其年龄、职业、职位、资历如何，都要有一视同仁的心理准备。

（2）要调控好自己的情绪，不要把冷漠、厌烦等情绪带到接待工作中，要用满腔的热情来接待访客。

（3）接到预约后，事先考虑好与来客将要讨论的问题。

对于与客人谈什么，怎样谈，询问什么，用何种方式，承诺什么，如何承诺等问题，都要做到"胸中有数"，即使是接待不速之客，也应对此类问题进行必要的推测，以免陷于被动。

三、拜访与接待的基本技巧

（一）拜访时交谈的基本技巧

在社交中有各种不同性质的拜访，但无论哪种拜访，要想实现交流的畅通，取得良好的效果，都需要掌握一定的交谈技巧，把握好交谈的方式与特点。

1. 称呼得体，举止礼貌

与主人见面时，要主动打招呼，并根据实际情况选择合适的称呼。得体的称呼能营造出一种和谐的氛围，而不得体的称呼会让人感到别扭、难堪甚至生厌。称呼时应尽量使用尊称。如"伯伯""伯母""教授""主任""经理""董事长""老板""先生""女士"等，称呼比较熟悉的人，可以在称谓前加上姓氏，如"马主任""张经理"等。有时遇到同姓氏、同身份的人在一起，也可以用"名字＋称谓"来区分，如"秀兰阿姨"。当然，如果是关系亲密的同辈之间的会面可直呼其名。

到达主人家时，一定要用手轻轻敲门，进屋后等主人安排后再坐下。当主人上茶水时，应欠身双手相接，并致谢。不要随便地东张西望，不要好奇地去"窥探"主人的房间。有抽烟习惯的人，未得到主人的提示不能抽烟。要注意观察主人的举止表情，当主人有为难的表现时，应适可而止，可识趣地转移话题或起身告辞。告别时要对主人的接待表示衷心的感谢。

2. 寒暄问候，营造氛围

寒暄也叫"开场白"，它是一种应酬之语，属于非正式交谈，本身没有多少实际意义，它的主要目的是在人际交往中打破僵局、融洽气氛、缩短人际距离，为进入正题做良好的铺垫。无论是礼节性拜访还是事务性拜访，都不能缺少适当的寒暄。好的开场白往往能营造一种融洽的、宾主尽欢的氛围。反之，如果与拜访对象刚一见面就开门见山、直奔主题，会显得生硬唐突，给人无事不登三宝殿之嫌。寒暄也需要根据拜访对象类型的不同，选择适当的话题，以拉近彼此之间的距离，营造和谐的气氛。如果是去拜访熟识的朋友，可以用问候型的寒暄，表达对对方的思念与关切，如"最近身体好吗""好久不见，可想你了"，也可随意聊聊最近的天气，赞美一下对方的穿着打扮等。如果是去领导家拜访，可通过寒暄的方式表示对对方的尊重、仰慕等，如"王总，您好，您这么忙还抽出宝贵的时间来接待我，真是非常感谢啊！"也可结合所处的环境，赞美对方的室内设计如何出色、居住环境如何优美等。如果对方老人正好也在，应更加亲切地问候几句："老人家，您老身体好哇？"如果是去拜访客户，可以通过寒暄的方式把话题引到客户感兴趣的话题上去，可问问客户的家乡在哪里，有什么风土人情，从而拉近双方之间的距离，取得对方的信任。总之，寒暄或客套语没有固定的模式，只要见面时让人感到亲切、自然，没有陌生感就好。寒暄时最重要的是态度要真诚，语言要得体。

3. 选择时机，切入正题

刚见面时的寒暄虽然能缓和气氛，拉近双方的距离，但是，不能为寒暄而寒暄，导致寒暄过长而"喧宾夺主"，而应适时言归正传，说明来意。可通过商量或请求的语气向对方提出要求，如"今天来，是有事想向您请教"，这种语气通常会让对方乐于接受你的要求；也可从寒暄的相关内容中引出正题，比如，聊到了学习，可顺势说："正好我们在杭州组织了一次论坛，想邀请您一起去交流。"有经验的人士，总是善于从寒暄中找到契机，因势利导。

4. 夸奖赞赏，回避禁忌

赞美是发自内心的对他人的欣赏并用语言或行动回馈对方的过程，赞美是人际关系中的一种良好的互动过程。喜欢被赞美是人的天性，也是我们人性的弱点，与人交往，要学会赞赏他人。因为通过别人的评价，我们可以了解自己的成就以及在他人心目中的地位。当我们受到赞赏的时候，自尊心都会得到极大的满足，并对称赞者产生好感。因此，拜访时如果不吝赞美之词，事情可能就办得比较顺利。如果在主人的办公室或客厅会面，可夸赞办公室或客厅的设计、装修或环境。如"您的办公室真整洁""这个窗帘的花色好典雅"，对细节的赞赏体现出来的是对主人生活品位的认同，从而会引起主人的特殊好感与兴奋。即使是"常客"，也要积极地对主人的生活或工作等方面予以真诚恰当的赞美，如"你家的宝贝越长越可爱，越来越漂亮啦""叔叔、阿姨你们越来越年轻了，我要向你们学习""听说你的项目顺利完成了，真厉害，祝贺你"，这些赞美之词显示的是你对主人生活和工作的关心与尊重，从而会进一步拉近彼此之间的距离。如果在主人家吃饭，可通过赞美食物的形色香味，来达到赞美主人手艺精湛、善于持家、具有高度的审美力等目的。

禁忌是交际活动的雷区。在拜访他人时，需要回避禁忌，不触犯对方的禁忌区域,这是拜访用语的礼貌原则,绝不能"哪壶不开提哪壶"。回避禁忌,显示出对他人的尊重和自身的练达老成。因此,如果对方爱情婚姻有问题,那就最好不要谈恋爱感情的话题;看望病人时,不要谈生、老、病、死等令人伤感的话题,可找一些轻松的话题聊聊,如笑话、怀旧、新闻、电视连续剧、单位上的新变动等,聊些他们愿意了解的东西,使他们觉得快乐与感激;如果拜访的对象学历不高,那就尽量不要说专业术语,用语不能文绉绉,不要提超过对方知识水平的问题。

工作性的拜访更要就事论事,不要试图打听别人的升迁、家庭情况、经济收入等隐私问题。

5. 面对拒绝,心平气和

"并不是每朵花蕾都能结出硕果"。有时,拜访可能达不到我们的预期目的,而且会被对方拒绝。面对拒绝时,心理上可能会产生不舒适感,但是拜访者要立刻调整、摆正自己的心态,不要觉得被人拒绝是件可耻的事,更不能将责任都推在对方的头上,对对方产生怨恨的情绪,应尽最大努力挽回局面,让对方看到自己的诚意。如果还不行,也不必难为情地低下头或转身就走。无论面对何种形式的拒绝,都应保持心平气和、从容不迫的良好礼仪,并要告诉对方无论结果如何,都非常感谢他给予自己这样的一个机会。这样才不失风度。

另外,告别时要友好告别。

告别是拜访活动的结尾部分。在告别时,言谈举止要得体。在友好的气氛下告别,有利于未来的继续交往合作。在拜访的目的实现时,既不能立即抽身走人,也不要漫无边际地东拉西扯,而是要找到告别的适当时机,面带微笑感谢对方的款待,说一些诸如"打扰了""谢谢了""给您添麻烦了""请留步"之类的客套话,还可根据对象和实情说"这时间过得真快""与您说话真是一种享受,我学到了很多东西""今天真的很开心""老同学,告辞了,你什么时候也到我家坐坐",告别时,如遇到另有来客,应该遵守"前客让后客"的原则,有礼貌地打招呼,说:"对不起,我有点事,失陪了。"当他们有起身相送之意时,应说:"别客气,您请坐。"

(二)接待时交谈的基本技巧

1. 热烈欢迎,亲切问候

"出门看天色,进屋看脸色。"任何人到任何地方拜访,最不愿意见到的恐怕就是冷遇。因此,任何客人来访时都应热情欢迎。客人在约定的时间到达,主人应提前到门口迎接,不宜在室内静候。如果是重要的客人或初次来访的客人,主人可亲自或派人到车站、港口、机场或者是下榻之处迎接,并要事先告诉对方。如果客人突然光临,也要体谅对方,热情相待,若室内未清理,可致歉并适当收拾。如果来的是陌生的客人,可用提示性的语言:"请问您是哪位?"待客人自我介绍后,要表示欢迎。根据我国的传统习惯,来访者如果是上级、贵宾、外单位团队等,还应组织适当规模的欢迎仪式。

见到客人后,要致以问候和欢迎,如"你好""欢迎您""稀客,稀客""一路辛苦啦""您真准时""见到你真高兴""有失远迎""这么冷的天,难为您了"。得体的问候语和欢迎语会使客人感受到被尊重,为接下来的交往创造一个融洽的氛围。

2. 接受礼品,多加赞赏

如果客人带有礼品,不要当着客人的面打开礼品并评价。当客人馈赠礼品时,应双手相接,而且无论是否喜欢该礼物,都要说一些"不好意思,让您破费了""非常感谢"之类的客气话,不可询问礼物的价格,不要流露出不喜欢的情绪。如果可能,可对礼品的独到之处给以适当的赞赏,赞美客人的欣赏水平和审美能力,使客人感到高兴。我们最好能根据不同的来访对象,适当地回赠一些礼物。

3. 礼貌待客,善于应答

接待客人时,要注意倾听对方的讲述,不要总是打断对方的讲话,对重要的地方,可以附和,尽量不要与客人发生争执。交谈过程中,要注意语速、语量和语气,如与老年人交谈,可用较慢的语速、较大的语量和尊敬的语气,而与小孩交谈,则宜轻声慢语,语气柔和,让小客人产生信任感。要热情地回答客人的问题,绝对不能置之不理,有些问题自己确实不能回答,也要有礼貌地进行解释。主人不可只管自己活动而把客人晾在一旁,这样会给人一种傲慢冷漠的感觉。在交谈过程中,应不时邀请对方喝点茶水,吃些水果点心。

如果有多位客人同时来访,不论是亲朋好友、上司下级,都应一视同仁,不厚此薄彼,不冷落任何一位客人。

4. 礼貌送客,致以祝愿

当客人起身告辞时,主人应起身相送,主动为客人取下衣帽,并不忘提醒客人是否有东西遗忘或有什么事情可以帮忙,应再次感谢客人的礼物或回赠礼物。送客时,如是老人,应送至楼下;若是长辈,可送至门外;若是同辈,可站在门口相送;如是贵宾、远客,应由自己或派人将对方送至车站、港口或机场;如果是初次来的客人,应主动指路或安排车辆。送客时还应说些热情的告别语,如"慢走""仓促之下,招待不周,还请多包涵""再见""欢迎下次再来""以后常来玩""谢谢你的礼物""一路顺风,万事如意""以后多联系"。

一、拜访交谈的技巧

（一）称呼得体，举止礼貌

在社会交往中，如何称呼对方是一门学问。一个得体的称呼，会令人心情舒畅，为以后的交往打下良好的基础，否则，会让人感到尴尬，甚至不悦，从而影响彼此的关系。

[案例一]

大学生王丽到辅导员林老师家去做客，恰巧林老师的丈夫也在，该怎么称呼他呢？叫师父？太别扭了，也没这种叫法。叫大哥？感觉不够尊重。叫叔叔、伯伯？感觉把人叫老了，不合适。难道叫老师？似乎也不太好。王丽灵机一动，问："林老师，您爱人贵姓，他也是老师吗？""他姓张，自己开了一家小公司。""噢！"王丽如释重负，大大方方地叫道："张总，您好！"

点评：在传统的礼仪中，通常称呼男老师的爱人为"师母"或"师娘"，但女老师的爱人却没有合适的称呼。王丽巧妙地问出了林老师爱人的姓氏与职业，称他为"张总"，非常得体，避免了尴尬。

（二）寒暄问候，营造氛围

万事开头难，但好的开头能达到事半功倍的效果。寒暄是人际交往中的开场白，恰当的寒暄能使双方产生一种认同心理，从而营造出和煦融洽的气氛，使得人际交往能顺利进行。因此，我们要善于把握寒暄的机会。但怎样才能取得对方的信任，顺利地完成拜访任务呢？下面的案例可以给大家一些启发。

[案例二]

20 世纪 30 年代，美国费城电气公司的威伯，到一个州的乡村去推销用电，他到了一户富有的农户家门前，叫开了门。户主是个老太太，一见是电气公司的代表，猛然把门关了。威伯再次叫门，门勉强开了一条缝。威伯说："很抱歉，打扰了您，也知道你们对用电不感兴趣，所以这次来不是推销电，而是来买些鸡蛋。"老太太消除了一些戒意,把门开大些。威伯说:"我看您喂的道明尼克鸡种很漂亮,想买些鸡蛋回城。"老太太把门开得更大些,问:"你为什么不用你自己那儿的鸡蛋呢?"威伯充满诚意地说:"我们那儿的鸡蛋黄,颜色太浅,做蛋糕不好看,我太太要我买些深颜色蛋黄的鸡蛋回去。"这时,老太太的态度温和了许多,并请威伯进来,和他聊起鸡蛋的事。威伯指着院子里的牛棚说:"老太太,我敢打赌,你丈夫的牛赶不上你养的鸡赚钱。"老太太被说得心花怒放。长期以来,丈夫总是不承认这个现实。于是,她视威伯为知己,带威伯去鸡舍参观。威伯边参观边请教养鸡的经验,并嘘寒问暖,说养鸡很辛苦,如果能用电照射,会更省力,产的蛋会更多。老太太似乎不怎么反感了,反而问威伯用电是否合算,她得到了完满的解答。两星期后,威伯在公司收到了老太太交来的用电申请书。

点评:事情得到圆满的解决。完美的结局源于成功的开始。威伯第二次敲门,若是还说"推销用电"的话,恐怕连老太太家的门也进不了。威伯以买鸡蛋为由敲开了门,再聊鸡蛋,参观鸡舍,嘘寒问暖,最后老太太对威伯从开始的讨厌转为信任。真诚的寒暄,能营造出一个良好平和的氛围,这是威伯拜访成功的前提。

(三) 选择时机,切入正题

任何人登门拜访,都希望能尽快找到和主人聊天的话题,不要冷场。但是,如果话题与我们拜访的主旨风马牛不相及,那么,即使宾主聊得再投机,结果也很可能是"竹篮打水一场空",所以拜访时切忌漫无目的地聊天,而要选择时机,切入正题,这对一次成功的拜访来说是非常重要的。

[案例三]

战国时期,秦国趁赵国政权交替之机,攻占了赵国三座城池。赵国形势危急,向齐国求援。齐国一定要赵威后的小儿子长安君为人质,才肯出兵。赵威后溺爱长安君,执意不肯,且撂下狠话,谁来劝说都不会给面子,"必唾其面",致使国家危机日深。左师触龙为此事去拜见太后,太后对他的来意心知肚明,所以刚接见他时故意给他脸色看,希望他能知难而退。没想到,触龙刚见赵太后时,只字未提"令长安君为质"之事。而是与太后聊起了家常,先诉说了自己的病痛,问候了太后的起居,在嘘寒问暖中,太后"色少解",放下了戒心。接下来触龙抛出想要安排自己小儿子来作王宫侍卫的话题,从而引起了赵太后对子女话题的兴趣,此时紧张气氛已趋于缓和。触龙借势转入正题,认为赵太后爱燕后多于爱少子,从而顺势引出了"父母之爱子,则为之计深远"的观点,得出了这样的结论:"现在太后让长安君的地位高贵,并且把肥沃的土地封给他,还给他很多贵重的宝器,比不上趁现在(您健在时)让他有功于国,一旦您驾崩了,长安君凭什么在赵国立身呢? 老臣认为您为长安君考虑得太短浅,所以认为您对长安君的爱不如燕后。"这番话让太后心悦诚服,最终同意让长安君到齐国为质,让国家渡过了危机。

点评:触龙面对盛怒之下的赵太后,并没有单刀直入,而是避其锋芒,选择了老年人共同关心的健康饮食起居的话题,逐步瓦解了赵太后的戒备心理,再次切入正题时很有技巧。针对赵太后爱子心切的心理,抛出想要自己小儿子作王宫侍卫的话题,从而引起了两人对爱子女话题的讨论,并故意说赵太后爱女儿胜过爱儿子,太后则在不知不觉中已入彀中,渐渐认同了触龙"父母之爱子,则为之计深远"的观点,最终主动把长安君送到齐国作人质。

当然,"水到渠成"般的切入正题需要丰富的沟通经验和高超的沟通技巧,一般人很难做到。通常情况下,我们可选用比较简洁的方式切入正题,如:"张总,您好,非常感谢您在百忙之中抽出时间与我见面,我把我的方案跟您说一下。""今天来,主要是想向您请教一个问题。"此类表示致谢的或请求商量的语句往往也可取得良好的交际效果。

(四) 夸奖赞赏,回避禁忌

鼓舞和赞赏能让人产生成就感。聪明的拜访者往往善于发现对方的长处,不失时机地给予赞美。赞美他人时,必须让对方感到真挚诚恳、亲切可信。情真意切的赞美之词能引起对方的好感,从而营造和谐的氛围。

[案例四]

纽约一位园艺师替一位著名法官设计花园。那位法官出来交代他希望在什么地方栽种大片的杜鹃花。园艺师说:"法官先生,你有一个可爱的嗜好,我一直很羡慕你养了那么漂亮的狗。我听说你的小狗还获得了很多奖。""是的,"法官说,"从我的狗身上我确实得到了很多乐趣。你要不要参观我的狗舍?"法官花费了差不多一个小时的时间,带园艺师去看他的狗和它们赢得的奖项。他甚至拿出有关那些狗的血统家谱,向园艺师解释每条狗的血统决定了它的容貌和智力水平。最后,法官问园艺师:"你有没有小孩?"园艺师回答:"我有个儿子。"法官接着问:"那么,他喜欢小狗吗?""是的,他非常喜欢。""好吧,我会送他一只。"法官开始告诉园艺师如何喂养小狗,后来为了防止园艺师忘记,法官把他要送的小狗的血统家谱和喂养方法资料打印出来,把它们和小狗一起交给园艺师。

点评：法官的时间是非常宝贵的，园艺师就是因为对法官的嗜好和成就表示了真挚的赞美，赢得了法官的好感，在耽误了法官一个小时的宝贵时间之后，还免费获得到了一只小狗。

（五）面对拒绝，心平气和

拜访时达不到预期目的是十分常见的。遭到拒绝时，该怎么做呢？是自怨自艾，妄自菲薄；还是恼羞成怒，迁怒他人？这些都是不明智的做法。面对拒绝，应心平气和、从容不迫，保持良好的礼仪，尽最大努力挽回局面，说不定会峰回路转！

[案例五]

蒋文上周参加了一家她所心仪的广告公司的面试，但是不幸的是，她落选了。她不甘心，主动给广告公司的人力资源经理打电话："刘经理，您好，我是上周来公司面试的蒋文，我刚知道自己落选了。但是，我还是要感谢您抽出时间，安排了我的面试，今天我给您打电话，除了表示感谢，还想听听您的意见，看看我哪些地方需要提高。"刘经理感到对方说话委婉，诚心诚意，就如实相告："其实，你的综合条件还是不错的，主要是经验不足。我们文案部职员要求较高，至少要有2年的工作经验，但是你在这个行业只有半年的经验，相比其他几个人不具优势。"蒋文认真地听着，还不时地询问几个问题，最后说："谢谢您的指点，让我受益匪浅，相信我下次面试会有进步的。顺便问您一句，不知您是否还有其他工作机会，方便介绍给我吗？"一周后，蒋文收到了广告公司的录用通知书。她给刘经理打电话，感谢她的帮助和推荐。刘经理笑着说："这一切靠的都是你自己的努力，你是个聪明的求职者。"

点评：蒋文求职被拒后，并没有觉得不好意思，而是主动给招聘单位打电话，用委婉的语气、诚恳的态度向刘经理请教，并请对方帮忙介绍其他工作机会，蒋文的态度显示了她自身的谦虚、坦率与机敏，从而使事情出现了转机，最终如愿以偿，求职成功。

二、接待交谈的技巧

（一）热烈欢迎，亲切问候

迎客这一环节占用的时间虽短，但在整个接待过程中，却显得非常重要。热情洋溢的迎客方式，会创造一种友好的交际氛围。我国是个多民族国家，不同地区、不同民族、不同宗教信仰的人都有各自不同的迎客方式。因此，在接待客人之前，要先了解来访者的年龄、身份、民族、宗教信仰等，要注意回避客人禁忌的仪式，准备好与客人身份相适应的迎接方式。总之，在迎客时，一定要让客人感到你的热情。

[案例六]

1971 年 7 月 9 日，基辛格秘密访华，周恩来总理亲自迎接。接待气氛严肃而冷峻。这是两国相隔二十年后高层的第一次会面。周恩来总理还没走到基辛格跟前，基辛格就特意把手伸了过来，周恩来微笑着伸出右手，寒暄开始了。

周恩来友好地说："这是中美两国高级官员二十多年来第一次握手。"基辛格立即说："遗憾的是这还是一次不能马上公开的握手。要不然，全世界震惊。"接着，基辛格依次介绍随从人员。他指着第一个大个子说："约翰·霍尔德里奇。"周恩来握着他的手说："我知道，你会讲北京话，还会讲广东话，广东话连我都讲不好，你是在香港学的吧？"大个子惊喜之余不住地点头："是的是的。"

基辛格指着第二位说："理查德·斯麦泽。"周恩来与他握手时说："我读过你在《外文季刊》上发表的关于日本的论文，希望你也写一篇关于中国的哟！"

"温斯顿·洛德。"洛德没等基辛格开口就自报姓名。周恩来握着洛德的手摇晃着，说："小伙子，好年轻，我们该是半个亲戚，我知道你的妻子是中国人，她在写小说吧。我愿意读到她的书，欢迎她回来访问。"

点评：在这次重大的外事接待活动中，周恩来针对对方每个人的不同身份和背景，采用了灵活的欢迎言辞，对基辛格采用正式的外交语言，又表示了欢迎的诚意。对其随员，则从他们各自的特点找到话题来拉近与对方的距离，为进一步会谈创造了良好的气氛。

（二）接受礼品，多加赞赏

客人来见主人时，通常会携带一些礼物，表达自己的心意。主人在接受礼物时，要说一些感谢的话，不要吝惜对客人的赞赏。

[案例七]

小林搬新家，她的大学好友小雅带了一份礼物来看她。小林从外包装一看，是一套茶具。小林非常开心，连连说："小雅，谢谢你，让你破费了，我太喜欢了，你肯定花了不少心思才买来的吧。用它来喝茶，肯定很香。"

点评：小林接受了朋友的礼物，表达了对朋友的感谢和赞美之意，同时也表达出了礼物给自己带来的喜悦之情。

(三) 礼貌待客，善于应答

待客是整个接待过程的中心环节，主人应做到有礼有节、不卑不亢，与客人交流时要灵活应答，防止冷场，保证交谈的顺利进行。

[案例八]

20 世纪 50 年代，有一次，一位美国记者和周恩来总理谈话时，看到总理办公室里有一支派克钢笔，便带着几分讽刺，得意地发问："总理阁下也迷信我国的钢笔吗？"

周恩来总理听到后风趣地说："这是一位朝鲜朋友送给我的。这位朋友对我说：'这是美军在板门店投降签字仪式上用过的，你留下作个纪念吧！'我觉得这支钢笔的来历很有意义，就留下了贵国的这支钢笔。"美国记者的脸一直红到了耳根。

点评：美国记者的发问明显不怀好意，但睿智的周恩来总理却以其人之道还治其人之身，使得对方搬起石头砸了自己的脚。

[案例九]

众多的宾客在祝贺台湾吴老先生来大陆投资，吴老先生神采飞扬，高兴地应承着这些祝贺的话。宾主频频碰杯，服务员忙进忙出，热情服务。不料，服务员不慎将桌上的一双筷子拂落在地。"对不起"，服务员连忙道歉，随手从邻桌上拿过一双筷子，褪去纸包，搁在吴老先生的台上。吴老先生的脸上顿时多云转阴，煞是难看，众人纷纷帮腔，指责服务员。服务员很窘，一时不知所措。吴老先生说："唉，你怎么这么不当心，你知道吗？这筷子落地意味着什么？"边说边瞪大眼睛："落地即落第，考试落第，名落孙山，倒霉呀，我第一次在大陆投资，就这么讨了个不吉利。"服务员一听，更慌了，不停地说："对不起，对不起。"手足无措中，又将桌上的小碗打碎在地。服务员越发尴尬，虚汗浸背，不知如何是好，一桌人也有的目瞪口呆，有的吵吵嚷嚷……就在这时，一位女领班款款来到客人面前，拿起桌上的筷子，双手递上去，嘴里发出一阵欢快的笑声："啊，吴老先生。筷子落地哪有倒霉之理，筷子落地，筷落，就是快乐，就是快快乐乐。""这碗"，领班一边思索，一边瞥了一眼服务员，示意打扫碎碗。服务员顿时领悟，连忙收拾碎碗片。"碗碎了，这也是好事成双，咱们中国不是有一句老话吗——岁岁平安，这是吉祥的兆头，应该恭喜您才是呢。您老这次回大陆投资,一定快乐,一定平安。"

刚才还满面阴郁的吴老先生听到这话,顿时转怒为喜,马上向服务员要了一瓶葡萄酒,亲自为领班和自己各斟了满满一杯,站起来笑着说:"小姐,你说得真好!借你的吉言和口彩,为我们大家快乐平安,为我的投资成功,来干一杯!"

点评:碗筷掉落地上,引发了客人的忌讳,场面本来很难收拾了,领班却巧用谐音,赋予事件吉祥美好的寓意,从而化解了客人的心理疙瘩,使得事情得以圆满解决。

(四) 礼貌送客,致以祝愿

送客是接待工作的最后一环,千万不要做虎头蛇尾的事情。热情友好的送别犹如一杯芬芳的美酒,令人回味,让人感到一片温情。

[案例十]

小林要去国外留学了,出国前夕,她去看望自己最好的朋友小华,两人畅聊了好久。辞别的时候,小华送了小林一个视频相册作为礼物,她动情地说:"小林,我很幸运,在大学里交到了你这么好的朋友。我也不知道送什么礼物给你,这一阵,我把我们以前拍摄的照片、视频等资料整理了一下,做了这样一个相册,留作纪念,希望你喜欢。如果你想我了,就可以点开看看。"小林拿着礼物,非常感动……

点评:小华送给小林的礼物别具一格,它展现了两位好友那段青春飞扬的岁月,记录了她们的心路历程和成长足迹,也寄托了小华对小林的深深祝福。临别赠言深情动人。

演练题 精选

一、拜访技巧的演练

1. 案例一中的王丽反应机敏,从职业角度出发,称女老师的爱人为"张总",得体大方,如果女老师的爱人是在银行工作或者在报社上班,王丽又该如何称呼他呢?

2. 刚工作不久的王涛去拜访客户,却发现客户对他的到来不太欢迎,打完招呼后就开始干自己的活了。王涛该如何打破这尴尬的局面呢？

3. 李彬有事情需要找大学时的一位同学，可是在校期间他们的关系一般，毕业后也没什么往来，为了避免拜访时的突兀，李彬要怎样设计和这位同学的见面语呢？

4. 王敏毕业后，将到自己妈妈的朋友所开的公司里去上班。周末，妈妈带王敏去登门拜访。那么，王敏怎样才能让自己的言谈给未来的领导留下一个良好的印象呢？

5. 张明这几天有点睡不着，因为这周末要去女朋友李婷家。李婷的爸爸是个退休的法官，性格耿直，思想传统，他反对女儿在大学谈恋爱，认为女儿应该把精力放在学习上。请大家为张明出出主意，怎样才能顺利完成此次登门拜访。俗话说，"话不投机半句多"，找到共同的话题和兴趣或许就能找到突破口，请大家帮张明设计一下。

6. 圆圆是王刚的好朋友。今天是圆圆的生日，她邀请了自己的男朋友还有一帮朋友参加自己的生日宴会，王刚觉得要买点礼物才合适，左思右想，他想女孩子通常都喜欢花，于是就兴冲冲地跑到花店买了一束漂亮的红玫瑰。到了酒店后，圆圆男朋友的脸色一直都很难看，平时与自己爱开玩笑的圆圆也在回避自己，王刚百思不得其解，经同学提醒后才恍然大悟。他应该怎么说才能为自己解围，化解尴尬呢？

7. 丽丽去拜访妈妈的朋友王阿姨，希望暑假能在王阿姨的公司找份实习的工作。王阿姨看到丽丽来了很开心，热心地问她家里的情况，还跟她聊起了她和丽丽妈妈的往事。王阿姨很健谈，话匣子一打开就收不住。丽丽却暗自着急，她该怎样找到合适的时机，讲出她此次拜访的目的呢？

8. 王蕾暑期勤工俭学，找到了一份推销洗涤用品的工作。这天，她去拜访一位已经预约好的客户，但是客户开门时，手上正抱着一个哭闹的婴儿。接下来，她该怎么做，才能拉近与客户的关系并尽可能使客户购买她的产品呢？

9. 贺芳是学校学生会外联部的部长。为了给学校的足球比赛拉赞助，贺芳和她的团队进行了精心的策划，然后她带着策划书去拜访了一家体育公司的部门经理，说明了来意，但是经理却拒绝了她。面对拒绝，贺芳该怎么办呢？

10. 张云去看望老师，谈兴正浓之际，老师的孩子哭哭啼啼地从外面进来了，原来孩子在外面打架了。此时张云该怎样做，才能既照顾到老师的面子，又能让交谈继续下去呢？

二、接待技巧的演练

1. 春节到了,你没有回家,而是住在宿舍。这时,学院的书记、院长等几位领导到寝室来慰问你,你该怎么欢迎和问候呢?

2. 大学毕业后,李梅去了一家市属重点小学当班主任。有一天,有位家长带了些礼物来拜访她。原来这位家长的小孩在班上比较调皮,家长希望老师能帮帮她的小孩,李梅该怎么接待她并让她放心呢?

3. 学院召开大型学术会议,你作为一名学生参加了接待工作,任务是去车站接一位德高望重的教授,你见到教授后该说什么呢?

4. 章凌口才很好,毕业后在一家4S店做销售工作。这天,他接待了一位客户,两人刚开始聊得很开心,客户对章凌推荐的车型也很满意。后来,章凌的隔壁办公室有人在说笑话,章凌就有些心不在焉了。最后在快签合同的时候,客户放弃了。你觉得章凌此次业务失败的原因是什么,他还有机会挽回吗?

5. 父母外出旅游,这时,爸爸多年未见的好友王叔叔来登门拜访,你该怎么招待他呢?

6. 今天是你的生日,好友娜娜和阳阳都来家里给你过生日,可是他们互相并不认识,你该怎么做呢?

7. 假如你在一家公司的前台实习,有业务员来找部门经理推销东西,你该如何处理?

8. 好友要去泰国当两年的对外汉语教师志愿者,出发前夕,你在一家酒店宴请她,你该怎样表达祝愿呢?

9. 假如你是学院的办公室主任,有兄弟院校的老师要过来考察交流学院的办学经验和管理模式,院长让你负责接待工作。你将如何安排整个接待过程呢?

第 3 专题　提问与回答

在日常生活中,提问与回答是两种非常重要的交际手段。那么,当你向别人提问或者回答别人提问的时候,能够做得很到位吗? 你一定希望你的提问或者回答能够让对方满意,同时让自己满意。这一专题就是针对你的这个愿望而安排的。提问与回答是我们经常会遇到的,一个对话的过程,一次成功的面试……都会因为巧妙的提问或者回答给你带来意想不到的惊喜。

要点指津

一、提问与回答的基本内容

在日常交际中,在和别人打交道的过程中,你难免会处于提问者或回答者的位置。好的提问或者巧妙的回答,都会提高你的社交能力,会让你的人缘有所提高。不管你是提问者,还是回答者,你都必须明白自己的角色,知道自己在不同的场合,面对不同的对象如何提问才能恰如其分,如何回答才能如鱼得水。

在生活中,获得信息的一般手段就是提问。谈话的过程,常常是问答的过程,一问一答构成了谈话的基本部分。恰到好处的提问与回答,更有利于推动谈话的进展,促使社交成功。

在人际交往中,你可以用提问的方式表示你希望对方参与,诚心诚意会使你化敌为友;你可以用提问的方式表示你对对方的重视,从而表现出你的诚心;你还可以用提问的方式找出双方的相似之处,双方有相似之处才能建立良好的关系,而良好的关系对我们的社交是非常重要的。同样,你可以用积极的回答表示你对对方的回应,积极的态度也会使你结交更多的朋友;你可以用积极的回答表示你的兴趣;等等。

在论辩中,提问是重要的进攻策略之一。一个巧妙的提问,可以将对手逼到山穷水尽的绝境;而一个高明的答辩又可以起死回生、化险为夷。作为一名辩手,要善于提问,通过提问来主导对方;同时也应该善于应答。论辩中的答,不仅仅是对提问的反馈,更是对提问的正面回击。优秀的辩手往往善于在答辩中突破对方的主导力量,使其控制系统失灵,从而把握论辩的主动权。

所以,提问和回答两种方式存在于我们交际生活的方方面面,使用好这两个武器,你的口才将会如虎添翼。

二、提问与回答的基本策略

提问和回答,看似人们熟悉的语言交流方式,但同样的一个问题,不同的人会有不同的提问或者不同的回答,从而会导致不同的会话效果。这不仅需要一个人的综合能力好,还需要在语言交际中掌握一定的语言技巧,特别是处在提问者或回答者的位置上时,我们一定要调动知识积累,通过语言展示个人的魅力。一定的会话策略在交际中是不可缺少的。

(一) 看清谈话对象

看清对象,才好对症下药。我们在交谈中也是如此,不管提问还是回答,都要清楚你的谈话对象是何人,和你是什么关系,关系亲密的程度如何,他们的年龄大小,身份地位高低,这些都有助于你说话更有针对性,恰如其分。

美国新闻学者梅尔文·门彻在他的《新闻报道与写作》一书中,把记者提问归纳为两种类型:开放式提问和闭合式提问。开放式提问,是指问题提得比较概括、抽象,范围限制不严格,给对方以充分自由发挥的余地。闭合式提问,是指问题提得比较具体、单纯,范围限制得很严格,给对方自由发挥的余地很小,一般要直接回答。

年龄较大的人的社会经验比较丰富,人生阅历相当多彩,对他们提问就应该多用开放式提问。而对于孩子们的提问,就应该多用闭合式提问,提问应尽量做到具体、直观,使他们容易回答,进而启发他们的思考,引起他们的兴趣。比如:

当你毕业去当一个见习记者,去采访一个优秀少先队的事迹,张嘴就问:"你们少先队活动有什么经验?"可能一下子就会把孩子问懵。这样的问题你可以分成若干个具体的小问题:

"你们少先队有多少队员？"

"你们最近开展了些什么活动？"

"这些活动是辅导员老师安排的还是自己设计的？"

"开展活动过程中遇到什么困难没有？"

"你们是怎样解决困难的？"

……

在对这一串小问题的回答中，优秀少先队的典型事迹自然而然就出来了。

心理学家发现，儿童的记忆特点是直观形象记忆比逻辑记忆发达，他们的记忆速度快，但是容易记住的只是能引起他们兴趣的记忆材料，他们记忆的持久性、完整性和再现事物的条理性都比成年人弱得多。

回答问题的方式同样因人而异，因事而别。比如：

有个喜欢找麻烦的顾客进了一家洗染店，他对老板说："请把这件衬衣染成世界上没有的那种颜色。"老板爽快地答应下来了。

"那什么时候才能取衣服呢？"顾客追问。

老板笑了笑："除了星期一、星期二、星期三、星期四、星期五、星期六、星期日，哪一天都行。"

顾客提出这么一个奇怪的要求显然是有意刁难，但聪明的老板并不着急，他从容地用"仿拟"的手法巧妙地以其人之道还治其人之身，对顾客的刁难和挑衅做出了有力的还击。

（二）缩短感情距离

感情融洽是人际交往中的一剂润滑剂。注意拉近双方的距离，可使你的社交更加畅通。不管是提问还是回答，都要注意缩短双方的感情距离：陌生人通过问答变得不再陌生，熟悉的人通过问答变得更加熟悉。在提问时，提对方熟悉的问题，让对方根据自己已有的知识经验、社会经历去理解，有话可说，没有陌生感；同时，熟悉的问题容易调动心理经验，相似的情感容易使感情相融。比如：

某主持人曾在一期节目中，与代表中国参加世界大学生运动会的北京理工大学足球队队长进行了一场对话。

主持人：你是学什么专业的呢？

队长：我学国际贸易专业。

主持人：几年级了？

队长：现在是大三。

主持人：你们班主任老师姓什么？

队长：我们班主任姓吴。

……

一连串提问和回答之后，场上场下的观众都笑了。被追问的小伙子有些不好意思，主持人才说："哦，看来是货真价实的大学生。"

这样的提问方式，每一个问题都是对方熟悉的，有话可说；注意对方的存在，双方交流顺畅。但这要求提问者要有准确的判断能力和敏捷的思维能力。每个问题的提出都要经过仔细地思考，特别要注意双方对话的结构，使对方沿着自己的意图做出回答后，让人会心一笑。

三、提问与回答的基本技巧

（一）提问的技巧

1. 引起兴趣式

兴趣是最好的老师，诱发对方的好奇心是交际走向成功的一个法宝。引起兴趣的方法是在见面之初故意讲一些能够激发对方好奇心的话，将他们的思维引向你可能为他提供的某种好处的上面来。

2. 二选一式

人们有一种共同的心理，认为说"不"比说"是"更容易、更安全。所以，善于谈话的人向对方提问时尽量设法不让对方说出"不"字来。这种提问方式是让对方在限定的选项中选择其中一项，无论对方选择哪一项，对提问者来说都是自己所希望的回答。这种提问形式，循循善诱，有利于提问者表达自己的感受，促使对方进行思考，控制说话的场景、谈话的方向，让对方做出提问者想要得到的回答。

3. 借他人之口

在交际中，当你很想了解某些信息，但由于某种原因，你又不想让别人知道你很想了解这些信息，这时，巧妙的提问方式是帮你解决这个难题的法宝。"借他人之口，表自己之意"就可以派上用场。明明是自己想问的，却说是别人让自己代问的。这其实是一种拐弯抹角的问话方式，在特定的语言环境中，适当"拐弯抹角"有时会比"直来直去"能产生更好的语言效果。

使用"借他人之口"的问话方式时要注意以下几点：第一，根据不同的问话对象，所借之口要各有不同，要以能够对对方形成威慑或给对方创造方便回答的条件为原则；第二，一定要用于那些自己不方便直接问或直接问了也没有结果的问题，以免给人留下不够坦诚的印象;第三,不应经常用于同一问话对象身上,否则,对方即使不觉得你太狡猾,也会觉得太无用;第四,这种技巧最好用于内容倾向比较好的问题上,以免让亲人麻烦,让朋友伤心。

(二) 回答的技巧

1. 模糊概念,避免冲突

模糊概念主要的做法是让对方忽略事物本有的定义,引导其思维转向别的地方,以此来避开问题的锋芒,达到跳出"窘境"的效果。在生活中我们会听到一些不愿意听到的话或者面对不怀好意的攻击者。在受到语言伤害的情况下,我们很容易陷于反唇相讥的恶性循环。其实,要化解这些伤人的"冷语",可以发表自己的独到见解,有时反倒会巧妙化解矛盾,避免冲突。

2. 认清话题,不卑不亢

在现实生活中,我们会遇到这样的情况:对方以你说过的某句话导出一个消极的论题并强加于你。这时候,交际语境却又要你必须做出礼貌的回答,你该怎么办?"认清话题,不卑不亢"的回答会帮我们走出不利的境地,既可摆脱直接回答或拒绝回答可能造成的尴尬或失礼行为,而且还能使"山重水复疑无路"的交际语境出现"柳暗花明又一村"的转机,同时还能显示出答话者的良好的心理素质和语言修养。

3. 以问制问,反戈一击

当对方突然提出一个未曾预料或难以反驳的问题,正面回答势必会使你陷入困境而为对方所制时,不妨运用以问制问的方法,即用类似的难题来反问对方,这样便足以削弱对方的攻势,进而达到反"守"为"攻"的目的。

4. 借用话题,善用幽默

幽默是表示"不"的最佳方法。有时我们会被意料不到的表达方式而逗得开怀大笑,而这时我们最容易接受不同意见。在生活中,调动自己的思维,运用幽默的语言,可以使自己的人际交往技巧"更上一层楼"。

5. 独辟蹊径,巧妙作答

独辟蹊径是从一个不同寻常的角度来阐述自己的观点,回应对方的质疑。当我们在言谈的过程中出现明显的"硬伤"错误,以致陷入尴尬窘境时,做再多的解释亦是枉然。这时不妨采用独辟蹊径的方法,让别人看到你思维的闪光点。

当回答问题时,要想回答好,就需要开拓思维,调动各方面的因素,独辟蹊径,给大家一个新颖的、独特的答案。这就需要你能够跳出常人的思维方式,采用一定的谈话技巧,还要加上你个人的各种能力素质,才有可能得到满意的结果。

在信息时代,只要你是社会中的一员,无论你处在哪一种阶层,无论你从事哪一种职业,你都无法避免和其他人打交道。在和别人交往的过程中,沟通是必然的。恰到好处的提问与回答,可以使你的人际交流取得更好的效果。

一、提问的技巧

无论是在何种场合,巧妙的提问或回答都是你成功交际的保证。我们看下面的几个场景。

(一) 引起兴趣式

[案例一]

一个推销员向一个多次拒绝见面的采购经理递上一张纸条,上面写道:"请您给我十分钟好吗？我想为一个生意上的问题征求您的意见。"纸条诱发了采购经理的好奇心——他要请教什么问题呢？同时也满足了他的虚荣心——他向我请教！这样,结果很明显,推销员应邀进入办公室。

点评：使用引起对方兴趣的提问方式要注意真诚,并且此方法不能在同一个场合反复使用,不然会让对方认为你是一个爱要花招的人而不能达到自己的目的。

(二) 二选一式

[案例二]

甲店和乙店都是卖粥的小店,甲店和乙店每天的顾客人数都差不多,两家店都只有一个服务员,一天到晚都是人进人出的,但是每天晚上结账时,甲店总会比乙店的利润多一些。

答案就在店里的服务员身上。

乙店的服务员在客人进门坐下来之后,微笑着给客人盛好一碗粥,然后问客人:"加不加鸡蛋？"当客人说加的时候,服务员就给客人加一个鸡蛋;要是客人说不加,她就不加。每进来一位客人,服务员都会问一遍,有说加的也有说不加的,大概各占一半。

甲店的服务员同样在把客人迎进店里之后，她会问客人："加一个鸡蛋还是两个鸡蛋？"爱吃鸡蛋的就要求加两个，不爱吃的就加一个，也有不加的，但是很少。

点评：甲店的服务员用的就是二选一法则，即让客人在"一个鸡蛋"还是"两个鸡蛋"中做出选择，相对于乙店服务员的"加不加蛋"，总会让自己的店获利。

［案例三］

辩题：（正方）不以成败论英雄。

（反方）英雄自以成败论。

反方：岳飞是因为他的成功成为英雄，还是因为他的失败成为英雄？

点评：反方抛出的是一个"二者必居其一"的选择性提问，非此即彼。只要你的思维稍稍被动，无论你做何种选择，都将陷入反方的这个非此即彼的圈套。

（三）借他人之口

［案例四］

刘经理是一个不能正确对待工作、欺软怕硬、专门看上级眼色办事的人，作为办公室文员的你，又不可避免地由于工作的关系和他打交道。到了收取季度报告的时候了，你就可以这样问："刘经理，钱总经理让我来问问，你们处的季度报告写好了没有？"

点评：对生活中常遇到的那些乖张的人，询问其事情时，最好借职位更高一级的人的口来问。

［案例五］

总经理在南京与对方谈合作谈了六天还没有结果，秘书小李不知道总经理是不是想放弃，于是这样问他："服务台小姐刚才打来电话，说她们有预订机票的服务，问我们是否需要。我们要不要现在答复？"总经理想了一下说："问一问能不能订后天的。"小李于是做了返城的准备。

点评：有的时候，在生活中，急需知道一些信息，可由于一定的原因不便直接以自己的身份去问，我们就可以借他人之口来为自己所用。小李用的就是"借不相干者的口来问"。

二、回答的技巧

在生活中,一个巧妙的回答比一个巧妙的提问更为重要。提问时你处于主动地位,提什么问题你心里早已有数;回答时你处于被动地位,对方提什么问题你不知道,所以,能够在一瞬间给出一个让人喝彩的回答,更能体现出一个人敏捷的思维和良好的心理素质。这就需要我们在回答问题的时候,运用一些技巧性的东西。

(一)模糊概念,避免冲突

[案例六]

一位法国记者采访一位中国作家,问:"一位中国作家和一位法国作家之间的最大区别是什么?"这位作家一本正经地回答:"最大的区别就是法国作家用法语写作,中国作家用中文写作。"

点评:记者的提问比较刁钻,一千个读者心中有一千个哈姆雷特,无论怎么回答,都可能会使听众不满意,并且很容易被记者在回答中钻到空子,从而继续挖坑提问,因此倒不如模糊回答,以一种轻松幽默的方式结束话题。

[案例七]

一次,有人讥讽一位作家说:"一个只有初中学历的人如果也能称为作家,那真是对作家这个职业的一种莫大侮辱!"

作家当即回应道:"我觉得,如果把作家的学历比作猫的颜色,那么作家的作品则好比猫的抓鼠本领。抓鼠是评判一只猫的最有效的方法,同样道理,作品则是衡量一个作家最直接的标准。所以说,不管博士硕士还是小学初中,能写出优秀作品的就是一个好作家。有些作家除了学历能表明身份外,已经没有地方能透露出一点作家素质了,就像肥嘟嘟的波斯猫,这才是一个作家最大的耻辱。"

点评:面对"低学历根本不配称为作家"的嘲讽之语,聪明的作家并没有从大家耳熟能详的"学历并不代表能力"的角度进行辩驳,而是别出心裁地引用邓小平同志家喻户晓的名言,通俗而浅显地阐明了"能写出优秀作品的就是一个好作家,与学历无关"的观点。一番话说得酣畅淋漓,言虽约而义丰,语虽简而意赅,让对手无言以对。

（二）认清话题，不卑不亢

［案例八］

一个美国旅游者在导游的带领下参观中国的某一城市，他边走边发议论，对导游说："你们这里的楼房建筑太平淡了，缺乏宏伟高大的气势。这栋房子要是在美国的话，起码要高大 10 倍。"

"你说得对，这是一家精神病院，当然比不上你们了。"导游答道。

点评：在这里，导游先对美国旅游者的狂妄自大、目空一切的言论表示认同。然后话锋一转，具体就这栋房子的名称、用途向别的方面联想，指出它是"精神病院"，从而说明楼房越高大，精神病人越多，社会弊病也愈严重，给对方以有力的嘲讽，有"四两拨千斤"之效。

（三）以问制问，反戈一击

［案例九］

同事："小刘啊，刚来北京时，大概年薪多少啊？"

小刘："没年薪，就月薪，大概 4 000 吧！"

同事："那时候 4 000 咋样？"

小刘："刚够用。"

同事："现在觉得咋样？"

小刘："现在的话，生活得挺有尊严的。"

同事："现在还挺有尊严的哈！那现在是多少？"

小刘："唉！挣多少不是挣呢？你挣多少？而且这个问题你问的挺好的，你为什么想问这个问题呀？"

同事："嗨，这不是突然想问问嘛！"

点评：针对同事变着法儿地套问工资这一事情，小刘通过反问将问题推给同事，避免回答自己不想回答的问题，并成为对话的主动者。

［案例十］

一演员长相普通，但他通过演技获得了大奖。一个主持人采访他："有人说男人的相貌跟他的才华成反比，你怎么看？"这位演员反问道："我相信这句话也一直激励着你吧？"

点评：外表好不好看并不是人生的制胜点，但说话却能够凸显一个人真正的智慧和气质，这位演员利用对方的调侃，不仅做出了巧妙回复，而且显示出自己的才华,可谓一箭双雕。

(四)借用话题,善用幽默

[案例十一]

在一个颁奖现场,主持人采访一位导演:"你说一部影片如果没有获得奖项,那是演员出了问题,还是导演出了问题?"在场知名导演和演艺明星众多,无论如何回答,都很容易落人口实,该导演略加思索后回应:"评委出了问题。"听到他的回答,全场掌声响起。

点评:在这场对话中,面对提问方的问题,该导演无论怎么回答,都会得罪在场的导演或演员。

他机智地选择不在所给选项中的第三个选项,使大家觉察其回答的机智和精妙,从而活跃气氛,显示幽默。

[案例十二]

中国国家男子足球队前教练米卢很健谈,在一次新闻发布会上,有一记者这样问米卢:"法国队前主教练雅凯曾说过,永远不会原谅反对过他的记者,你怎么看?"米卢回答:"我最大的优势就是不懂中文,类似的话我什么都听不到。"

点评:风趣幽默的回答,化解了对方的刁钻提问,博得了一片掌声。有时候,我们在生活中难免会遇到一些不太容易直接回答的提问,我们不妨运用自己的机智,利用幽默的语言手段去解决问题,将会产生很好的语言效果。

[案例十三]

有个老人在车上不小心踩了一个年轻人的脚,年轻人大怒,骂道:"你这个老不死的!"车上人闻言,都用异样的目光瞅着老人。应该说,这时的老人已被人推进了尴尬的泥沼。这时,这位乐天派的智叟胸有成竹,呵呵一笑,说:"谢谢你,多亏你说我'老不死'的,我才活到了这把年纪……"话音刚落,便引来了满车乘客的笑声,被踩的人反而不好意思了。

点评:老人豁达宽容的态度,幽默诙谐的话语,既有对他人善意的针砭(因为他踩别人的脚不是故意的),又有对自身的解嘲,这样,使得骂者消怨,旁人敬佩。一句妙语使老人冒犯别人后遭人贬损的尴尬化为了一道雨过天晴的彩虹。

(五)独辟蹊径,巧妙作答

[案例十四]

某单位年终会餐,小王因为爱吃红烧羊肉,只顾闷头大吃,大饱口福。这时,旁边的小周嘲弄他说:"小王,肚子可是自己的,小心别把肚皮撑破了!"小周当众戏谑小王,使小王陷入了"嘴馋贪吃"的尴尬境地。此时,小王一抹嘴巴干脆顺着小周的话题,说:"我这叫作'扑下身子,埋头苦干'。我说各位,大家伙都得学习我的'工作干劲'哟!"一句话说得满席响应。

点评: 这里,小王对小周的嘲弄不但不避讳,反而巧借工作中"扑下身子,埋头苦干"这个词语来比喻自己的"闷头大吃"。

如此直面迎接,巧借语义顺着杆子往下溜的办法,反倒使小王摆脱了尴尬,可谓"金蝉脱壳""绝处逢生"。

有时候,我们常会在不知不觉中因为自己的举止失态而招致他人的嘲弄。这时,你若针锋相对,会更加尴尬,而且还会影响人际关系,若不承认自己已经表露的失态举止,又不符合事实。这时我们可以干脆对自己的失态行为来个满口承认,巧妙地借用双关,特意夸张,从而摆脱窘境,维护自尊。

[案例十五]

一位导游在向游客讲解此次旅游的注意事项时,事先声明只讲两句,可不知不觉讲了十来分钟。一位客人半开玩笑地说:"导游先生,你说只讲两句,怎么讲了这么久?"其他游客哈哈大笑,导游觉得很尴尬,但马上说:"开头一句,结尾一句,中间忽略不计,一共不是两句吗?"

点评: 巧妙的回答一下子就把自己从尴尬中解脱出来,客人们也都开怀大笑。如果这位导游听了客人的话之后说"哦,对不起"之类的话,他的语言技巧就会逊色不少。

演练题精选

一、提问技巧的演练

(一) 引起兴趣式的演练

我们可以设想几个情景,展开演练,以引起兴趣式的提问方式进行提问,可以使自己的谈话更加成功。

(二) 二选一式的演练

有的人在预约时间时,可能会说:"我今天下午可以来见您吗?"这种问话方式只能在"可以"和"不可以"中选择,而对于非常忙的人来说,他们多半会说:"不行,我今天下午的日程实在太紧了,等我有空的时候再打电话约定时间吧。"

一个大学生在考研之前非常想见一下自己未来的导师,但这个导师非常忙,见面之前必须预约。

设想你就是这个大学生,你认为你这个电话怎么打才能使你的预约有更高的成功率呢?

（三）借他人之口的演练

在一般人的心目中,都认为所谓"大家"提出来的问题,往往是重要的问题、矛盾比较大的问题,处理不好影响会很坏,解决得好则可以使工作向纵深发展,同时树立起个人的形象。所以,借用"大家"的口发问,往往会使对方对问题予以重视。如:

"我们组让我来问一下涨工资的事儿,需要什么条件?"

"我们班的同学让我来问一下我们的调查报告能不能由两个人合作。"

设想你有一个性格内向的女友,你很想知道她准备什么时候才嫁给你,你该怎么问,才不会让你的内向女友感到尴尬?

二、回答技巧的演练

（一）模糊概念,避免冲突的演练

1. 这里是一个招聘现场:

某省财政厅有一次公开招聘副厅长人选,结果有 9 名候选人参加竞争。答辩会上主考官问 7 号答辩人:"你和其他竞争者相比,你有什么优势和劣势?" 7 号答辩人充满自信、踌躇满志地说:"我想来想去,觉得自己没有什么明显劣势。"在一片笑声中又补充说:"缺点在一定条件下也是优点。"

曾有人说,什么时候没有口才最要命? 或许除了向异性表白,就是招聘面试了,也许,自己的前途和命运就在几十分钟,甚至几分钟就悄悄决定了。

请设想你现在在一个招聘现场,面试官问你:"你认为你有什么缺点吗?"

针对这样的问题你会怎么回答?

2. 设想你现在在一个辩论赛场上:

辩题:（正方）艾滋病是医学问题,不是社会问题。

　　　　（反方）艾滋病是社会问题,不是医学问题。

正方:我想请问对方,如果有一个两岁的婴儿感染（艾滋病）,你认为对这个婴儿进行性安全教育是必要的吗？

如果你作为反方辩手，针对正方的这样一个问题，你将如何回答，才能巩固己方的论点？

（二）认清话题，不卑不亢的演练

1. 某人在一所大学做演讲时，有人提出："你说自己只读过初中，那你有什么资格在此面对几百名大学生夸夸其谈，你不感到是一种自欺欺人吗？"

演讲者说："正因为在校我只读到初中，高中、大学都是自学的，才说明我走的不是一条平常的路，和你们取得同样的成绩，我要比你们多付出几倍乃至几十倍的辛劳，也正因为我经历了常人没有经历的世事，才丰富了我的人生阅历。因为我具有你们所不具有的一笔财富——我的特殊经历，所以我才有资格在台上面对几百人侃侃而谈。（这时，掌声四起。）又因为你们接纳了我，所以不仅不是自欺欺人，而是彼此真诚的流露。"

在这个例子中，演讲者之所以能够获得台下的掌声，是因为他能够针对对方的提问，不卑不亢地给他一个明明白白的回答。泰然自若地把问题说得明明白白，让听众心服。

2. 某人在一次演讲中，一位听众问："你曾经虚伪和自卑过，你敢承认吗？"

演讲者答："金无足赤，人无完人。在人生的旅途上，人们都不同程度地虚伪和自卑过，当然包括我和您。处于某种善意的虚伪，也是一种很好的掩饰，所以我虚伪过，但我绝不是一个虚伪的人！自卑亦是自我的组成部分，一个完整的自我不可能不曾自卑，所以，我也曾自卑过，但我不是一个自卑的人，相反，自卑过后我能正确面对现实，更加充满信心。如果不自信，我就没有胆量站在你们面前。"

这个回答可以说是掷地有声，既可以让听众心悦诚服，又可以再次展现演讲者个人的风采，这里面，他很好地运用欲扬先抑法，这也是他的成功所在。

从上面两个例子中，你受到什么启发，如果有人以你的某一缺点向你叫板，你将怎么办？

3. 设想你在辩论场上：

辩题：（正方）美是客观存在。

（反方）美是主观感受。

正方：请问对方三辩，我美不美？

如果你是反方三辩，你该如何回答，才能博得大家的掌声？

(三) 以问制问,反戈一击的演练

1. 下面是生活中的一个场景:

在生活中,有一些话常常伤自尊,会让人头疼,有的人遇到这种情况可能会勃然大怒,有的人可能会被动地生气,如果,对于对方"不友好"的话能够适时使用一些语言技巧,就可以让对方转怒为喜。例如:

妻子在丈夫的朋友面前数落丈夫太懒,说:"你看这人,懒得跟猪一样,铁锨都翻不动。"丈夫马上勃然大怒,觉得自己在朋友面前丢尽了面子,于是,夫妻大战开始,使得朋友当时特别尴尬。

设想你作为上文中的"丈夫",遇到这种情况,还有没有更妙的回答?

2. 这里是课堂上的一个片段:

一个学生问老师:"在 20 世纪 60 年代号召学雷锋,现在已经是 21 世纪,学习雷锋还有什么价值?"

他向学生反问了一个问题:"如果你夜间同妈妈在一起行走,突然妈妈旧病复发昏倒在地上。这时,你是需要钱呢? 还是需要雷锋式的人帮助你把妈妈送到医院?"

假设你作为一个老师,现在一个学生问你:"老师,你喜欢钱吗?"你将怎么回答,才能不落俗套,又显得你言谈不俗呢?

(四) 借用话题,善用幽默的演练

1. 在一次新书发布会上,一个记者穷追不舍地追问作家一些无关紧要的事。作家最终回答说:"大家都知道,我是一个有一说一的人。小时候我曾经去拜访过一个农夫,我问这个农夫:'你的母牛是不是纯种的?'他说不知道,我又问:'这头牛每个星期可以挤出多少牛奶呢?'他也说不知道。最后,他被问烦了,就说:'你问我的我都不知道,反正这头牛很老实,只要有奶,它都会给你。'"作家笑了笑,对所有在场的记者说:"我也像那头牛一样老实,反正有什么事,一定都会如实告诉大家。"大家哄堂大笑,那个记者不好再问什么,只能就此打住。

虽然对记者穷追不舍的做法很反感,但如果直接拒绝就会有失风度,难免引起尴尬。

该作家通过即兴讲一个小故事,用一头母牛与自己进行类比,"只要有奶,它都会给你",幽默地拒绝记者:"反正有什么事,一定都会如实告诉大家。"寥寥数语,起到了"四两拨千斤"的效果。

设想：如果你遇到这种情况，会如何回应？

2. 大学毕业后的小王，初入职场，努力工作，积极完成各项工作，在同一批入职的员工中，表现出色，在季度表彰大会上，获得了部门的最高奖励。会后，几位同事议论说："小王好厉害。""小王是经理的亲戚吗？""小王每天来得早走得晚，就是为了这个奖励啊。"

假定你是小王，面对同事的议论，会如何回答？

(五) 独辟蹊径，巧妙作答的演练

在某次会议上，主持人与某工商部门局长有这样一场对话：

主持人：我想在这儿请教局长一个问题，去年这个会议也是我主持的，当时宣布完了 50 强品牌企业之后呢，我说大家快看，局长的脸很高兴，因为 50 强品牌企业，浙江占了半壁江山，今天我们看 50 强仍然是这个数字，是不是巧合？

局长：这个问题，很有攻击性。我如果说是巧合，你说是浙江精心设计；我说不是巧合，你说很难自圆其说。（观众一阵笑声。）……我问你，去年是不是你在这里主持？

主持人：是。

局长：去年是你在这里主持会议，今年又是你在这里主持会议，这是不是一种巧合？（观众一阵笑声。）如果你认为这是种巧合的话，你会怀疑这种巧合吗？你会质疑这种巧合吗？你会认为这种巧合不正常吗？难道你不喜欢这种巧合吗？历史往往有许多惊人的相似之处，但它从来不是简单地原样复制。今年的 50% 跟去年的 50% 不一样，就像主持人今年的主持，跟去年的主持不一样，是同样的道理。

在这场语言交锋中，局长第一步先是不直接回答问题，而是对问题进行点评，直接道出问题的刁钻之处，并提前说出不同情况下不同的回答都会让主持人可以"借题发挥"，从而自然而然地转移话题，留给自己更多的思考和发挥空间。第二步用"捧"主持人身份的方式调节气氛，逐渐占领话语的主动权。第三步彻底以话题主动者的姿态先是连续反问营造了攻势，接着借用主持人本人作为话题进行对照，完美地借话说话，把问题又甩回给了主持人，使得主持人无法否认，同样也打破了外界对浙商的怀疑，一举两得。

设想如果你是一个各方面都很优秀的人，在学生会的干部评选中，你再次获选学生会干部。如果有人问你，怎么连续两年都是你当选？你怎么回答？

第 4 专题　意见与建议

　　当你对某一事物有了自己的见解和对某人某事有不同的观点时,你会怎样表达? 当你新融入一个集体或向其他人提出自己的见解和主张时,你又会如何表达? 意见与建议是人际交往过程中与他人沟通交流、表达自己的见解和主张、增进人际关系沟通与互动的一种基本方式,也是人们进行口语交际不可缺少的内容之一。如果你能恰当地提出意见与建议,常常会事半功倍。

要点指津

一、意见与建议的基本含义

　　意见一般有对事物的看法、想法和对某些人、事不满意的看法、想法两种含义。建议则是指向集体或他人提出自己的见解和主张。

　　意见往往带有批评性和指正性,大都是指对已经发生的事物而言,含有希望对方接受批评并改正的意思。建议则是一种具有前瞻性和建设性的看法,且大多是针对尚未发生的事物而言,含有希望对方采纳并接受实施的意思。建议的实施效果则要看具体情况,如果建议的实施效果不佳,那么就会有人提意见了。

　　一般提出意见与建议者往往认为自己是正确的。当今社会随着教育的普及,人们的文化水平普遍较高,自尊心普遍较强,人们习惯于将自己最优秀的一面呈现在大家面前。向对方提自己的意见和建议,可能恰恰是展现对方的不足。人们一般都不愿意他人公开向自己提意见和建议。因此,在向他人提意见与建议时,要考虑对方的感受和接受的可能性,而这一切均有赖于交际双方的融洽合作。

二、提出意见与建议的基本策略

意见与建议是当今人们社会活动中一种重要的交际行为,要妥善地提出意见与建议,应该在以下方面多多注意。

(一)充分准备

要想做好提意见与建议的准备工作,首先自己对事物要有一个正确和恰当的看法。

有些人看待事物时,往往只会从自己个人的角度出发,凡是对自己有利的就是对的,凡是对自己不利的就是不对的。如果是从这样的角度来提意见与建议,容易带有片面性,并且对方也不容易接受。再加上如果对方也是只从个人的角度出发来看待你的意见与建议,那么双方就极有可能形成正面冲突。

人们对事物的正确看法,除了要有正确的思想指导,还应该特别注意站在客观公正的立场和本着可行性原则。

(二)选对场合

选对提意见与建议的场合也非常重要,在恰当的场合提出正确的意见与建议,往往能收到事半功倍的效果。提意见与建议的场合大致有以下四类。

1. 正式的公开场合

正式的公开场合是指专门征求意见与建议的公开场合,如批评会、讨论会、论证会、鉴定会等。这些公开场合的意见与建议征求一般存在三种情况:一是征求意见与建议方确实感到自己存在问题和不足,但又一时找不到解决问题的好方法,认为有必要请高人指点;二是征求意见与建议方对自己的言语或行为的后果缺乏准确的判断,希望借助他人的智慧;三是征求意见与建议方非常自信,公开征求意见只不过是一种姿态。值得注意的是在公开场合提出意见与建议,如果没有交际双方长期的了解或者主动征求意见与建议方存有公众目的,往往起不到很好的效果。

2. 非正式的公开场合

非正式的公开场合是指不是专为征求意见与建议而设的公开场合,如庆祝会、开幕式、记者招待会。但除非情况特殊,人们一般情况下不会在这种场合提意见和建议。如果说话人主动提出意见与建议,可能存在以下三种情况:一是提出方可能与对方的关系较好，不愿意看到对方有过失，想帮助对方；二是提出方具有一种强烈的社会责任感；三是提出方可能感到对方在某些方面明显不如自己，提出意见与建议以证明自己是正确的，有一种炫耀的味道。

3. 私下场合

一般情况下私下场合提出的意见与建议都与对方的个性或者私人事务有关，私下场合的意见与建议交流同样需要双方有较为深厚的友谊基础，不然双方的交谈可能也会带来不愉快的情形。私下的场合一般有筵席场合、散步场合等。

4. 非面对面的场合

非面对面的场合有如下几种：一是有关部门书面或通过各种媒体征求意见与建议，提出方通过信函、电话、录音、广播、报纸、电视等各种传统媒体和微博、微信等各种新媒体提出意见与建议；二是对一些公众性的事物主动提出自己的意见与建议，提出的方式也大致包括信函、电话、录音、广播、报纸、电视等各种传统媒体和微博、微信等各种新媒体。如教育部于 2024 年 2 月 8 日在教育部网站上就《校外培训管理条例（征求意见稿）》面向社会公开征求意见，具体意见可通过信函方式邮寄至北京市西城区大木仓胡同 37 号教育部校外教育培训监管司（邮编：100816）。也可通过电子邮件方式将意见发送至：jybjgs@moe.edu.cn。征求意见截止日期为 2024 年 3 月 8 日。

（三）知己知彼

提出意见与建议如果要产生好的效果有赖于提出方和接受方共同的合作，因此，明确双方的地位就显得非常重要。

1. 双方地位平等

双方地位平等是意见与建议取得效果的最好基础。比如，几个要好的同学打算在暑假去集体旅游，但对旅游的目的地和方式等，总会有不同的意见与建议。由于同学们之间的地位是平等的，只要他们在旅游问题上没有原则性分歧，并能互相尊重彼此的意见，最后就容易达成一致，愉快出游。

2. 提意见与建议方地位高于对方

这种情况从目的来看，往往不是提出意见与建议，而是批评和指示了。如上课时有的同学常常迟到，任课老师多次指出仍然无效，这时候老师会向这些同学提出批评意见，因为老师对维持课堂教学的秩序负有直接的责任。至于老师平时对同学的学习方法提出一些建议，则完全是参考性质，学生可接受或不接受，并没有批评或指示的含义，因为在学习方法上老师和学生并没有地位高低之分。

3. 提意见与建议方地位低于对方

这种情况下的意见与建议往往只是提供给对方参考,如果方式得当,可以收到意外的效果。比如,给上司提意见与建议。对于那些强力相谏的人,上司头疼的不是他提出的意见,而是意见的提出方式。如果能抓住上司意见中的某一处被你所认同的地方加以大力肯定,而后提出相反的意见则容易被接纳。如果你一开始肯定上司意见中的某一处价值,就已经打开了进入上司脑中意见库的大门。

4. 对第三方提出意见与建议

这种情况,双方是平等的。通过向第三方提出意见与建议,往往是为了形成舆论攻势,迫使第三方能够考虑自己的意见与建议。

(四)明确目的

1. 双方得益

如果提出的意见与建议能使接受方受益,使其修正自己的言行,可以说这是一种双赢,也是提出意见与建议最成功的结果。

2. 言外有意

若提出方知道自己的意见与建议是不对的,却仍然提出,往往是为了迎合第三方意见或者言外有意。例如,秦始皇曾计划建一个东到函谷(今河南灵宝东南),西到雍(今陕西凤翔南)及陈仓(今陕西宝鸡东)的大苑囿。优旃谏道:“妙呀,这能养许多禽兽,敌人从东面来,就放麋鹿用它们的角去抵御好了。”秦始皇闻后,下令停止兴建。秦二世继位后又想用漆涂饰咸阳城。优旃道:“好呀,虽然百姓要为此增加赋役,带来愁眉苦脸和耗费,但城墙漆得亮堂堂、光溜溜的,敌人来了也爬不上来。”秦二世听后发笑,漆城事于是作罢。

3. 施加压力

提出方明知对方不可能接受却仍坚持提出,往往是为了造成一种社会舆论压力。例如,曾有人戏称北京“首都正变成‘首堵’”,他们的目的是希望有关部门对北京越来越严重的交通拥堵现象引起高度重视并采取合适的措施加以解决。

(五)讲究方式

1. 简明扼要

提意见与建议时应注意简明扼要,对方已了解的内容切记不要重复,不然会使对方感到被轻视。同时,在语言上还应注意通俗易懂,要使用接地气的话语,不要为了显示自己的高深莫测而故弄玄虚。

2. 语气诚恳

提意见与建议时语气一定要诚恳。特别是处于以下对上的地位,因为诚恳至少不会使对方直接拒绝。即使在以上对下时,也要尽量避免使用严厉的口吻,否则会被认为是有意使对方难堪。

3. 注意举止

提出意见与建议往往并不被认为是一种示好,因此,在提意见与建议的过程中,除了要注意所表达的内容,还要特别注意自己的行为举止,避免引起对方不必要的误解。

(1)距离。一般情况下,当提意见与建议者和对方距离较近时,其语境会较为亲密。有时在公众场合(如会议、宴会),可拉近距离,增进私密性,即使这时所提的意见非常尖锐或建议不甚合理,对方碍于公共场合也不会当场翻脸。

(2)姿态。一般情况下,在以下对上或双方处于平等地位时,提出方应采取谦恭诚恳的姿态,给对方一个较为明确的信号,即自己是完全站在对方立场上就事论事,而不是故意所为或颐指气使,以求得最佳结果。但如果提出方与对方地位过于悬殊,则应表现出充分的自信,否则对方会不屑一顾。

(3)手势。一般情况下,在以下对上或双方处于平等地位时,对方往往不太能容忍提出方做出比较明显的手势。因为对方会由此认为提出方缺乏诚意,或过低估计对方的理解能力。但以上对下时,则正好相反,对方会认为提出方是处处为自己着想,是在帮自己理解。

(4)位置。一般情况下,在以下对上或双方处于平等地位时,不能站在与对方相比处于上风的位置。但以上对下时,则可以有两种站位:一种是提出方在对方心目中有较高地位,这时如能处在双方平等的位置或者比对方较低的位置,则更有助于对方的接受;另一种是提出方在对方心目中印象一般或对其不甚了解,则应主动占据中心地位以增强其影响力。

三、提出意见与建议的基本技巧

(一) 学会换位思考

换位思考是指设身处地地想他人之所想,是一种理解至上的人际关系思考方式。人与人之间相处要学会互相理解和信任,还要学会换位思考。这是人与人之间交往的基础,也是人们相互之间一种心理体验过程。将心比心、设身处地地为他人着想,是达成彼此之间理解不可缺少的心理机制。换位思考要求我们将自己的内心世界,如情感体验、思维方式和对方联系起来,站在对方的立场上体验和思考问题,从而和对方在情感上取得沟通,为增进彼此之间的理解奠定坚实的基础。因此,换位思考既是对对方的一种理解,也是一种关爱。

(二)客观看待事物

只有多角度地观察才能客观看待事物和准确定位。客观是不依赖人的精神、不以人的意志为转移的存在,是在人的意识之外。以客观的立场看待事物是指按事物本来面目去考察,与一切个人的感情、偏见和意见都无关。

(三)注意时间场合

如果你提出的意见与建议,恰是对方急于解决的正在思考的问题,那么此时提出善意和可操作性强的意见与建议一定会得到对方的重视和接受。同时还要注意提意见与建议的场合,无其他人在场比有其他人在场要好,私下场合比公开场合要好,除非你有把握其他在场的人会支持你的意见,否则会适得其反。

(四)委婉巧妙表达

对于敢于直言的同学、同事、下属或朋友,人们最头疼的往往不是他们所提的意见有多么难以接受,而是他们提意见的方式让人接受不了。比如,"小张,你刚才的做法完全错误,我认为正确的做法应该是这样子的……"或者说"小王,你刚才的说法,我不敢苟同,我认为应该……"这样把别人的做法或想法全盘否定,往往会让别人脸上无光,人家自然会对你不满,那么你的意见与建议被接受的可能性就微乎其微。因此,在提意见与建议时,一定要委婉巧妙,要让人既能接受又不产生反感。

(五)学会倾听反馈

提出意见与建议,是主动的行为,但在这个过程中,必须同时倾听对方的意见,准确理解对方传达的信息,包括事实、观点、感受和需求等,还需要关注某些非言语信号,如对方的肢体语言、脸部表情和声音变化,这些非言语信号往往能透露出额外的信息。

我们要在准确理解上述信息、信号的前提下,及时做出反馈,与对方加强交流沟通,尽量避免负面评价,争取产生情感共鸣。

案例点评

一、学会换位思考

[案例一]

2017 年热播的电视剧《人民的名义》第十七集中，有这样一个情节：京州市委书记李达康听说光明区政府信访办的接待窗口又矮又小，"你根本想象不到的矮，站也不能站，蹲也不能蹲，很多人每次上访一次回家都要躺一天"，于是特地去到该区信访办接待窗口会见了光明区区长孙连城。孙连城急急忙忙走进大厅，看了看众人围着的接待窗口，蹲下身子歪着脑袋，往里探了探，强笑道："哟，是李书记啊，您看这事儿闹的，怎么不让秘书提前打个电话呢？"

李达康在接待窗口里，坐在接待员的位置上跷着脚看资料，斜眼看孙连城："连城啊，我不止一次的跟你们说过吧？涉及群众利益的事情都不是小事，能解决尽快解决，千万不能拖着，拖来拖去就成了矛盾。"

孙连城弓着身子曲着腿蹲在窗口前，说："是的，那个李书记，我进去跟您汇报行吗？"

"别别别"，李达康连忙制止他起身，"我不听你汇报，咱俩就在这儿聊两句。连城啊，千万不要把几百人的事情当作小事，一件小事解决不好，完全能够击垮你办成的九十九件大事，影响政府形象"。

孙连城此刻在窗口外要蹲蹲不下去，要站又站不直，直起腿弯着身又显高了，看不着李达康；蹲下去又缓解不了抽筋的腿，来来去去的，急得流了满头汗，说道："李书记您放心，这个事我改。"

李达康扔下句"好自为之"，便起身走了出去。

点评：在这个案例中，李达康针对"信访办的接待窗口又矮又小"，老百姓上访不方便的意见，通过让区长孙连城换位亲身体验的方式表达了出来。而孙连城则通过亲身体验确实感受到了"又矮又小"的接待窗口给老百姓带来了不方便，终于在急得满头大汗后说出了"李书记您放心，这个事我改"的处理意见。

每个人一旦习惯了站在自己的角度看问题，就会忽略对方的感受和体会。一个信访办的接待窗口，内部人员看来就是一个简单接收信息的场所，在窗口里面坐习惯了并不会感到有什么不妥。但当他们站到了对方的立场，从一个焦躁的来访者身份来看时,低矮的窗口并不仅仅是带来了不方便,更是成为压在来访者心上的一块大石头。孙连城也只有在亲身体验了"此刻在窗口外要蹲蹲不下去,要站又站不直,直起腿弯着身又显高了,看不着李达康;蹲下去又缓解不了抽筋的腿,来来去去的,急得流了满头汗"后,才真正意识到问题的严重性,从而对李达康做出了"李书记您放心,这个事我改!"的表态。人民的公仆只有真正站在人民的角度,才能尽最大可能维护人民的利益。而李达康书记这样提意见的方式,既能够让对方接受,又能让对方今后能在工作中学会换位思考,更能设身处地地了解老百姓需要的是什么,怎样才能做得更好,从而使政府工作人员更接地气,能更好地为人民做好事、办实事。

二、客观看待事物

[案例二]

《吕氏春秋·审分览·任数》记载了这样一件事情:

孔子穷乎陈、蔡之间,藜羹不斟,七日不尝粒,昼寝。颜回索米,得而焚之,几熟。孔子望见颜回攫取其甑中而食之。选间,食熟,谒孔子而进食。孔子佯为不见之。孔子起曰:"今者梦见先君,食洁而后馈。"颜回对曰:"不可。向者煤室入甑中,弃食不祥,回攫而饭之。"孔子曰:"所信者目也,而目犹不可信;所恃者心也,而心犹不足恃。弟子记之,知人固不易矣。"

点评:这个故事很简单:孔子和他的弟子颜回等被困于陈、蔡之间,七天七夜都吃不上饭。后来颜回讨了一点米回来做饭。饭快煮熟的时候,孔子看到颜回从锅里捞了一点吃。等到饭完全熟了,颜回来请孔子吃饭,孔子假装说:"今天做梦梦到了自己的祖先,要用洁净的饭食先祭祀一下。"颜回就说:"刚才有一点煤灰掉到锅里,丢弃的话是不祥的,所以我就捞出来吃掉了。"孔子感叹道:"大家都说眼见为实,可是现在看到的不一定就是真相;大家都相信自己的内心,可是内心也不一定可靠啊。想要知人,真的是太难了。"

我们应以客观的精神,看待事物。

三、注意时间场合

[案例三]

一次,丘吉尔和夫人克莱门蒂娜出席某要人举行的晚宴。席间,一位外国大使偷偷将餐桌上一只漂亮的小银盘藏了起来。但他这个小小的举动,却被细心的宴会主人发现了。主人非常着急,因为那只小银盘是她最心爱的一套餐具中的一件,对她来说有着非常的意义。怎么办? 主人马上去向丘吉尔夫人求助,请她帮忙把这个小银盘"拿"回来。

克莱门蒂娜听说后,对丘吉尔耳语了一番。只见丘吉尔微笑着点点头,用餐巾做掩护,也偷偷"收藏"了一只同样的小银盘。然后他走到那位大使旁边,神秘地掏出口袋里的小银盘对大使说:"我也拿了一只同样的小银盘,不过,我们的衣服都已经被弄脏了,所以我建议把它放回去。"大使对丘吉尔的话表示完全赞同,于是两人将小银盘放回餐桌上。就这样,小银盘物归原主。

点评:如果面对大使偷藏小银盘,你大声说出来,直接指出对方的错误,一定会让大使面子上过不去,下不来台,从而对你产生敌意,这是完全没必要的。因此,在给别人提意见,批评对方的错误时,一定要注意说话的时间和地点以及场合,要尽量避免伤害他人的自尊。

四、委婉巧妙表达

[案例四]

有一家公司待遇很不好,但职工都不敢在公司老板面前抱怨。而老板则认为,就以公司目前的这些员工的能力来讲,他给的薪水已经不少了,更何况他感觉这些员工对公司不够忠心,工作也欠努力。当有人把公司的待遇和其他同类公司待遇相比时,他说:"那些公司的员工都是名牌大学毕业的,不像你们都是杂牌军。"

因为辞职的人越来越多,不按时上班、迟到的人也越来越多,已经影响公司正常业务开展了,有一天,一位业务主管和老板说:"现在大家基本上都没办法按时到公司上班。"老板问:"为什么?"主管说:"坐出租车吧,太贵;坐公交车吧,人太多、车太少挤不上去;坐地铁吧,没有通到公司的线路。况且公司每月给大家的交通补贴,也是公司的一大笔开支,我看干脆就不发,让大家走路上班得了。"老板一听,乐了:"对,走路上班好,可以锻炼身体,又可以帮公司节省开支,这办法好!"

主管笑着打趣:"老板说得对。我看干脆公司发个布告,提倡大家赤脚走路上班,还可以节省鞋袜钱呢。如果人家问起为什么我们公司员工都赤足走路上班,就说他们是自己希望锻炼身体,不是因为公司给的工资太少,买不起鞋袜,坐不起公交车、出租车,是他们活该,老板你说呢? 我觉得赤脚上班应该不会有损公司形象,反而是公司的一景。"老板听出了主管的话外音,脸红了起来,只好同意改善公司员工的待遇。

点评：该公司主管用夸张的说法表达了自己真实的想法，达到了向公司老板提意见的目的。他反话正说、话中有话，巧妙地向老板表达了公司给员工的待遇太低的意见，表面上是在开玩笑，实际上是借员工不能按时上班，建议赤脚上班，委婉地向老板提建议。由于是用打趣的方式，不伤老板面子，对方领悟到自己确实存在问题，就会容易接受劝告，改变他的行为。当然，用这种方法要适度，不能让对方受到刺激。如果玩笑开过头，让老板感到下不了台，则也可能产生反感、气愤的情绪，从而适得其反了。

[案例五]

齐威王曾一味地追求享乐，不理朝政，使齐国内政荒废，外敌入侵。在朝中大臣都不敢劝谏的情况下，有一天淳于髡对齐威王说："大王，国都中有一只大鸟，栖息在您的庭院里。三年了，它不飞走也不鸣叫，大王您知道这只鸟是怎么了吗？"齐威王听后，内心受到很大触动，回答说："此鸟不飞则已，一飞冲天；不鸣则已，一鸣惊人。"之后，齐威王励精图治，对内整顿吏治，对外大举抗敌，最后齐威王的声威在诸侯国间盛行了三十六年。

点评：淳于髡用大鸟栖息在王庭中，三年不飞也不叫这一隐喻，委婉地向齐威王进谏，从而绕开了齐威王拒谏的心理防线，避免了齐威王的心理抵触，让他幡然醒悟。他表达得也十分巧妙，用大鸟栖息于王庭这一喻体，显得大气、从容、高贵优雅，也给人以力量和信心。大鸟不是燕雀，而是大鹏，它三年不飞不叫，非无能，是暂时栖息。因此，这一说法让齐威王既很受用又猛然惊醒，与其说是在批评齐威王不理朝政，不如说是在暗示和激励齐威王是到了该振作奋发、励精图治的时候了。这是淳于髡采取"直说"或"明说"的方式所不可能达到的效果。

演练题 精选

提出意见与建议技巧的演练

1. 一个大学寝室共住四人。小李患有严重的失眠症，如果晚上 11 点还没睡着，那么就会整夜失眠。但同寝室的小王却是个夜猫子，凌晨一两点睡是常事，并且常常是在熄灯后才回寝室。由于动静太大，常常会把已经睡着的小李吵醒。天长日久,小李因睡眠不好而严重影响了学习,白天也打不起精神来。他很想向小王提出自己的意见,但又不知怎样开口。请你帮帮小李去向小王说一说,能否晚上也按时就寝。

2. 小李向小王提了好几次意见,小王都置之不理,而且回寝室的时间越来越晚。请你帮助小李想一个妥当的方式再向小王提提意见。

3. 小李忍无可忍,终于向辅导员老师提了关于小王的意见。辅导员找小王谈话后,小王虽然对小李心怀不满,但还是收敛了一段时间。不久,小王又故态复萌。请问,你觉得现在再对小王提意见还有用吗?为什么?

4. 小李只得向宿舍管理人员申请换寝室,结果好不容易换成了,却又碰上新寝室的同学小张晚上睡觉打呼噜。如果小李还未睡着小张就打呼噜的话,那么小李一定又会有一个失眠之夜。那么,这次小李又该怎样给小张提意见?

5. 小江的奶奶由于年纪大了,总是被小江父母限制做一些事,他给父母提意见,父母还不乐意,可是他看着又十分难受,你说他应该怎么办?

6. 如何让别人自然真诚地给自己提意见?

7. 小米是一位应届毕业女大学生,她在招聘会上看到一家企业招公关人员,她很想去,对方却说只招男的。小米该如何提出意见以达到求职目的?

8. 小米终于说服招聘人员,取得了面试的资格。面试时,小米自我感觉良好,觉得自己一定会被录用,但结果却是没有被录用。此时,小米该如何分析判断自己的处境并向招聘单位重新提出申请意见呢?她还会被录用吗?

9. 小米如愿成为这家企业的公关人员,但她却发现自己的工资比同时录用的男员工低。她想提意见,却又怕自己刚进单位让人误解为太张狂,你可以帮她表达一下意见吗?

10. 一页开卷考试的形式是现在很多高校公共课采取的考查方式,即学生被允许在考试时夹带一张 A4 纸,可以事先把自己认为可能会考到的内容摘抄在上面,以便在考场里参阅。大家对这种考试形式褒贬不一,很多人认为考试的目的应当是检验学生对所学知识的掌握情况。请根据你对考试目的的理解对这种考试形式提出自己的意见与建议。

11. "原则上不允许大学生自行在校外租房居住"的规定遭到很多人质疑。反对者认为大学生都已成年了,他们有公民享有的自由选择住所的权利;赞成者则认为既然是学生,就应该遵守学校的规章制度,住在学校接受学校的管理。作为大学生,他们既是被学校管理的对象,又是具有完全权利的公民。请你从法律和管理以及可行性的角度谈谈你对严禁大学生校外租房的看法。

12. 对你所学专业的课程设置做一个大致的了解,然后对其中你认为不合理的内容提出意见,最好能提出比较完整和系统的建议。

13. 有时你明明觉得这件事不对,但却不知道该向谁表达自己的意见,这时你会怎么办?

14. 有时给别人提意见,别人非但不接受还怨恨自己,这时你该如何处理?

15. 现代的社会中,人们都倡导低碳生活,很多人甚至有许多偏激的做法,你对这种观念的提出是怎么看的? 对宣传和实施这种观念又有怎样的建议?

16. 给领导提意见是为了改进团队的工作,而不是为了挑战领导的权威,因此技巧和方法就很重要。你觉得有哪些技巧和方法是可以运用的?

17. 很多人认为提意见与建议是不管用的,因为对待同一件事,每个人的角度不同,看法也就不同。只有现实才会教育人,使人改变自己的看法。你觉得这种说法有无道理?

18. 有人认为,提意见的最高境界是让别人根本觉察不到你是在提意见,在不知不觉中就采纳了你的意见。你认为是这样吗?

第 5 专题　说服与拒绝

　　说服是通过言说占领听众的思想阵地，使其在观念意识上认同自己，甚至在行动上服从自己。拒绝，则是保持自己原有的观点、立场、想法，不为对方的说辞所左右。说服与拒绝，仿佛是博弈的两股对立力量。在这场言语交锋中，如何排兵布局，用好"话语"棋子，在战胜对方（保持自己）的同时又不伤害对方的感情，继续保持良好的人际关系，是判断言语交锋输赢的关键。

要点指津

一、说服与拒绝的基本含义

　　说服是指在一定情境中，个人或群体使用一定的方法策略，选择恰当的信息符号工具影响或改变他人的观念，使其合乎自己的意图或主张的一种交际形式。

　　说服在人们的实际生活中应用广泛：政治演讲、学校教育、商业谈判、疾病治疗、大众传播⋯⋯各种领域都离不开说服；亲朋、长幼、师生、同事、主顾、医患⋯⋯各种关系都需要说服。因此可以毫不夸张地说，只要有言语交际发生的地方，就会有说服行为的存在。

　　说服行为可以有不同的分类方式。按角色关系划分，说服可分为一对一说服、一对多说服（如教师上课和电商直播）、多对多说服（如政治集团之间的双边或多边谈判）。按符号类型划分，说服可分为语言说服手段（如口语或书面语）和非语言说服手段（如形象、色彩、动作、音响）。按媒介手段划分，说服可分为传统媒体说服（如书籍、报纸、电视）和新媒体说服（如电脑、手机等互联网传播媒介）。按交际领域划分，说服又可分为政治说服（如竞选演讲）、社会说服（如公益众筹）、宗教说服（如传教）、商业说服（如产品推销）等。按效果划分，说服有成败之别。有的说服，三言两语就说到了对方的心坎上，轻而易举地改变了对方的观念；而有的说服，越说对方越不服气，闹得双方不欢而散。这充分说明说服是一门人际交流的艺术，需要我们探寻其中的原则和技巧。虽然说服活动的形式、内容、手段、媒介、规模存在着巨大的差异，但是贯穿于其中的基本规律是相通、一致的。

拒绝是指为了捍卫个体的自我尊严、自我利益和自我价值，不接受他人的劝说、请求、意见、馈赠、诱惑、威胁……它首先是一种情感态度，其次是一种言语行为。

作为言语行为的拒绝可能会对他人的自尊造成伤害，又容易引起自身的内疚心理，本质上是一种有损和谐人际关系的交际类型。因此，人们往往不喜欢拒绝，也不善于拒绝，但由于受到种种主客观因素诸如能力、情感、生理条件、社会规则、物理环境的制约，每个人都会有不能为或不愿为的时候，这时，不可避免要拒绝别人。所以，拒绝是广泛存在的现象。试想无论是生活中还是工作中，有谁从来没有拒绝过别人呢？

但正是由于拒绝行为本身的"杀伤性"，才令拒绝语言的礼貌性和艺术性更显重要。因为人类毕竟还是追求和睦相处的文明动物。把握拒绝的相关基本原则并了解一些拒绝策略，有助于最大限度地减少拒绝的杀伤力，维护和修复人际关系。

二、说服的基本原则

交际场上瞬息万变，但万变不离其宗。世界上不会出现两次完全相同的说服事件，但任何一次说服包含的基本原则却是相同的。说服的基本原则包括加强自我修养、了解说服对象、掌控说服时机。

（一）加强自我修养

一个修养高的说服者，在发话之前就已经成功了一半。理想的说服者应该具有什么样的自我修养呢？最重要的三个方面是威信、诚意和魅力。

威信是指说服者的年龄、职业、文化程度、专业技能、社会资历、社会背景等构成的权力、地位、声望。一般来说，一个人越有威信，对别人的影响力也就越大，其话语的说服力就越强。

诚意是指说服者动机的纯正；即说服者的说服目的必须端正，不能抱有私心或别的目的,更不能用冠冕堂皇的言辞,来掩盖自己不可告人的动机。一个说服者,动机越纯正,目的越高尚,其说服效果就越好。

魅力主要通过说服者形象、气质、涵养体现。一个外貌穿着、言谈举止得体又给人亲近感的人,往往更具有魅力。

因此,说服者要重视人格和形象的双重塑造,"内外兼修"方能无往不胜。

（二）了解说服对象

林肯曾说:"在预备说服一个人的时候,我会花三分之一的时间来思考自己以及要说的话,花三分之二的时间来思考对方以及他会说什么话。"了解说服对象的重要性可见一斑。

充分了解对方的知识、能力、性格、脾气、兴趣、爱好、情绪等信息,识破对方的"铠甲",洞悉对方的"软肋",有利于找到说服的最佳突破点,有的放矢。

（三）掌控说服时机

说服的时机,指的是说服的时间和场合,或者说讲话的情境。

首先,要注意说服的时间。言之过早,对方不以为意,或认为你大惊小怪,神经过敏。言之过晚,则往往于事无补,反易被讥"事后诸葛亮"。

其次,要注意说服的场合。公开或隐秘,嘈杂或安静,不同的环境中说服的效果大不相同。俗语有云"到什么山头唱什么歌",体现的就是这个道理。

说服固然要受到时机的制约,但这并不意味着说服者只能被动适应。相反,说服者可以充分发挥主观能动性,创造合适的时机。比如,领导和下属意见相左时,与其继续在办公室僵持,不如选择湖边散步、茶室闲叙,更有利于拉近双方的距离,从而摆脱僵局。

说服时机并不是一成不变的,说服者可以随时采取措施化不利为有利,从而扭转局面。

三、说服的基本技巧

说服的过程是一个既微妙又复杂的信息交互过程。在这一过程中,说服者总体上属于信息的输出方,被说服者属于信息的输入方。但说服者又并非"闭目塞听"的独白者,他需要通过倾听、观察被说服者随时调整自己的话语。被说服者也并未完全处于消极被动的地位,他会根据自己的判断分析、删选信息,随时可能质疑、反驳,并具有决定是否采纳说服者意见的权利。

因此,说服者必须充分调动自己的"语商",使用高超的语言技巧,才有可能获得成功。这些技巧主要包括以下几个方面。

(一) 晓之以理,动之以情

想要让对方认同你、接受你,并受到震动和感染,需要晓之以理,动之以情,把话说得合情入理。

晓之以理,即通过逻辑推理来说服对方。"人同此心,心同此理",人是理性的动物。俗语"有理走遍天下,无理寸步难行"所说的就是"讲道理"的普遍适用性。严丝合缝的逻辑论证往往具有不容置辩的效果,令人"不得不服"。因此,想要做一个成功的"说客",需要好好学一学逻辑学。如演绎法、归纳法、类比法、归谬法,都是逻辑推理的重要手段。

但仅有逻辑的力量还不够,因为人不仅仅是理性的动物,同样也是情感的动物。"动之以情",即发挥情感力量说动对方。亚里士多德说:"我们无法通过智力去影响别人,而情感却能做到这一点。"

情感说服,有时候不在于内容,而在于形式:庄重的表情,真诚的眼神,亲切的微笑……都有利于情感的传达。

情感说服,需要说服者具备共情能力,能够换位思考,爱人如己。"我非常理解你的心情,如果换作我,也会……""如果我是你,我会选择……"站在对方的立场上说话,往往能够激起内心的共鸣,拉近彼此的距离,潜移默化地将其感化。

总之,说服者实施说明行为时,只有立于理,发乎情,亦情亦理,理情统一,才能令说服对象动容动心,心悦诚服。

(二) 经验呈现,诉诸权威

人是有理性、有情感的动物,同时也是重经验的动物。因此,除了"讲道理""动真情",还需要"摆事实"。

心理学的研究表明,人们最相信的是自己的所见所闻或亲身经历、体验的事实。因此说服对方时,如果能借助自己和他人的现身说法或诉诸眼见耳闻的事实,让说服对象自行比较、对照、领会,说服的力度往往会大大增强,令说服对象更容易自觉醒悟。

当然,除了耳闻目见的直接经验,他人的间接经验也同样具有说服力。间接经验的例子举得越多,说服力就越强。如果能够借助统计,用数据说话,那就更有可信度了。尤其在当前的数智时代,"大数据"已成为不亚于石油的宝贵资源。

除了大量的数据统计，权威人物、典型案例的说服作用也不可小觑，尤其是名人的言行。多数人都怀有一定程度的偶像崇拜心理。同样一句话，王阳明说的和邻居说的，效果就大不相同。

（三）艺术说服，善用修辞

说服必须通过语言来体现，而语言的运用有好坏优劣之分。"一句话说得人跳，一句话说得人笑"充分说明了这个道理。语言的运用是一种艺术，这种艺术最典型的表现就是各种修辞技巧。虽然前面说的内容也可以看作广泛意义上的修辞，但这里所指的修辞是指运用比喻、排比、夸张、谐音、对偶、押韵等方法雕饰语言的形式结构。

四、拒绝的基本原则

拒绝有可能威胁对方面子，有损相互关系，所以在决定拒绝之前，一定要有充分的思想准备。一旦决定，就不应当反复、犹疑，否则，很容易造成拒绝行为的失败，违反自己的初衷。做好拒绝的决定以后，还需要考虑"怎样拒绝"的问题。为此要把握拒绝的基本原则。

（一）意思明白，没有歧义

一个拒绝行为的起码要求是保证对方明白自己被拒绝了。很多人最容易犯的毛病是闪烁其词、模棱两可。由于害怕有损彼此的面子，拒绝时往往容易"心慈口软"。殊不知，暧昧的言辞最容易引起对方的误解，使其继续抱有幻想，与你纠缠，最后达不到拒绝的目的，又会被指责"欺骗"，造成彼此更大的不满和敌意。当断不断，反受其害，说的就是这个道理。

（二）礼貌措辞，维护面子

由于拒绝行为本身具有杀伤力，容易威胁双方的面子，从而制造对立，所以使用礼貌措辞加以维护是必要的。否则，对方会觉得你缺乏基本的教养，不懂人情世故。常见的道歉语如"对不起""不好意思""请多包涵"可说是礼貌措辞的基本配置。微笑、鞠躬、和声细语等的配合，也能起到类似的效果。

(三) 理由充分，寻求理解

一个人被拒绝以后，自然而然会想知道为什么。因为他既然提出了某种要求，一般是做过乐观的可能性分析。因此要获得理解，需要给出一个合情合理的理由，让对方明白，自己的拒绝不是毫无来由，更不是找借口搪塞，而是确有无可奈何的原因或难以诉说的苦衷，讲明自己的处境，最好具体说出理由。那么，对方自然就能体谅你的言行了。

典型的拒绝不会违反这三条原则。只要我们想在实现意图的同时最大限度地"与人为善"，不树敌，都会自觉地遵循它们。

当然，人是智慧的动物，懂得逻辑推理，能解读话外之音，这就使得实际的拒绝行为并不会如出一辙地体现所有的原则，而是有着千变万化的丰富性，这实际上是拒绝的技巧性在起作用。

五、拒绝的基本技巧

拒绝的技巧难以言尽，这里介绍常见的五种：缓兵之计、移花接木、先扬后抑、转移话题、沉默是金。

(一) 缓兵之计

拒绝他人时，如果我们一时想不好如何拒绝，不如先用"拖"字诀，为自己争取一些时间。例如：

（1）正忙，待会给你电话。

（2）我问一下爸妈的意见，他们管得很严。

（3）过几天再说吧，怕有什么急事。

（4）天气不好，等天晴了再说吧……

由于时间的冲刷，有些冲动之人的热情消散，也许就不再纠缠。而有些聪明人直接就能体会到你的本意，知难而退。

(二) 移花接木

当自己难以满足别人的要求，我们可以顺水推舟，为对方介绍有可能解决问题的人。比如，有熟悉的广告商来找你寻求营销合作，你虽然没有这个需求，但正好知道有此业务需求的伙伴，就可以为其牵线搭桥，从而一举两得。

移花接木可以较好地补救由于拒绝带来的伤害，但易受客观条件的限制，并不能随心所欲地使用。

（三）先扬后抑

对于被拒绝的人来说，最难接受的是对方出于反感、否定自己而做出这样的决定。因此，可以在表示对其认同、理解或欣赏后再表达拒绝，并给出拒绝的理由，特别强调客观因素，如能力、条件。例如：

（1）我很同情你现在的遭遇，不过最近我刚买了房，手头也很紧。

（2）一起旅游是很有意思的，可惜近来身体不太好，医生让我尽量少活动。

（3）我也很喜欢看电影，就是最近工作实在太忙没时间。

先扬后抑，说明你并不反感对方，很在乎双方的关系。这样即便对方被拒绝，也不会认为你是冷漠无情的人。但前提是你提出的理由要真实可信，不然就容易给人"虚情假意"的印象。

（四）转移话题

如果你预判到对方可能要提出你不能接受的要求时，可以先声夺人，用答非所问、寻找借口等方式主动转移话题，不给对方出口的机会。例如：

甲：听说你发展得不错哦。（欲进一步开口借钱。）

乙：老同学，咱们多年不见，你怎么开口就谈钱哪。今天不许谈钱，只叙旧。

转移话题意味着你不想谈论这一问题，对方对你的本意也就心知肚明了。但如果对方是比较执着或者木讷的人，他可能会重新绕到自己想说的话题上，这时候你就需要直话直说了，否则只会浪费双方的时间。

（五）沉默是金

"雄辩是银，沉默是金。"不回应对方的要求，有时候比说一个"不"字更加有效，也更加礼貌。但前提是对方具有较高的交际推理能力，懂得你不说是因为不忍心说，是出于仁慈，而不是因为没听到。

但沉默有时候确实具有歧义，甚至有时候还能理解为"默许"。这时候，肢体语言的表意作用就不容小觑了。比如，我们不想与人交谈时，除了减少话语，还可用打哈欠、游移的眼神以及抠手指、看手表等肢体语言来表达倦怠。稍有洞察力的人应该就会识趣地终止话题。

一、说服的技巧

（一）晓之以理，动之以情

［案例一］

楚庄王有一匹心爱的马，"衣以文绣，置之华屋之下，席以露床，啖以枣脯"，结果，这匹马因为喂得太肥，反倒死了。楚庄王非常痛心，欲以大夫礼为死马举行丧事。左右力劝，庄王不听，动怒下令道："谁再敢来谏我葬马，就处以死罪！"

优孟听知此事，进得殿来，仰面大笑，庄王诧异，问其缘由，优孟答道："这是大王您最喜爱的马呀！我们楚国堂堂大国，什么排场摆不出来呀，而大王只以大夫的丧礼来葬马，太寒酸了！我看应以国君的葬礼来安葬它。"

庄王问："那该怎么办呢？"优孟说："应以雕玉为棺，文梓为椁，调动大批士卒修坟，征用大批百姓负土。让齐国、赵国的使节列于前，让魏国、韩国的使节翼于后；再给它造起寺庙，祀以太牢之礼，奉以万户之邑。这样一来，诸侯各国就都知道大王您把人看得轻贱，而把马看得很尊贵了。"庄王一听，突然醒悟过来，深责自己险些酿成大错，遂打消此念头。

点评：优孟的聪明之处在于，他没有直接反驳对方，强行直谏，而是运用逻辑思维，先假设对方言之有理，然后据此引申出一个连对方也不得不承认是荒谬的结论，使之心悦诚服地从谏。对待固执己见的人，我们常可用这种逻辑上的"归谬说服法"。

［案例二］

在某个知识产权侵权案中，原告是一家知名科技公司，被告是一家初创企业，原告指控被告侵犯了其专利技术。因为原告的技术具有独特的算法和特定的功能实现方式。被告的技术在功能实现、操作流程以及用户界面等多个方面与原告技术高度相似。专家鉴定后发现被告技术中的关键部分与原告专利中的核心内容吻合。为此，原告律师在法庭上陈述："如果我们将一个艺术家创作的独特画作比作原告的技术，那么被告的技术就像是这幅画作的复制品，不仅在外在表现上几乎一模一样，而且在关键细节和创作原理上也如出一辙。"他进一步解释："就像复制一幅画作侵犯了原作者的版权一样,被告未经许可就使用了原告的核心技术,也构成了对原告专利权的侵犯。"听完陈词后,法庭对原告的主张产生了强烈的认同。原告在诉讼中取得胜利。

点评: 在这个案例中,原告律师运用类比推理帮助法庭更好地理解案件的性质和问题,强化了原告主张的合理性,从而在辩论中占据有利地位。需要注意的是,在运用类比推理时,必须确保类比对象与案件实际情况具有高度相似性,以避免对法庭产生误导。同时,类比推理的运用也需要与其他证据和论点配合,才能形成一个完整有力的论证体系。

[案例三]

盛夏季节,学生打瞌睡的现象时有发生。一次,一位语文老师讲得口干舌燥,有的学生照睡不误,甚至发出了鼾声。老师笑道:"到站了,醒醒吧。"引得大家哄堂大笑,惊醒了梦中人。老师接着说:"夏天是个多梦的季节。我也当过学生,也在课堂上睡过觉。求学的生涯是很辛苦的,我理解大家的处境。但是,学生时代是学知识、长本领的黄金时代,无穷岁月增中减,有趣学问苦后甜。教学相长,我不误人子弟,大家也别虚度年华。让我们一起振作起来,同仇敌忾,驱走瞌睡这个恶魔!"大家为之一振,理解了老师的一片苦心。打瞌睡的同学感到了内疚,意志战胜了惰性,此后打瞌睡的同学明显减少了。

点评: 俗话说,设身处地,将心比心。许多说服工作遇到困难,并不是我们没把道理讲清楚,而是由于说服者与被说服者固执地据守本位,不替对方着想。如果能够换位思考,劝说和沟通会容易得多。老师这段话之所以具有说服力和鼓动性,是因为他把自己放在了学生的位置上,语重心长,鞭辟入里,发人深省,展现了高超的情商。这种"换位思考法",能使对立变成统一,矛盾变为和谐,化干戈为玉帛。

(二)经验呈现,诉诸权威

[案例四]

战国时有一位齐国谋士邹忌身材修长,相貌美丽。有一天早晨他在镜前穿戴衣帽,对妻子说:"我与城北的徐公相比,谁更美呢?"妻子说:"您美极了,徐公怎么能比得上您呢?"邹忌并不自信,于是又问小妾说:"我和徐公相比,谁更美?"小妾说:"徐公怎么能比得上您呢?"次日有客人来拜访,和他座谈时,邹忌问客人:"我和徐公相比,谁更美?"客人说:"徐公不如您美啊。"又过了一天,徐公前来拜访,邹忌仔细地端详他，又看着镜子里的自己，觉得自己的相貌远不如徐公。傍晚，他躺在床上休息时想："我的妻子认为我美，是偏爱我；我的小妾认为我美，是害怕我；客人称赞我美，是有求于我。"后来邹忌上朝拜见齐威王说："我深知自己不如徐公美。可是我的妻子偏爱我，我的小妾害怕我，我的客人有求于我，他们都认为我比徐公美。如今齐国有千里疆土，上百城池。宫中的姬妾及身边近臣，没有一个不偏爱大王的，朝中的大臣没有一个不惧怕大王的，国内的百姓，没有不对大王有所求的：由此看来，大王您受到的蒙蔽太严重了！"齐威王说："说得真好。"于是下令向官吏、百姓广泛纳谏，并给予不同等级的奖赏。

点评：邹忌之所以能说服齐威王广开言路，虚心听取众人的批评意见，利用的就是"经验呈现"的技巧。这种方法把日常经验与说服巧妙融为一体，使日常生活经验与说服的道理水乳交融，相得益彰，所借之事理性化，所论之理形象化，事物道理，自然天成。这也使得说服对象因事而得理，受理而感化。这是一种高超的说服艺术，它给枯燥刻板的政治谏言赋予了易于感知的形象色彩。

［案例五］

某校有个学生，兴趣广泛，上进心强，但就是出不了成绩，没有一个方面能拿得出手，渐渐对自己失去了信心。有的同学鼓励他要持之以恒，有的同学告诫他要专一，还有的同学干脆劝他放弃，弄得他无所适从。班主任听说后，讲了这么一番话："在这个世界上，歪打正着的事情是经常发生的。人对目标的追求，有时就是这样。无论有没有结果，最后都有一些收获，并且这种收获常以副产品的形式出现。歌德本来是要追求一位姑娘，一年后，人没追到手，手上却多了一本《少年维特之烦恼》。伦琴在实验室蹲了六年，本来是想找晶体光谱，结果光谱没找到，却意外发现了 X 射线。为此，英国政府奖励给他 12 万英镑，诺贝尔奖委员会奖励给他 53 万美元，他那张印着左手的感光纸，更是重要的副产品，1932 年被一位收藏家以 120 万美元的价格买下。总之，造物主从不让伟大的追求者空手而归。在这个世界上，对追求者而言，是不存在失败的。你不妨好好回顾、总结一下，相信你会有所收获的。"名人的经历深深触动了这个学生的心，使他重新鼓起了信念的风帆。

点评：这是根据人们善于模仿的心理特点，拿知名专家、学者、英雄、模范、权威人物的言行来进行的感知教育，它具体、形象，比单纯的说理教育更富有说服力、号召力和生动性、鲜明性，容易引起对方的感情共鸣，给人以鼓舞、教育和鞭策，激发起他人模仿、追赶的愿望。

[案例六]

一家专注于人工智能技术的初创公司通过融资演讲成功获得了投资机构的资金支持,以加速其产品的研发和市场推广。以下是融资方主讲人的演讲内容:

尊敬的投资人,非常感谢您抽出宝贵的时间来了解我们的公司。作为一家专注于人工智能技术的初创公司,我们致力于为用户提供智能化的解决方案。接下来,我将通过一系列数据来向您展示我们公司的实力和市场前景。

根据最新的市场调研数据,人工智能市场正在以惊人的速度增长,年复合增长率预计将达到 24.5%。而我们所处的细分领域,由于技术的独特性和应用广泛性,预计在未来 5 年内利润将增长 2—3 倍。这为我们提供了巨大的市场机会。自我们的产品发布以来,我们取得了令人瞩目的用户增长成绩。用户数量已增长313%,月活跃用户留存率达 69.5%。这充分证明了我们的产品受到了市场的热烈欢迎和用户的喜爱。在财务方面,我们同样取得了显著的成绩。过去的一年中,我们的收入增长了 32%,净利润率达到 15%。这些数字不仅证明了我们的盈利能力,而且展示了我们在市场竞争中的优势地位。最后,我想分享一些来自客户的反馈。通过客户调查,我们得知 75.2% 的客户对我们的产品表示非常满意,并愿意向他人推荐。这是对我们产品质量的最好证明,也是我们不断前进的动力源泉。

综上所述,我们拥有独特的技术、巨大的市场潜力、快速增长的用户群体、稳健的财务状况以及满意的客户反馈。我们相信,在您的支持下,我们将进一步加速产品的研发和市场推广,取得更加辉煌的业绩。期待您的加入,共同开创美好的未来!

点评:从以上案例可以看到,融资方要从投资方获得资金支持,关键是要让其对自己的公司或项目产生兴趣和信心。而公司或项目的各种发展数据是能证明其前景的最有力证据。相比空洞的"画饼",一连串数字既展现了融资方的强劲实力,也反映了其严谨的做事态度,能让投资方放心。因此,主讲人务必准备充分、逻辑清晰、语言简明,确保数据的准确性和相关性。

(三) 艺术说服,善用修辞

[案例七]

一个广告公司招聘一名设计美工时,应聘者众多,几轮下来,只剩两人,面对主考官,其中一人说道:"高中的时候,老师让两个学生各画一幅画,主题是《母爱》。第一个学生想了想,画了一幅宁静的夜色图:蓝天、月牙儿、星星,月光下的妈妈正晃着摇篮,摇篮里睡着她的孩子。第二个学生想了想,先画了汹涌的海浪、陡峭的悬崖和狂暴的骤雨,然后在悬崖上画了一只鸟妈妈——她一边支起一只宽阔的翅膀挡住风雨,一边用另一只翅膀紧搂她的孩子。第二幅画的就是我。画上的情景太像我现在的处境了。孩子的爸爸去年死于车祸,病弱的孩子刚上中学,我们单位偏偏又破产,我成了下岗人员,但我不怕,因为我想过——既然画上的鸟儿能用她的翅膀挡住风雨护住小鸟儿,我也能! 我坚信,即使我真的会在这最后一轮中被淘汰,我也会继续拼搏的。"

点评: 成功的说服者总是能够在需要的时候随时随地地打比方,使自己的话变得生动具体,富有吸引力,使自己的观点更容易为对方理解并接受,使说服轻松愉快。这个中年女子就是用了一个极生动的关于母爱的比喻("惊涛难撼母爱"),打动了所有人,包括竞争者,从而为自己谋得一个职位,这是"比喻说服法"。一个恰当的比喻能够迅速拉近人们的生命空间,使得微妙的情绪化作感人的共鸣力量,具有强烈的穿透力。

[案例八]

一些地摊小贩常用的卖货顺口溜:

(1) 要买要带,赶紧赶快;机会不是天天有,该出手就出手。

(2) 错过几天好机会,价格会贵好几倍。

(3) 一分钱一分货,花小钱买好货,不买就是你的错。

(4) 放心用,大胆买,不要犹豫,不要徘徊,犹豫徘徊大风也刮不到你家里来。

(5) 舍得零钱花,才是个好当家。

(6) 几块钱很平常,少吃一包口香糖,总比打麻将输了强。 东街转,西街走,看看你家有没有。

点评: 这些地摊小贩都是民间的语言艺术家。他们自编的促销顺口溜朗朗上口,常能吸引路人驻足倾听,就算不一定能说服他们购买,也能增加摊位的人气。这些顺口溜有啥奥秘呢? 只要仔细分析,就会发现对偶、押韵是最常用的修辞手段。

[案例九]

马丁·路德·金于 1963 年 8 月 28 日在华盛顿林肯纪念堂即兴发表了著名演讲《我有一个梦想》,内容是呼吁黑人同胞为民权斗争,反对种族歧视,争取种族平等。这篇演讲声誉极隆,被选入美国、中国的语言教材。其中有这样一段劝说同胞持续斗争的话:

当我们行动时,我们必须保证向前进。我们不能倒退。现在有人问热心民权运动的人,"你们什么时候才能满足?"

只要黑人仍然遭受警察难以形容的野蛮迫害,我们就绝不会满足。

只要我们在外奔波而疲乏的身躯不能在公路旁的汽车旅馆和城里的旅馆找到住宿之所,我们就绝不会满足。

只要黑人的基本活动范围只是从少数民族聚居的小贫民区转移到大贫民区,我们就绝不会满足。

只要我们的孩子被"仅限白人"的标语剥夺自我和尊严,我们就绝不会满足。

只要密西西比州仍然有一个黑人不能参加选举,只要纽约有一个黑人认为他投票无济于事,我们就绝不会满足。

不!我们现在并不满足,我们将来也不满足,除非正义和公正犹如江海之波涛,汹涌澎湃,滚滚而来。

点评:这段话通过排比铺陈的方式,将黑人的权利诉求明白无误、不容置辩地表达出来,可谓荡气回肠、振聋发聩,具有"江海之波涛,汹涌澎湃,滚滚而来"的气势,体现了演讲者高超的语言艺术。它既是对所有种族歧视分子的无畏宣战,也是对那些在斗争中犹豫徘徊、中途退缩的黑人同胞的有力鞭策。

二、拒绝的技巧

(一) 缓兵之计

[案例十]

下面是一些在拒绝"业务推销"中使用缓兵之计的例子。

(1)"×经理,您好,我是××公司的业务经理……"

"哦,你们公司啊,我知道,我知道,东西很不错,价格也很好,但我们目前没有这方面的需要。这样吧,留个地址和手机号,我们下次需要了再和你联系吧。"

(2)"请问您是×总吗? 我是××公司的,我们公司是做健康保险的……"

"哦,我知道了,今天很忙,没时间,下次吧。"

(3)"×总,您好,我上次送来的资料您看过了吗?"

"材料我们是看过了。但是事关重大,我们还得再考虑考虑。"

点评:缓兵之计并不属于严格意义上的拒绝,而是为双方留下一定的余地。它既给了对方希望又给了自己权衡的时间。上述三例都来自商场,商场本质是一种供求关系,谁能保证自己这次不需要的东西就永远不需要呢? 谁又能保证这次不合作的伙伴就永远不合作呢？所以，老话讲"买卖不成情意在"，缓兵之计特别适合商场。

（二）移花接木

[案例十一]

三国时，刘备十分器重徐庶的才能，希望他留下来长期任职，徐庶因为母亲的缘故，谢绝了刘备的好意，但临走时他给刘备推荐了足智多谋的诸葛亮。这样，徐庶的拒绝非但没有让刘备有丝毫的不快，反而充满了感激，徐庶也成为他长期的挚友。

点评：移花接木是指在阐述自己无法帮助对方的苦衷时，不失时机地顺势给对方提出一些合理的建议，帮助对方"柳暗花明又一村"，想出其他的点子，指明方向，不失为一个好方法。它让对方真切感受到了你的一片诚意，当然也就弥补了因拒绝而造成的不快。有时候，移花接木还会让第三方受益（本例中，诸葛亮也因结交刘备而有了用武之地），可以说是"一石三鸟"的妙方。

（三）先扬后抑

[案例十二]

一位员工对上司给他安排额外工作时的拒绝词：

"您是一个非常了解、体谅员工的老板，我知道，如果您不认为我能胜任这项工作，您是绝不会让我来干的，所以，我以自己能为老板分担工作为荣幸。只是今天时间已不早，我手头还有很多事要处理，我怕耽误了您的事情，您看，是不是先交给别人做起来？"

点评：这位员工首先表达了对老板的赞赏和理解，排除了自己主观意愿的因素，然后才通过陈述客观上的困难，委婉地进行拒绝，并且还表示了一切是出于对工作的考虑，使用这种先扬后抑的技巧很难让老板怪罪于他。

（四）转移话题

[案例十三]

我国著名语言学家吕叔湘先生，有一次给研究生讲治学经验，足足讲了两个半小时。在准备结束的答问中，一位研究生突然问道："吕老，当前现代汉语语法研究的现状如何？"这个问题委实太大了。当时，吕老已82岁高龄，急需休息。吕老微笑着对研究生说："你不让我回家吃饭了，是不是？"

点评：对于某些要求，你不便马上拒绝，可以采用转移话题、答非所问、寻找借口等方式暂时把对方说话的焦点转移开，从而达到间接拒绝的目的。案例中吕叔湘先生就是用转移话题的方式,巧妙委婉地暗示对方"这个话题太大,时间不够,没法回答"。

[案例十四]

网上流传着一些利用诗歌嫁接转移话题的段子,其中不少适用于"拒绝"。如:

(1)妈妈严肃地问我:"你在学校是不是谈……"

我:"谈笑有鸿儒,往来无白丁!"

(2)妈妈:"你为什么还不结婚,你都三十……"

我:"三十功名尘与土,八千里路云和月!"

点评:转移话题的问题是有可能手法比较生硬,从而造成内心的尴尬。但上述例子中将句尾字嫁接到与话题毫无关联的诗文,造成了一种新奇的思维跳跃,具有幽默诙谐的效果,也令被拒绝的一方恨不起来。

(五)沉默是金

[案例十五]

一次推选学生会主席候选人,小张在小组会上宣读了候选人名单,然后问大家是否同意,由于当事人在场,大家不便直说否定的意见,于是全场鸦雀无声。这就是"沉默寡言法"。

点评:有效使用沉默,可以不必说出"不"字,也能把无言的"不"传达给对方。这种方法的前提是,开始一直注意听他说话,一旦有机会发言时,却以沉默作答,以示否定。

[案例十六]

孔子常用沉默来表达自己的拒绝态度。这在典籍中有不少记载。以下是孔子面对王公贵族时,运用沉默技巧的两个例子。

鲁哀公问于孔子曰:"昔者舜冠何冠乎?"孔子不对。公曰:"寡人有问于子,而子无言,何也?"对曰:"以君之问不先其大者,故方思所以为对。"

点评:鲁哀公身为国君,不问"好生而恶杀"的王者之政,却关心舜的冠帽这样的小事,所问不符名分。因此孔子以沉默拒绝作答,成功引起了鲁哀公的反思。

季孙欲以田赋,使冉有访诸仲尼。仲尼曰:"丘不识也。"三发,卒曰:"子为国老,待子而行,若之何子之不言也?"仲尼不对……(《左传·哀公十一年》)

点评:季孙为鲁国大夫,欲违背周礼向百姓征税,托孔子徒弟冉有向孔子请教。孔子先是拒绝合作，"丘不识也"，又以沉默（"不对"）表达自己的态度，行为得体。在周礼渐衰的春秋时期，孔子的沉默不是肆意任性，而是原则和礼貌的巧妙结合，充分彰显了"礼"的精神。

演练题精选

一、说服技巧的演练

1. 刘明远参加了班长选举的竞选，然而落选了。他原以为自己当选班长是十拿九稳的，这样的结果让他沮丧又恼火。他对好友赵金平说："我都做了半年的纪律委员了，而王怡来咱们班才两个月，论对班级工作的熟悉，对同学的了解，她都不如我，她能选上，这其中肯定有猫腻。"

如果你是赵金平，你怎么劝说刘明远转变态度，接受这个结果呢？

2. 有个男孩想让母亲为自己买一条牛仔裤，但他怕被拒绝，因为他已经有了一条牛仔裤。男孩没有像其他孩子一样苦苦哀求，或者撒泼耍赖，而是一本正经地对母亲说："妈妈，你见过一个孩子，他只有一条牛仔裤吗？"

这颇为天真而略带计谋的问话，一下子打动了母亲。事后这位母亲谈到自己的感受时说："儿子的话让我觉得若不答应他的要求，简直有点对不起他，哪怕在自己身上再节省一些，也不能太委屈孩子。"

请你谈谈男孩说服母亲的语言技巧。

3. 一位"学有小成"的年轻人，在数学研究上打算选择数论作为自己的研究课题，他向著名数学家华罗庚请教。华罗庚为了说服年轻人另辟蹊径，开拓新的领域，说了这样一段话："数论这东西，我在三十年代开始研究的时候，好像是一桌丰盛的筵席，好吃的东西多着呢。如今到了你这一辈，数论的一些重大课题都已经被人'吃掉'了，连残羹剩菜都不多了，你何必去舔盘子呢？你要自己去找一个新的领域，闯进去！"

从上面这个例子中，你得到了什么启示？

4. 前几年有个人在郊区买了一套房子，这套房子先后有几位推销员向他推荐，都被他拒绝了，是什么原因使得他先拒绝后来又同意买下呢？原来是最后一位推销员的功劳。我们听听他是怎么说的。"的确，这房子像您说的那样，离车站稍微远了点，可是您骑自行车不过十分钟就到了，如果您每天骑十分钟到车站，下班后再骑回来,对您的健康是有意想不到的好处的。""的确,这房子不在闹市区,但您看看,它依山傍水,右边还有丛林,没有车马喧嚣的环境,在今天寸土寸金的时代是多么宝贵! 双休日,全家老少到附近散散步不是很惬意吗?""而且今后土地和建筑材料将节节上涨,您趁早买下来绝没有吃亏之虞,现在正是买下来的时候。"

你从上面这个例子中得到什么启示? 推销员运用了什么说服技巧,这样的言辞在当下还是否有效? 请尝试用推销员的说服技巧,向从未试驾过新能源汽车的客户推销一下新能源汽车。

二、拒绝技巧的演练

1. 为了拥有更多个人时间,做自己喜欢的事,为了轻松开口说"不",又不伤害彼此和谐关系,为了建立说"不"的勇气,你可以有意识地从身边小事做起,有意识地锻炼:先向那些与你关系密切的人,或你不觉得有威胁感、即便被拒绝了也无关紧要的人练习说"不"。比如,和你的好朋友一起去餐厅吃饭时,明确告诉他你不想去他所选定的餐厅,你希望到另一家你选的餐厅;或是告诉你的妈妈,你不想跟她一起去看服装展览,而想去看车展;还可以告诉你的室友,你不喜欢他常借用你的物品。做这样的练习,目的是让你听到自己成功地说出"不"字,而后让"不"向更具挑战性的事情"开战"。在一点一滴的练习中,你会养成说"不"的健全心态,辅以巧妙灵活的拒绝方式,从而自信坦然地拒绝别人,而不必内心忐忑不安,充满罪恶感。

假如你在一个旅游城市上学,经常会有亲朋好友过来游览,请你当导游,令你不胜其烦。最近,又有你的两位高中同学于周末来找你带他们玩,怎样用合理的方式拒绝他们?

2. 一位人才中介受一家公司的委托,三番五次约见另一家公司的高管(两人早就认识,以朋友相称),力图说服他跳槽。这位高管在婉拒了几次邀约后,最后碍于情面和这位中介见了面。当中介抱怨说他比诸葛亮还要难请时,他说:"作为朋友,我的大门永远向你敞开。但说老实话,我们公司董事长对我很信任,哪能说走就走? 目前我还没有新的打算。虽然人才自由流动是经济发展的需要,但对一家公司来说,诚信和能力同等重要。这样吧,你要是愿意,我给你推荐个朋友,我读博时认识的,担任过我们公司的销售部主管。今晚我做东,约他出来怎么样?"于是中介答应见一见这位朋友。

请问,这位高管采用什么样的技巧拒绝了中介的要求?

3. 下周就是大学英语四级、六级统考。小王把双休日的复习计划排得满满的,他要做最后的冲刺。而他的几个最要好的同学却信奉轻轻松松进考场的"箴言",周六一大早就来邀小王去普陀山游玩,小王不同意他们的意见,商量道:"普陀山我一直想去,但是今天我实在太忙了,真是遗憾,过些时候再去,好吗?"好友们领会了他的意思,并不介意,自己结伴去玩了。

参考上述例子,设想和你关系甚好的一个大学同学,求你办一件事,你不想做。你如何陈词才能既达到拒绝的目的,又不伤害双方多年的友谊。

4. 大学生小刘是个"月光族",每月的生活费总是"前松后紧",这不,他又出现了"经济危机",向老乡小吴求援:"小吴,最近手头宽裕吗? 能不能借我点急用钱?"小吴双手一摊,抱歉地说:"刘老弟,这几天我也出现了'财政赤字',正日夜盼着父母'赞助'呢! 我是心有余而力不足,真是不好意思!""没关系,没关系,"小刘哈哈一笑,"我再找找别的老乡"。

参照上述例子,假设有一位同学,经常旷课逃学,每次老师点名,他总是想法让同学冒名顶替,或为他编造理由请假。今天,他求到了你,希望你答应此事,而这样做是违背你的意愿的,请你说说你的拒绝方式。

5. 这是基辛格的一次答记者问:

1972年5月27日,美苏关于限制战略武器的四个协定刚刚签署,基辛格就在莫斯科一家旅馆里向随行的美国记者团介绍情况,当他说到"苏联生产导弹的速度每年大约二百五十枚"时,一位记者问:"我们的情况呢? 我们有多少潜艇导弹在配置分导式多弹头? 有多少'民兵'导弹在配置分导式多弹头?"基辛格笑着说:"我不确切知道正在配置分导式多弹头的'民兵'导弹有多少。至于潜艇,我的苦处是数目我是知道的,但我不知道是不是保密?"记者马上回答:"不是保密的。""不是保密的吗? 那你说是多少呢?"记者愣了片刻后,随即笑了。

基辛格在回答记者的敏感问题时采用了什么样的拒绝技巧? 设想有一个与你平时关系不错的好朋友,多次向你表示他的爱慕之情。你并没有这个想法,但直接拒绝又觉得于心不忍,因此,你斟酌后给了他一个既不伤自尊又避免了尴尬的回答,你是如何答复的?

6. 郑板桥巧拒说情:

郑板桥当县令时,查处了一个叫李卿的恶霸。李卿的父亲李君是刑部官员,听说后急忙赶到郑家为儿子说情。李君见书房内放着的文房四宝,说道:"郑兄,你我题诗绘画以助雅兴如何?""好哇!"说罢,李郑两人提笔作画,画毕,李君说:"这叫'竹笋似枪,乌鸦真敢尖上立'?"郑板桥微微一笑:"李大人,我这也有讲究,这叫'兰叶如剑,黄蜂偏向刃中行'!"李君碰了一个钉子后,又换了方式。他提笔写道:"燮乃才子。"郑板桥一看,马上回应:"卿本佳人。"李君心里一亮:"郑兄,此话当真?""君子一言,驷马难追!""我这'燮'可是郑兄大名,这个'卿'字……""当然是贵公子的宝号啦!"李君心里甭提多高兴了:"承蒙郑兄关照,既然我子是佳人,那么就请郑兄手下留……""李大人,你怎么'糊涂'了? 唐代李延寿不是说过吗——'卿本佳人,奈何做贼'呀!"李君脸一红,只好拱手作别。

　　请你谈谈案例中郑板桥拒绝的语言技巧以及你所得到的启示。

第 6 专题　赞扬与批评

　　鲁迅先生曾在《呐喊》自序中写道:"凡有一人的主张,得了赞和,是促其前进的,得了反对,是促其奋斗的,独有叫喊于生人中,而生人并无反应,既非赞同,也无反对,如置身毫无边际的荒原,无可措手的了,这是怎样的悲哀呵,我于是以我所感到者为寂寞。"赞扬与批评犹如镜之两面。人人渴望被赞扬,赞扬使人如沐春风、如饮甘露,一句赞扬有时能鼓舞人心,给予人信心和力量。但过度的赞扬却变为捧杀,如果沾沾自喜于他人的赞扬,故步自封,反倒适得其反,成绩无以为继。人人抗拒被批评,冷漠刻薄的批评使人压抑,伤害人的自尊心,使人受伤、失去希望与勇气。但中肯的批评却是一服良药,指出人的缺点与不足,促使其改良进步,面貌一新。赞扬与批评相辅相成,异曲同工,殊途同归。不适宜的赞扬与批评阻碍人的发展,合理的赞扬与批评使人受用得益。

要点指津

一、赞扬与批评的基本要求

(一) 话出有因,实事求是

　　赞扬与批评应是真诚的,不应不切实际、无中生有。真诚的赞扬与批评应实事求是、有理有据,不能凭空虚造、信口开河。

　　俄国作家列夫·托尔斯泰曾说:"称赞不但对人的感情,而且对人的理智也起着很大的作用。"称赞对人的感情与理性有益,我们赞扬他人的优点和长处,既因为我们由衷的欣赏,也因为想通过赞扬使对方得到肯定与温暖。因此,生活中真诚赞扬利人利己,多多益善,不应吝啬。但赞扬一旦不切实际、虚无缥缈,就变为一种恭维或客套。没有事实依据的赞扬等同于阿谀奉承,说者可能怀揣谋求私利的目的,既使人觉得矫揉造作、不可相信,又常迷惑听者,使听者过高看待自己或不知自己的缺点与不足。因此,真心实意的赞扬是一种美德,虚情假意的赞扬却是一种危害。

高尔基曾说:"真正的朋友,在你获得成功的时候,为你高兴,而不捧场。在你遇到不幸或悲伤的时候,会给你及时的支持和鼓励。在你有缺点可能犯错误的时候,会给你正确的批评和帮助。"批评的目的是指出他人的错误,指导、帮助他人。如果出于泄愤报复的心态,无中生有,那就与诽谤中伤无异。不客观的批评有时以惩罚他人为目的,缺乏真诚善意,又难以让人信服。客观恳切的批评则出于爱护和帮助,包含着宽容与体谅,对于他人的改进与成长有着重要的意义。

(二) 有的放矢,恰如其分

赞扬与批评应有具体的目标,同时言语得体,不夸张,不做作。夸大其词、哗众取宠的赞扬与批评不仅不能让人信服,同时还会对人产生不良的影响。

每个人的身份和性格不同,希望得到的赞扬也不同。法国雕塑家罗丹说过:"世界上不是缺少美,而是缺少发现美的眼睛。"当发现对方身上的优点时,就应对其优点进行赞扬。当你发现对方缺点得到改正,就当赞扬其改变;发现对方做事认真努力,就当赞扬其勤勉;发现对方乐于助人,就当赞扬其爱心可贵。这样内容明确具体的赞扬比一般笼统的赞扬更可贵和可信,使听者感到你的真挚与亲切,远远好过空洞泛泛的夸奖。同时,赞扬也应恰如其分、有所节制,言辞不应夸张过火,否则不但让他人觉得不舒服,还可能使听者沾沾自喜,骄傲自满。

批评同样如此,要做到因人而异、不偏不倚。当对方性格内向、自尊心较强,批评应委婉含蓄,有时不妨采取间接的提醒或暗示;当对方性格开朗、不拘小节,有时可采用直接沟通的方式。对年轻人,要语重心长、循循善诱;对中年人,要言语机智、点到为止;对长辈或上级,要巧妙提醒、委婉含蓄。另外,批评也需要做到恰当合理,批评的目的在于提醒对方,不应情绪泛滥而变为人身攻击。

(三) 措辞得当,适合语境

语言是一门艺术,恰当的语言使人接受,达到较好的沟通效果;不得体的语言则让人容易产生逆反心理,不易接受。同时,同样的语言因语境的不同,可能会产生不同的效果。

赞扬的语言应是平实的,不应夸夸其谈、漫无边际。在褒扬对方时,溢美之词可能不受节制,可能变为脱缰野马,变为信口雌黄的谎言。赞扬要把握时机,就犹如一个好的厨师把握火候,当发现对方细节中的优点时,应及时给予肯定和鼓励。最好的赞扬也不是锦上添花,而是雪中送炭。当对方如意顺遂时,赞扬要适可而止,切忌过多;当对方处于低潮时,赞扬有如沙漠中的甘泉,能使人精神振奋。

批评的语言既要准确,同时要温和委婉,如果一味地疾言甚至谩骂,只能使他人觉得压抑或受到刺激,长此以往并不能达到好的效果。批评要善于选择时机地点,不应在对方情绪波动时批评,也不宜在公开场合对别人进行批评。当对方情绪稳定时,可以选择私下场合进行推心置腹的沟通。批评的语言应多用肯定、启发和引导的语气,同时给予对方安慰,让对方感受到温暖和真诚。

二、赞扬与批评的基本原则

(一)礼貌原则

在赞扬与批评中,赞扬者和批评者关注的重点是对方而不是自己,因此必须自始至终遵循礼貌原则,处处为对方着想。

1. 取得对方的心理认同

无论是赞扬还是批评,都要尽力增强自身与他人之间的一致性。你所赞扬的是对方所期待的,你所批评的是对方能接受并且能改正的,这样就能取得对方的心理认同,赞扬与批评才是有意义、有效果的。

在赞扬别人时,除了因人而异,还要做到具体实在,才能使被赞扬者觉得你的赞扬是真心实意而不是敷衍了事。如"你的琴弹得太好了",这种赞扬就过于笼统,被赞扬者会以为你不过随便说说而已。如果有可能,赞扬得深入一点,细致一点,就会产生奇妙的作用。如"你的琴弹得太好了,它使我想起了我的家乡,那黄昏归牧时微风吹拂柳叶的情景"。这必然使对方非常感动,将你视为知音。

人际交往中的"3A 法则"

在批评别人时,要站在对方的角度考虑问题。首先,要站在对方的角度考虑批评是否有益,成功的批评应该是能使被批评的人感觉是为了自己的利益,因而采纳你的批评,这样可以消除尽力申辩的自我防卫心理。其次,要考虑你所批评的内容对方有没有可能修正,如批评别人个子太矮,指责一个智力中等的人不会聪明行事,抱怨伙伴的先天素质很差,都是不会有结果的无聊的批评。最后,要考虑对方的心理承受能力,批评必须适度,不能突破对方的心理承受能力。批评者只能善意地给予他人忠告。忠告固然应该深刻,刺激信号应到位,力争让对方认识到过失的严重而幡然悔悟,但忠告必须使他人能忍受痛苦,不要伤害他人的自尊心,要同情他人。

2. 赞扬多于批评

人们的内心都是渴望被别人赞扬的,赞扬容易被人接受,批评有时会让人心理上产生抵触。因此,在大多数情况下,对别人要赞扬多于批评,即使是批评,也尽量采用正面的、赞扬的方式。赞扬他人,能拉近与对方心理上的距离。

在批评中要适当地褒扬对方,肯定其地位和成就,有助于克服批评中经常遇到的情绪障碍。心理学的研究表明,称赞会引起愉快的情感体验,愉快的情绪易使人的理智占上风,能够理解和接受正确的批评。而反感、抵触及强烈的对抗情绪,易使人变得非理智,出现心跳加快、头脑发热、思想混乱等一系列生理和心理变化,并会固执己见,排斥劝说信息,从而形成情绪障碍。一般而言,赞扬容易满足人皆有之的自尊心,寓批评于赞扬之中,无异于在苦口良药之外包上一层糖衣,从而使听者顺利地接收劝说的信息。

3. 态度谦虚,尊重他人

谦虚是指诚恳、虚心、谦逊,在赞扬与批评中,谦虚的言语,体现出真诚相待,从而让别人体验讲说者内心的感情和期望,增加彼此的信任和了解,促使建立起真挚而友善的人际关系。在遵循礼貌原则时,要做到谦虚。在赞扬别人时,语气的谦虚文雅,能让人感觉到你的赞扬是发自内心的,给别人带来心理上的愉悦。在批评别人时,尤其要做到谦虚,批评别人之前,先批评自己,可先讲讲自己的过失与缺点。经验证明,听别人教训自己总是不舒服的,但如果批评者也谦逊地表明自己并不完善,彼此间的心理距离就会缩短。先讲自己的过错,尽管你尚未改正,也会增加被批评者承认和改正错误的决心。同时,在批评别人时,常常用"我想""我觉得"这样的语句,表明你所说的话只是你个人的看法,并不见得是绝对的事实,这样别人比较容易接受你的批评。

态度谦虚,是对对方的尊重。在赞扬与批评中,要做到处处为对方考虑,尊重、谅解对方是十分重要的。尊重对方,主要表现在三个方面:一是尊重对方的人格,二是尊重对方的秘密,三是回避对方的忌讳。尊重对方的人格,在很大的程度上表现为尊重对方的自尊心,即不能歧视或者侮辱对方,如果自视高人一等,颐指气使,大呼小叫,就会伤害对方的自尊心。尊重对方的秘密,就是尊重对方的隐私权,不能当众讲述别人的一些不光彩的事、痛苦的事、难以启齿的事。回避对方的忌讳,就是不要说触犯对方禁忌的话语,例如,某人的孩子"不成器",如果对他大谈自己的孩子如何有出息,取得了怎样的成就,那他不仅不愿听,而且还会认为你是有意奚落他,从而形成严重的心理隔阂。如果要说,也必须采用委婉的说法,运用委婉话语,可以体现对对方的尊重和关心。在批评别人的时候,除了尊重别人,还要谅解别人。谅解是一种宽大为怀的表现,谅解就是在批评别人的同时,体察对方心理,站在对方的角度来思考判断问题,设身处地地为对方着想,正如戴尔·卡耐基所说的:我一点也不怪您有这种感觉,如果我是您,很可能也会这么想的。

(二)合作原则

在赞扬与批评中,虽然主要是赞扬者或批评者对对方进行赞扬或批评,但必须取得对方的心理认同,因此,双方还是处在互动状态中,为了使赞扬或批评得到对方的认可,取得良好的效果,赞扬者和批评者必须遵循"合作原则"。具体来说,必须做到以下几个方面。

1. 言语真实

不要说自知是虚假的话,不要说缺乏足够证据的话。赞扬要实事求是,不切实际的恭维话,言不由衷的恭维话,都很容易闹出是非。尤其不能讲出与事实相差十万八千里的话。

批评要有理有据。以教师批评学生为例,批评学生,首先要摸准情况,对问题的来龙去脉要做周密的调查,这样,批评有根据,实事求是,能使犯错误的学生无言以对,自知理亏。在此基础上,有针对性地进一步摆事实、讲道理,耐心细致地分析问题,帮助学生分清是非,认识错误,就能使犯错误的学生心服口服。

2. 内容贴切

赞扬必须把握好分寸,批评要有针对性。赞扬别人不要过分浮夸,不任意拔高,措辞要得当。例如,一位母亲赞扬自己的孩子:"你是一个好孩子,有了你,我感到很欣慰。"这种话就很有分寸,不会使孩子骄傲。但如果这位母亲说:"你真是一个天才,在我看到的小孩中,没一个人比得上你。"那就会使孩子骄傲,把孩子引入歧途。

批评要有针对性,要定准批评的目标,针对某一具体行为而发,要指定某一件事情,不要用"总是""从来""根本"等字眼,将对方的所有行为都笼统地纳入批评目标。

3. 表达清楚

要清楚明白地说出要说的话,让别人能听懂。赞扬应力求简洁,不应云山雾罩、不知所云,让听者明白你所欣赏和赞扬的是什么。如果赞扬使听者觉得困惑甚至莫名其妙,这样的赞扬非但毫无意义,甚至会产生不好的影响。

批评要力求具体,不可含糊其词,使被批评者"丈二和尚摸不着头脑"。例如某企业一位经理批评一名职员,说他"在不该管的事情上耗费了太多的时间",说完就走了,这名职员左思右想,不解其意。尔后这位经理也未再提起这句话,害得该职员惶惶不可终日,在随后的工作中总是唯恐自己因工作、处事不当而受罚,小心谨慎。含糊不清的批评令听者糊涂而不知所措,也许会觉得无论怎样改也不能令对方满意,索性置批评于不理,其结果是事与愿违。

三、赞扬与批评的基本技巧

(一) 赞扬的基本技巧

1. 直接赞扬

赞扬是一件好事,但不是一件容易的事,难就难在如何不着痕迹地赞扬对方;否则,即便你是真诚的,别人可能觉得你是拍马屁或者讽刺,而对你失去好感。直接赞扬别人,并不是要你天天去故意赞扬一些不存在的事,那样反而会显得做作。审时度势,抓住对方真真实实的优点、亮点,有针对性地赞扬,更能获得对方的认同。

例如,到别人家吃饭,要说:"你做的菜真好吃,特别是这个菜,我真喜欢吃。"直接赞扬别人,还可以通过祝贺的方法进行。因为祝贺一个人,是离不开赞扬的,当同学、同事、朋友有了高兴的事,我们都应该表示祝贺,这是对别人的肯定、赞同和鼓励。这种赞扬,会使别人更加热爱生活,对工作或学习更加积极,也能使人们达到交往的目的。

2. 间接赞扬

在赞扬他人的时候,用间接的方法往往比直接表达更能收到好的效果。如果你当面说别人好话,说话不当可能会被认为你在奉承他或是有求于他;而在背后说这些相同的好话时,被赞扬者不会怀疑你的动机,会认为你是真心赞扬他,就容易接受你的赞扬之词。

一般来讲,"背地里"赞扬是在帮助他宣传和树立形象,被赞扬者一旦知道后会感激不尽。在一般人的观念里,第三者的话比较具有客观性,较为公正。因此,我们还可以借用第三者的口吻来赞扬他人,也容易获得对方的信任。比如,我们如果直接说"你真聪明,你的智商高得惊人",不免让人觉得这是在奉承、讨好,有点不舒服。如果换一种方式来表达,如:"王总一直佩服你脑子灵活,果真名不虚传。"这样,对方必定会认为此言非虚,交往就能够顺利进行。

3. 对比式赞扬

把被赞扬的对象和其他对象比较,以突出其优点。有比较才能有鉴别,对比赞扬给人一种很具体的感觉。常用"比……更……""在……中最……"等句式表示。

比如,两个学生各拿着自己画的一幅画请老师评价。老师如果对甲说:"你画得不如他。"乙也许比较得意,而甲心中一定不舒服,不如对乙说:"你画得比他还要好。"乙固然很高兴,甲也不太扫兴。

4. 雪中送炭式赞扬

有的人成就显赫,常常被赞扬,对赞扬习以为常,甚至不以为意。最需要赞扬的人是那些处于逆境的人,或者是初出茅庐的后起之秀,或者是犯过错误、正在改正错误的人。他们平时很难被人赞扬,一句真诚的赞扬,甚至是一个赞许的目光,都可以使他们受到鼓舞,得到温暖,增强信心,振奋精神。

5. 夸张式赞扬

夸张式赞扬,并不是说假话、套话,只是不直接赞扬对方的真实存在,而是将对方的特征、年龄等故意夸大或缩小,来满足对方的需要。方法可以是遇物加钱,肯定物品的价值;逢人减岁,迎合成年人怕老的心理。比如,对方买了一件新衣服,你问:"这衣服很精致,买来要几千块吧!"这既表扬了衣服的美,又表扬了对方会买东西,对方往往会感觉很有面子。又如,去别人家做客,谈到年龄时,可以说:"你看上去可和真实年龄一点不像,我以为你才……"这种赞扬,显得对方保养有方,会让人感觉很舒服。

(二) 批评的基本技巧

1. 抑扬结合式批评

人人都希望得到赞扬和鼓励。用赞扬来鼓励对方,能保护人的自尊心,树立人的自信心。批评的目的是指出错误,而不是打击他人。因此批评他人时,要找出对方的成绩给予肯定和表扬,在肯定和表扬之后点出其不足,如此效果更好。有些人因为第一次参与某种工作,做得不好,应该及时鼓励说:"第一次就有这样的成绩很不错,只要再做一些改进和努力,以后会做得更好。"青少年更需要赞扬和鼓励,要注意用"你能行""你的能力,大家有目共睹,完全可以""暂时的失利算不了什么,只要再做一些努力,你完全可以变得更优秀"等话语激励他们。人都担心因为受到批评而损害自己的利益,因此对待失败者或有过失者,肯定了他的成绩后,就给他吃了一颗定心丸,同时也消除了他的疑虑,他会觉得批评者对问题的看法全面,对自己的批评没有恶意。比如说:"你在……做得非常好,只是在……犯了错,导致整体效果不好。"这样一来,对方就会很容易接受批评。

2. 幽默诙谐式批评

众所周知,批评容易造成非常紧张的气氛,被批评者会出现焦虑、恐惧,或者对立、抗拒,或者沮丧等不正常心理状态,严重影响双方的交流,大大降低批评的实际效果。

运用幽默诙谐的方法来批评他人,则能使这种紧张的气氛变得轻松。一位小学老师为了教育某位学生要改掉写字又大又宽的毛病,幽默地对该学生说:"你的字该减肥了。"幽默,创设了和谐融洽的交流情境,它让原本难堪的批评变得友好起来,更为重要的是,幽默传达了自己对被批评者的好意。

3. 委婉式批评

中国人的文化里面含蓄的成分很多,甚至批评时候都采用一种比较委婉的方式。批评他人的错误,采用间接提醒的方式,是一种迂回的方法,不采用强烈的批评语气,而是用温和的语气提醒别人要注意改正错误。巧设问话,来启发被批评者,使其通过思考来认识自己所犯的错误。

我们还可以采用寓贬于褒的方法,把要批评的话从相反的角度,用表扬的方式表达出来。自习室中的几个学生在讨论网购,老师凑过来,低声说:"你俩买的东西真不错。"学生听到后自觉地不再讨论。这样既达到了批评的目的,又维护了对方的自尊。

4. 对比激将式批评

在批评对方的错误和缺点时,旁敲侧击,利用人们求胜、不服输的心理,用反话去激发动力,促使对方下决心能够做得更好。这种方法也是激将法,选好比较的参照人,同被批评者进行对比,通过对比来激将,促使对方改正错误。社会比较论认为,人们在评价自身的时候,通常不会使用绝对标准进行比较,而是使用相对标准,竭力与同自身水平接近的人进行比较。

面对一个表现很差的人,如果你拿优秀的名人与他比较,他会不屑一顾,毫不在乎。如果你对他说,你的学习成绩比谁落后了,或你的工作能力比某同事差,他就可能较真。对比激将式批评激起了他内心的自尊和好胜心,激发了他努力改正缺点的意愿,但切忌滥用。

5. 责己谅人式批评

当人受到批评时,第一反应是建立心理防御:"我真的错了?"紧接着,他的心理就会开始寻找各种对自己有利的证据为自己辩解。这样的话,就算你有再多的金玉良言也很难进入他的耳朵与内心。因此在批评他人时,得击破对方的心理防御,可以先自我批评,解除对方的心理防线。当你显得是在追究自己的责任而不是责备对方时,既不会令对方感到自尊受到伤害而起争执,也可以使得对方产生内疚之情,从而有利于促使对方主动检查错误,改正错误。

一、赞扬的技巧

（一）真诚地赞扬别人

对可能因某些原因采取不合作、不支持的立场甚至反对态度的人，采用赞颂其功绩的方式维护其自尊，往往会取得圆满的交际效果。例如：

[案例一]

1972 年 2 月，尼克松访华，随访的国务卿罗杰斯因尼克松没有安排他参加毛泽东主席的会见而感到不满，因此对中美联合公报的内容有异议。周恩来得知这一情况后，主动到美方下榻的锦江饭店会见罗杰斯。一见面，周恩来就说："国务卿先生，我受毛泽东主席的委托来看望你和各位先生。这次中美两国打开大门，是得到罗杰斯先生主持的国务院大力支持的……我尤其记得我们邀请贵国乒乓球队访华时，贵国驻日本使馆就英明地开了绿灯，说明你们的外交官很有见地……"

罗杰斯先生为周恩来总理的主动来访和热情得体的赞扬所感动，他十分高兴地笑着说："总理先生也是很英明的。我真佩服你想出邀请我国乒乓球队这一招，太漂亮了！一下子就将两国疏远的距离拉近了。"后来，罗杰斯对记者说："周恩来这个人真是令人倾倒。"

点评：周恩来主动拜访罗杰斯的目的是消除其不满情绪，这种不满产生的根源是罗杰斯等人误以为自己及其所领导的部门在做出中美关系的重大决策与行动中无足轻重。周恩来看准了这点，于是，会见一开始先就罗杰斯及其所领导的国务院做客观的评功摆好，充分肯定了对方的优点，真诚地赞扬对方的功绩，使罗杰斯和他手下的官员消了气，他们在对周总理表示钦佩的同时，为中美联合公报的顺利发表起到了重大的作用。周总理的赞扬与肯定的言语策略产生了预期的效果。

[案例二]

张德培是美籍华裔网球选手，在其 16 年的职业生涯中，张德培总共 58 次闯入过各项赛事的决赛，赢得了其中的 34 座单打冠军的奖杯，而且三次闯入大满贯赛的单打决赛。桑普拉斯是世界球王，14 个大满贯的得主。桑普拉斯在 19 岁成为美网历史上最年轻的男单冠军。此后,桑普拉斯又在四大满贯的赛事中夺得了无数的冠军奖杯。

有记者采访张德培时,问道:"当桑普拉斯取得比你大得多的成就时,你嫉妒过他吗?"

张德培回答道:"说实话,我们都很在意自己职业生涯的每一步。最初进入职业网坛时,我们是很要好的朋友,相处得很融洽,开始的两年我们还在一起训练,偶尔配对参加双打比赛。当我们开始取得成就后,开始有了自己的球迷、教练、赞助商等,逐渐分开了。这时候,我们也开始认识到,在网球场上我们彼此只能是对方最大的敌人。这种情况下,想再次相处就有点困难了,因为我们想的都是要打得比对方更好。""在某些方面,我们在网球上是死对头。后来都取得了一些成就后,我们又走近了一些,相互鼓励并希望对方能打出高水平,取得好成绩。每当听到他的祝福声,我就感到温暖了许多。"

点评:两个人互为对手,却能相互鼓励,共同进步,使从事的这一事业更好地发展。宽广的胸襟,对自己、对他人,甚至对社会、对人类的发展都是一种福祉。对手不是敌人,而是并肩作战、相互促进的伙伴。张德培真诚地赞扬和祝福对手的每一次进步,让我们不禁钦佩他卓越的职业成就,更赞叹他宽广的胸襟。

(二)直接赞扬别人

[案例三]

法国著名作家大仲马年轻时穷困潦倒,一事无成,于是流浪到巴黎,期望父亲的朋友能给自己安排一份工作。父亲的朋友问他:"精通数学否?"大仲马摇头,"历史地理呢?"他还是摇头,"那法律呢?"……一连串的问题,大仲马只能摇头。

最终父亲的朋友无奈,只好先让大仲马写下住址另作安排,正当大仲马写完转身要走时,突然被父亲的朋友拉住说:"年轻人,你的字写得很漂亮嘛!这就是你擅长的呀!字写得好,文章就能写得好!"大仲马第一次听到有人如此真诚地夸赞自己,于是他开始慢慢放大自己的优点,一生笔耕不辍,写下了以《基督山伯爵》和《三个火枪手》为代表的不朽名著。

点评:赞扬对于每个人来说,都非常重要。尤其在那些遭受打击或不自信的人面前,一句真诚的赞美之语或能使得其奋发上进,改变他一生的命运。

(三)故意错位赞扬

[案例四]

在一个家居广场的停车场上,一个图书推销员看到一位三十多岁的女士正站在一辆轿车前,就走上前去,拿出一本书对她说:"小姐,这本书对您谈恋爱很有帮助。"推销员故意这么说,他想这位女士听了一定会很高兴,这意味着她看起来很年轻。果然,那位女士笑眯眯地说:"我小孩都上幼儿园了,我还谈什么恋爱呀?"推销员赶紧说:"不可能吧! 一点也看不出来,我真的没看出来。您看起来真年轻!"于是他急忙掏出一本教育小孩的书给她。她拿过书,看了看说:"这本还差不多。"高兴地付了钱。

点评:推销员能顺利地推销图书,在于他很巧妙地运用了故意错位赞扬的方法,故意将对方的年龄说小,使对方的虚荣心得到了满足。

二、批评的技巧

(一)寓贬于褒

[案例五]

魏文侯令乐羊攻打中山国,打下后把土地封给了儿子魏击。魏文侯问大臣:"我是什么样的君主?"大臣都恭维说魏文侯是仁君。轮到任座发言,任座却说:"主公不把中山之地封给弟弟,却封给了自己的儿子,以此知道你不贤明。"魏文侯很生气,任座吓得赶快告辞离开了。文侯又问翟璜,翟璜回答说是仁君,魏文侯进一步问为何这样评价,翟璜回答说:"主公仁义,大臣才会正直。刚刚任座表现正直,所以您是仁君。"魏文侯听了很高兴,急忙让翟璜将任座请回来,拜为上卿。

点评:魏文侯由"怒"到"悦",翟璜运用了寓贬于褒的方法,把君主的贤明和臣子的直谏作为一般的规律联系在一起,提出了只有君主贤明,臣子才说话直率的认识前提;没有用一句批评的话,却让魏文侯乐于接受,并认识到自己做得不对,进而及时改正错误。

(二)鼓励失败者

[案例六]

在一个学校的篮球比赛中,小明作为球队的后卫,关键时刻丢失了一个得分的机会,导致球队输掉比赛。他感到非常沮丧。

教练鼓励他说:"小明,我知道这场比赛对你来说很重要,但每个人都会犯错。篮球是一项团队运动,胜利与失败并不只取决于一个人。你在比赛中表现得很棒,你的努力和奋斗精神是我们整个球队的骄傲。这次失误只是篮球比赛中的一小部分,它并不代表你的全部。下次我们会更加努力,一起为下一场比赛努力训练!"

点评:教练通过肯定小明在比赛中的努力,鼓励他不要因为失败而灰心丧气,提醒他篮球是团队合作的体育项目,并表达了对他未来努力的信心。教练不是采用指责埋怨的方式,而是采用鼓励的方式,先说些宽慰性的话,使他减轻心理压力,然后又提出带期望性的鼓励,这种鼓励方式可以帮助小明重拾信心,勇敢面对挑战。

(三)先赞扬,后批评

[案例七]

某中学的刘同学是各科老师公认的"不可救药"的典型,很多老师都对他失去了信心,他也破罐子破摔,放弃了自己。新来的负责学生思想工作的张老师通过详细调查,主动找他谈了一次话,使他发生了改变。请看张老师是如何与他谈的:

张老师一见他,就说:"你好!"

刘同学回答:"众所周知我不好。"

张老师又问:"你为什么上课总是睡觉?"

刘同学:"听不懂,也不想听。"

张老师说:"我了解的好像不是这样,你奶奶身体不好,你每天回去帮爸爸在夜市卖小吃到深夜,第二天就没有精神,是吗?"

刘同学点头:"是的。"

张老师说:"从这件事看,你的叛逆不羁,只是表象,其实你是一个很懂事的孩子,能体会父母生活的艰辛和不易,也知道帮他们做力所能及的事情。"

刘同学放下心理戒备,说:"爸爸妈妈挣钱很不容易,奶奶身体不好,我只能晚上帮他们,白天就犯困没有精神。"

张老师说:"我听说你上次运动会破了咱们学校 3 000 米长跑的记录?"

刘同学说:"是的。"

张老师说:"你特长很突出呀。你懂事体贴,帮助家里减轻负担,就非常值得表扬。我觉得你现在是学生,还是要以学习为主,你有长跑的特长,完全可以走体育特长生高考之路,虽然现在学习成绩不太理想,已经到二年级了,但是距离高考还有一年半的时间,只要开始全身心地为目标去努力,什么时候开始都不算晚。老师相信,你的爸爸妈妈更愿意看到你在学习上能拼搏向上,将来从根本上改变家庭的经济状况。"

后来,刘同学果然发生了很大的转变。

点评:美国著名的演讲家戴尔·卡耐基说:"矫正对方错误的第一方法——批评前先赞美对方。"批评前先赞美,能化解被批评者的对立情绪,使其乐于接受批评,达到预想效果。

　　每一个人都有自己的优点和缺点,如果只是一味地批评,就会放大缺点,使对方觉得自己一无是处。那样的话,即使是可以改正的缺点,对方也很难接受。况且先批评会打压对方积极性,再真诚的批评也难以接受。先表扬则不然,使对方先放下敌对情绪,善意的批评容易被接受。所以在指出对方缺点和不足时应该怀着善意的心态。当头棒喝固然能够讲清事实,但要考虑对方能否接受。我们要运用一定的方式和技巧,最好做到批评之前先表扬。张老师用正面肯定鼓励的方法,委婉指出和批评刘同学的不足。他首先肯定对方的懂事体贴,使他树立起自信心,正确地评价自己,接着找出他的特长激励他,最后正面提出批评,为他指出努力的方向。这样循循善诱,语重心长地亲切关怀,在刘同学心中产生了强烈的认同效应,促使他下决心改正错误。

［案例八］

　　某公司的经理有一位女秘书,人也长得漂亮,但工作中却常粗心出错。一天早晨,经理看见秘书走进办公室,便对她说:“今天你穿的这身衣服真漂亮,非常得体,人也显得精神。”这几句话出自经理之口,让秘书受宠若惊。经理接着说:“我相信你的公文处理也能和你一样漂亮。”果然从那天起,女秘书在工作上很少出错了。

　　点评:人在愉悦的前提下更能接受他人的批评,经理就是运用了这一特点,先表扬了女秘书衣服得体漂亮,再委婉地表示其公文处理能力尚有不足,但自己相信她可以做得很好。这种先赞扬后批评的方式既能使批评更易被接受,又能保护对方的自尊心。

（四）间接提醒别人

［案例九］

　　张先生正在请建筑工人帮他盖房子。最初几天,当张先生下班回家之后,发现院子里和路上都是砖块。他不想找那些工人争论,因为他们的工程做得很好。所以当这些工人走了之后,他跟孩子捡好砖块,并整整齐齐地堆放在屋角。次日早晨,他把工头叫到旁边说:“我很高兴昨天晚上院子里和路上收拾的这么干净,没有让邻居感到不方便。”从那天起,工人每天都会将院子里和路上的砖块整理干净,工头也每天过来监督。

　　点评:对那些不愿接受直接批评的人,如果能间接地让他们去面对自己的错误,就会收到非常神奇的效果。张先生通过委婉的提醒,间接地批评工人不当的做法,收到了良好的效果。

(五) 善用言外之意

[案例十]

19世纪意大利著名歌剧作曲家罗西尼,对自己的创作非常严肃认真,非常注意独创性。对那些模仿、抄袭行为深恶痛绝。有一次,一位作曲家演奏自己的新作,特意请罗西尼去听他的演奏。罗西尼坐在前排,兴致勃勃地听着,开始听得很入神,继而有点不安,再而脸上出现不快的神色。演奏按其章节继续演奏下去,罗西尼边听边不时把帽子脱下又戴上,过一会,又把帽子脱下,又戴上,这样,脱下戴上,戴上又脱下,接连好几次……那位作曲家也注意到了罗西尼的这个奇怪的动作,就问他,这里的演出条件不太好,是不是太热了。"不",罗西尼回答说,"我有一见熟人就脱帽的习惯,在阁下的曲子里,我碰到那么多熟人,不得不频频脱帽了"。

点评:罗西尼如果直接指斥对方的模仿、抄袭行为恐怕会使对方难堪,而用体态语并加以说明来委婉地表示言外之意,虽然没有明说,那位作曲家已经明白他的言外之意了。

[案例十一]

超市的售货员发现有的顾客在挑选大白菜时,把外面稍老一些的白菜叶剥掉了好几层。售货员没有直接指责,而是提醒顾客说:"这位顾客您好,请您小心点,别把外面的菜叶'碰'掉了。"那些顾客一听就明白了,再也不好意思去剥了。

点评:售货员巧用一个"碰"字,既纠正了顾客的不当行为,又给顾客留了面子。顾客听出了弦外之音,达到了良好的交际效果。

[案例十二]

一天,有位外交官看见美国总统林肯在擦自己的靴子,便揶揄道:"呵,总统先生,你经常擦自己的靴子吗?"

林肯明白对方的用意,但他不动声色,答道:"是啊。你经常擦谁的靴子呢?"

点评:两个人的话都是用言外之意,外交官的言外之意含有轻蔑的意思。林肯反唇相讥,同样用言外之意,意思是我只是擦自己的靴子,而你还要擦别人的靴子,使得这位外交官很尴尬,自讨没趣。

（六）语言温和委婉

［案例十三］

高铁上，有个青年带着孩子，占了别人的座位。乘务员走过来请他让座的时候，青年蛮横地说："我买的有票，凭什么让座！"乘务员以诚恳的态度，低声地对他说："我知道你带着孩子，很不容易，但是你看，你边上就是孩子，你这样的霸座给孩子留下的印象多不好啊！我们都是成年人，是不是要给孩子做好榜样？如果让乘警过来，强制你让位，孩子会怎么想呢？"乘务员的话温和委婉，语重心长，说得青年很不好意思，就乖乖让位了。

点评：乘务员在批评这个年轻人时，并没有在大庭广众之下指责他，而是用温和委婉的语言，对他的行为给予含蓄的点拨，既照顾了他的自尊心，又给他以心灵的触动，从而使他让座。如果乘务员抓住这件事，进行怒斥，反而会激化矛盾。

［案例十四］

南唐时，课税繁重，民不聊生。恰逢京师大旱，皇帝问群臣："外地都下了雨，为什么京城不下？"大臣申渐高说："因为雨怕抽税，所以不敢入京城。"烈祖听后大笑，并决定减轻赋税。

点评：上例中，申渐高巧借话题，把"雨"拟作有知觉且聪慧的人，惧怕进京城后要纳税，从而委婉地道出了"税收繁重，令人生畏"的意思，机智地讽谏皇帝减税，并取得了预期的效果。

（七）表达含蓄幽默

［案例十五］

传说汉武帝晚年时很希望自己能长生不老。一天，他对侍臣说："相书上说，一个人鼻子下面的'人中'越长，命就越长；'人中'长一寸，能活百岁。不知是真是假？"

东方朔听了这话，知道皇上又在做长生不老梦了，脸上露出一丝讥讽的笑意。汉武帝见东方朔似有讥讽之意，面有不悦之色，喝道："你怎么敢笑话我？"

东方朔恭恭敬敬地回答："我怎么敢笑话皇上呢？我在笑彭祖的脸太难看了。"

汉武帝问："你为什么笑彭祖呢？"

东方朔说："据说彭祖活了八百岁，如果真像皇上刚才说的，那他的'人中'就有八寸长，那么，他的脸不是有丈把长吗？"汉武帝听了，也哈哈大笑起来。

东方朔是聪明的,他用笑彭祖的办法来幽默地讥讽汉武帝的荒唐,有些指桑骂槐的味道。但正是这样,才使汉武帝愉快地接受了批评。

点评:君王的脾性向来捉摸不定,久居高位使其往往难以接受别人的批评,而身为臣子又不得不就君王的错误直言上谏,此时就涉及批评的技巧。东方朔对于汉武帝意图长生不老的想法,以嘲笑彭祖来暗讽汉武帝的荒唐,不仅不使汉武帝动怒,甚至还博得君王一笑,令其欣然接受批评。这就是采用含蓄幽默的批评方式所带来的好处。

演练题精选

一、赞扬技巧的演练

(一)直接赞扬

家具公司的推销员小吴得知一家文化公司刚装修完办公室,于是,上门向项目负责人董经理推销办公家具。

一进门,小吴便赞叹道:"哟,您这办公室真漂亮,我大大小小的公司跑了不少,还从没见过您这么有品位、懂情趣的老板。"

董经理顿时喜上眉梢,嘱咐助理沏了一杯茶,请小吴坐下细谈,小吴用手摸了摸椅子的扶手,说:"这可是上等红木,这在我们家具界也不多见,看来,我今天真是来对了,能遇到您这样识货的人!"

"哈哈,我也只是一直都比较喜欢这些玩意儿。"董经理的自豪感油然而生。

之后,董经理带小吴参观了整个办公室,并兴致勃勃地拿出了几件心爱的木质藏品让小吴赏鉴,还细致地介绍了自己公司此次装修和配备家具的规划。结果可想而知,小吴很顺利地拿到了订购合同。

假如你去某个部门洽谈业务,你会怎样运用直接赞扬的方法与对方沟通,顺利谈成合作项目?

(二)间接赞扬

一次,一位消费者在一款家具前面驻足很久,销售员走过去对他说:"您的眼光真好,这款家具是我们公司的主打产品,目前也有很大的优惠。"

消费者问:"多少钱一套呢?"

销售员说:"折后价格,5 000元一套。"

"有点贵,还能便宜吗?"消费者追问。

销售员说:"您家在哪个小区呢?"

"在森林家园。"消费者爽快回答。

"森林家园是市里很好的楼盘,听说小区的绿化非常漂亮,而且,室内格局都很不错,交通也很方便。买这么好的地方,我看您不会在乎多花一些钱买我们这款质量更好的产品! 不过,我们正在和贵小区合作促销,这次还真能给您一个团购价。"

就这样,一笔订单顺利成交。

这位销售员先夸小区漂亮,实际上是夸客户的选择眼光好,再告诉客户不该省钱,让客户感觉到住这么好的小区再谈价钱有点惭愧;之后告诉客户,我们正在合作促销,这等于给客户额外的惊喜。如此一来,客户哪里能找到拒绝的理由呢?

假如你是一位女装销售员,一位女顾客想买一件衣服,但又觉得有点贵,你该如何运用间接赞扬的方法与顾客交流,并卖出衣服?

(三)对比式赞扬

一位专家谈起自己求学的经历,说:"我特别感谢我的老师,记得某一次实验,自己做了十几次,可数据总是不对,老师不仅没有批评我,反而鼓励我说这几次实验的结果比前几次好很多,继续努力,一定会成功。"

假如你是一位语文老师,两位学生找你评价作文,其中一位学生的作文相对优秀,你该如何表扬这位学生,又不伤另一位学生的自尊心?

(四)雪中送炭式赞扬

美国著名诗人惠特曼未成名之前,到处奔波,希望有人对自己的诗感兴趣,但却毫无结果。他的诗集《草叶集》出版后,一个月内,书店只卖出两三本。当他把凝聚着自己多年心血的书送给母亲时,竟被母亲毫不客气地扔到废纸篓里。因此,惠特曼十分伤心,苦闷彷徨。这时,爱默生给他寄来了一封信,信中说:"亲爱的先生,对于《草叶集》这份美好礼物的价值,我无法做到视而不见。我觉得,这是美国有史以来,最不同凡响的礼物,充满了机智与智慧。我祝贺你开始了一项伟大的事业。"爱默生还在报纸上撰文高度评价《草叶集》。不久,《草叶集》受到了普遍重视,惠特曼也因之而被誉为开了美国一代诗风的伟大诗人。

假如你是一位班主任,班里有一位成绩不太好,而且自卑的女孩子,但是她热爱集体,并且很有爱心,你该如何表扬这位同学,帮她树立自信?

（五）夸张式赞扬

一位市场部经理带着下属到某公司洽谈合作，正巧另外一家公司也来洽谈合作，下属们心中开始担心对方会抢走业务。在休息的时候，这位经理刚好遇见洽谈方的一位副总，两人交谈了起来。

经理："谢总，您来这个公司几年了啊？"

谢副总："两年多了吧。"

经理："那您工作多少年了？"

谢副总："我工作十多年了。"

经理："不会吧，您看上去顶多也就二十七八岁啊！"

谢副总："我都三十好几了啊。"

经理："真看不出来，您平时工作繁忙，还能保养得这么好，我们可得多多向您学习学习啊。"

几天以后，这位经理顺利拿下这笔业务。

假如你去某公司洽谈业务，对方经理很强势，你该如何争取到这笔业务？

二、批评技巧的演练

（一）抑扬结合式批评

6岁的晓兰非常喜欢吃零食，她常常在吃饭前吃一大堆的薯片、巧克力豆、饼干等，结果在吃饭的时候就不想吃饭了。有一次，妈妈对她说："我家晓兰最近表现越来越出色了，如果在吃饭前能不吃零食，那就更好了。"结果晓兰吃零食的次数真的少了很多。晓兰妈妈在批评晓兰的时候，先表扬她的优点，再委婉地指出她的缺点。这样既不会让晓兰产生逆反心理，还让她心情愉悦地接受批评，然后认真地改正。

设想你是一位教师，你班上有一个同学很喜欢看小说，经常上课看小说，影响了学习，你应该怎样对他进行批评教育？

（二）幽默诙谐式批评

课堂上很乱，有的学生在说笑，有的学生在睡觉，有的学生在眼观窗外。上课的老师突然停下了讲课，语重心长地对大家说："如果坐在中间谈笑的那几个同学能像那位观看窗外景色的同学那样安静的话，也就会让前面睡觉的那两位同学睡得更香甜了。"此言一出,引起了哄堂大笑,那几位被点到的同学的笑容里则带有羞愧之色。

假如你在上课,后边坐了两个同学,你很想认真听课,可是那两个同学的窃窃私语使得你不能专心听课,你怎样运用幽默含蓄的语言批评他们干扰了你听课?

(三)委婉式批评

客服部经理马瑞因为走廊卫生问题与另一个部门的职员吵了起来,而且自此两个人你来我往,互不服气,闹得很僵。

总经理知道后,把马瑞叫到办公室,给他讲了个故事:一只鼬鼠向狮子发出决斗的邀请,却遭到了狮子的拒绝。鼬鼠挑衅说:"怎么,你害怕了吗?""是的,我非常害怕,"狮子说,"如果答应你,你就可以得到曾与狮子比武的殊荣;而我呢,以后草原里所有的动物都会耻笑我竟与鼬鼠打架。"

马瑞听完故事若有所思,总经理真诚地说:"你是咱们公司的骨干,作为公司管理干部与普通职员较真儿,只会降低你的威信。对手选对了,会促使你不断进步;选错了,也许会误导了你人生的方向。做大事要有大胸怀,要能容人容物容事。"总经理的一番话让马瑞如梦初醒,惭愧地说:"感谢您指导,我今后决不再犯类似的错误了。"

批评学生,尤其要注意方式。设想你是一位小学教师,有人向你反映,你班上有个学生在学校里经常欺负别的小孩子,你怎么对这个学生进行教育?

(四)对比激将式批评

一天,某领导照常来到公司,看到桌上放着一份文件,文件上有很多的错别字,而且办公室里有很多东西放得很乱,同往常大不一样,明显是秘书没有尽到责任。领导没有批评这名秘书,他只是用极温和的口气对她说:"平时你在整理文件时做得非常好,而且好像从来没有出现过错别字,办公室里的工作也做得非常好,这一切使我感到非常满意,但是今天好像有些不如从前了!"第二天,办公室里的一切都变得很有秩序,甚至比原来还要好。只是这么简简单单的几句对比批评,问题便解决了。

设想你有一位同学,为了考上公务员,花了很多时间和精力,可是由于面试失败,没考上。对于他的失败,你如何进行对比激将式批评,达到既指出不足,又激励斗志的效果。

(五)责己谅人式批评

某大学老师看见学生们边走边将纸屑扔在地上,这位老师默默地将垃圾拾起扔进垃圾桶。学生们见状,不好意思地向老师道歉,并问老师为何不责备他们。老师回答说:"我仅仅做到了教书的职责,却还没有尽到育人的职责,不能怪你们。"一句话,使学生们脸更红了。

　　如果你是一位公司领导,看见下属们在禁止吸烟的场合吸烟,你怎样提醒他们不要在该区域抽烟?

第 7 专题 求职与应聘

在当前就业形势严峻、竞争激烈的求职现状下,择业就业不仅是供需双方的互动,而且是求职者之间能力的大比拼。求职者如果想获得一份心仪的工作,不仅需要具有过硬的自身条件,而且要掌握一定的求职应聘技巧。因此,如何科学地做好应聘准备,如何有效地进行自我推销,从而成功应聘,成为越来越多大学生十分关心的问题。到各种单位求职、应聘的语言表达策略和技巧,也成了大学生口语交际训练中的重要内容。

要点指津

一、求职与应聘的基本定位

(一)工作心态要定位

良好的求职心态是求职成功的第一步,求职者应该诚信知足,懂得珍惜,切忌犹豫不决,总感觉下一个单位会更好,就不珍惜自己目前所在的单位,把自己套牢在与多家用人单位的周旋中,使自己疲惫不堪,到最后丢了西瓜,却连芝麻都捡不到。最重要的是,当你在多家单位周旋的同时,你的诚信已经丧失殆尽。试问,如果你是招聘方,你会录用一个经常跳槽的员工吗?

(二)择业方向要定位

方向不明则方寸必乱。大学所学专业必然是确定择业方向的基本条件,试想一下,抛弃了专业的你,除了应届毕业生这个身份,还具备多少优势呢?因此,作为一名大学毕业生,在择业时一定要谨慎对待自己的专业,要选择符合自己专业特点的用人单位和岗位。切忌盲目从众,将工作单位牌子是否过硬作为寻找工作的唯一标准;而与那些专业对口的竞争者硬碰硬;没有专业基础的你,胜算有多少呢?结果带着满满的期待,收获的可能只有失望;届时很可能费时费力却丧失了很多不错的就业机会。

(三) 自身实力要定位

能力证明一切。应聘前要仔细研究用人单位的招聘标准,对照自身情况,如果优势很明显,那么就可以着手准备应聘事宜了;如果自己能力只是接近要求,就要三思而后行,因为招聘方会认为你能力平庸,潜力不大;如果与标准相差甚远,建议不要勉强尝试,那样做很容易会打击自己的信心。

(四) 洽谈态度要定位

态度决定成败。对于现在明显供求不平衡的形势,招聘方扮演了"买方"角色,而应聘方扮演的则是"卖方"角色,所以,只有自身质量过硬,"买方"才有可能会"买"。由此,求职时一定要端正态度,不能因为在大学所取得的成绩不错就骄傲自满,一定要在与招聘方交谈沟通时给对方留下一个谦虚实在、认真负责、勤奋敬业且专业出众、能力不俗的良好印象。

二、求职与应聘的基本策略

(一) 有备而战

精心准备是求职者打赢面试这一仗的基础,准备越充分,面试时的思路就会越清晰。最好的方法是列出重点,以便面试时能用最简练的语言充分且有条理地表达自己的思想。如果发现自己出现了怯场等问题,那么充分的准备就成了帮助你稳定情绪的关键。你可以从以下四个方面入手:一是厘清个人情况,重点在于个人经历和已有优势;二是准备一些在面试中可能被问到的问题;三是准备一些自己想要从对方那里了解的问题;四是与同学、朋友等模拟招聘场景,提高随机应变的能力。切记,面试时要尽量避免"脱口而出",什么话可以说,什么话不适合说,话应该怎么说,都是开口前需要思考的问题。

(二) 简洁明确

简洁明确的表达必须注意以下三点。

1. 避免含糊

由于面试时间的关系,求职者在回答问题时通常应先表明自己对这个问题的基本观点,然后再用具体论据逐一论证、解释,但论据的要点一般不过三。这样做的好处不仅有利于自己组织材料,而且能够给面试官留下一个思路明了、头脑清晰的良好印象。相反,表达含糊甚至跑题,或者回答一些完全不着边际的话,不仅会冲淡主题,而且会破坏你在面试官心目中的良好形象。

2. 避免重复

求职者回答问题时一定要围绕所给主题作答,表达方式也要尽量简洁。切忌讲话繁杂冗长,过多的重复会给人一种拖泥带水的感觉。滔滔不绝不一定是口才好,也可能只是说废话、套话、空话。求职者需要努力克服这种语病,尽量言简意赅,使自己的表达层次清晰。

3. 避免使用口头禅

口头禅的使用是人们说话中的一个常见现象,如"嗯""这个""那个""那""反正""啊""然后""是不是""对不对"。语言运用能力也是面试官评估你综合能力的一个重要指标,口头禅没有任何语义,如果你说话时经常使用口头禅,你给面试官留下的印象将很可能是办事拖拉、犹豫不决,面试官对你工作能力的评估也不会好,从而影响你最终的面试结果。

值得注意的是,有一种"洋口头禅"——嗯哼,是十分具有"杀伤力"的。据说,在一次公关经理的面试中,有一位履历十分漂亮的求职者得到了面试官的关注,面试时特意为其留出了大段的面谈时间。然而令人哭笑不得的是,这位求职者的言谈中居然夹杂了多种"洋口头禅",其中最明显的一个就是"嗯哼",然而其本人却从未在国外生活过,最终,他未被录取。

(三)通俗朴实

通俗朴实的表达需要在以下几个方面多加留意。

1. 合理使用专业术语

专业术语应该根据谈话对象来决定是否使用,如对不懂音乐的人谈声律,对不喜欢体育的人谈奥运会,就会让对方产生一种你在卖弄自己的感觉。

2. 中英文混杂要谨慎

有些人认为,在中文表达中夹杂一些英语单词是一种时髦,所以有不少求职者会有意地使用这种"中英混合"的语言,以此来显示自己的英语水平。这种自以为聪明的做法,往往会弄巧成拙。

中英文夹杂使用这一现象在语言学上被理解为"语码混合"或是"语码转换"，即在同一个谈话中使用两种甚至多种语言或语言的变体。这种现象不仅产生在中文与外文之间，而且外文与外文之间也很常见。多数学者认为这是在双语环境或者多语环境下自然而正常的产物。

语言是表达思维的一种工具，不同的使用习惯与说话人所处的专业领域以及社会背景有关。在生物学领域，一些英文单词或英文缩写使用起来有更高的效率。比如，用"脱氧核糖核酸"代替"DNA"，或是用"聚合酶链式反应"代替"PCR"，既不好说，也不好写，反而会给工作带来一些困扰。

在国际化的今天，说不同语言的群体交往频繁，使用汉语的人在日常口语中夹带外语是可以理解的。一些网络热词也有中英夹杂的情况，"你 out 了"，有"落后"之意，也有"淘汰出局"之意，言简意丰，新颖有趣。语言的交流变化反映着社会的融合发展。而在一些不需要使用英文的场合，特别是国内的招聘场合，生硬地将中英文混合使用则显得有些矫揉造作。

面试时最重要的是充分表达自己的意思，让对方在最短的时间内了解自己，而不是故意炫耀卖弄自己的外语水平。

3. 语言表达要通俗质朴

鲁迅先生说："有真意、去粉饰、少做作、勿卖弄。"这句话说的意思就是我们讲话表达的方式最好朴实真诚。如果过于追求新奇华丽，过分雕饰，就会给人以做作、浮夸的印象，容易让人反感。所以，语言贵在朴实、自然，要能表达出真情实感。

4. 谨慎使用网络流行语

语言是社会生活的一面镜子，随着互联网的发展，网络流行语的使用在日常生活中也越来越常见。在面试时，场合相对严肃，如果过多使用网络流行语，一方面会增加求职者与面试官的沟通成本，另一方面，也可能适得其反，使求职者错失良机。

（四）坦率诚实

诚实是一种美德，坦率诚实才会离成功更近。一些求职者为了找到理想工作，不惜涂改学校成绩，隐瞒真实情况。这首先就是其人格品行问题，当用人单位了解真实情况后，一定不会录用这样不诚实的求职者。也有一些求职者因找工作太过频繁，他们往往会精心"包装"履历，有时因"水分"过大，到了真正面试的时候，连自己都不确定自己的工作经历是如何"排列组合"的，往往一开口就会露马脚，最终不战而败。所以，诚实很重要。

　　如果面试时你感到紧张而且无法短时间调整到位时，最明智的做法应该是坦诚相告："抱歉，我有些紧张。"说不定会有意想不到的效果，也许面试官会宽慰你，这样你们之间的气氛就会轻松很多。千万不要为了掩饰自己的不足而说谎，更不要不懂装懂，这样很容易让明眼人觉得你浅薄而且不诚实。在面试时，其实对方更重视的是你对答的态度和一贯性，而不是正确程度。例如：

　　作为美国环球广告代理公司的中国办事处，雅利安公司因为业务需要准备在中国招聘 4 位高级职员。竞争是激烈的，凭着良好的资历和优秀的考试成绩，××有幸成为 10 名复试者之一。最后的面试由贝克先生主持。

　　贝克先生是全球闻名的大企业家，从一个报童成长为美国最大的广告代理公司董事长、总经理，他的经历充满了传奇色彩。××一连几天，在英语口语、广告业务及穿戴方面都做了精心准备，以便向贝克先生顺利"推销自己"。

　　复试是单独面试。××一走进小会客厅，坐在沙发上的一位外国人便站起来，正是贝克先生。戏剧性的一幕发生了："是你？你是××。"贝克先生用流利的中文叫出了××的名字，并且快步走上前来。"我找了你好长时间了。"贝克先生一脸的惊奇，并激动地对在座的另外几位外国人说道："先生们，向你们介绍一下，这位就是救我女儿的那位年轻人。"

　　震惊之余，××的心开始狂跳，脑子高速运转着。贝克先生继续热情洋溢："很抱歉，那天我光顾着女儿了，没来得及向你道谢。"

　　××回过神来了，抑制着狂跳的心，说道："很抱歉，贝克先生，我想您是认错人了，我没有救过您女儿。"

　　贝克先生继续说："肯定是你，我记得你脸上有颗痣，年轻人，你骗不了我。"

　　"贝克先生，我想肯定是您弄错了。我没有救过您女儿。"××站起来，肯定地说。

　　看××说得坚决，贝克先生愣住了。忽然，他又笑了："年轻人，我很欣赏你的诚实。现在我决定：你被录取了。"

　　几天后，××与新同事聊天，问起贝克先生女儿的救命恩人是否找到。

　　同事一愣，随即说："哦，有 7 个人因为贝克先生的女儿被淘汰了，可是，贝克先生根本没有女儿。"

　　另有一个相反的例子：

　　面试官："你毕业后曾经在深圳工作过一段时间，能谈谈那段时间的经历吗？"

　　求职者："那是一段让我非常难忘的经历。虽然我所在的公司总资产达到 10 亿，但是管理还是非常混乱的。我当时被安排到下属的生产管桩的高科技企业担任厂长助理,在工作的两个多月里我采访了很多员工,从生产工人到副总,有时候半夜都会起来到车间看看,临走前向老总提交了达三万字的实习总结。结果走时,老总希望我留下来,给我月薪两万的待遇,并让我担任这家管桩企业的生产副总。但那时我已经有继续深造的机会了,所以就婉言拒绝了。"

求职者的这段话是谎言吗? 答案是很有可能! 该案例中的求职者在当时只是一个应届本科毕业生,因为实习期间表现优异就能让一个老总许以生产副总的高管职位吗? 对于任何一个企业来说,副总职位意味着很大的责任,而作为一个初出茅庐的毕业生,获得这种机会的可能性微乎其微。有经验的面试官很容易就会从话语的逻辑关系里判断出求职者是否在说谎,所以诚实作答是最明智的选择。

(五) 不卑不亢

如今,就业市场是"买方"市场。参加面试时过分谦虚、唯唯诺诺不行,趾高气扬、待价而沽更不行,尤其是面对激烈的竞争,如果不是顶级人才或者市场紧缺型人才,比较稳妥的做法是"不卑不亢"。

曾有一位毕业后刚工作了一年的青年去应聘一个秘书岗位,双方谈得很愉快。面试接近尾声时,面试官又问他:"你认为现在对你来说找到一份工作是不是不太容易,你应该是很需要这份工作吧?"如果青年立马回答"是的",那么就一切大功告成。但这个青年可能是为了体现高傲,却回答道:"我看不见得。"这样一来,在场的人事经理顿时打消了录用他的念头,理由是"这个人太傲"。一次到手的极好的就业机会,就这样丢失了。无论青年事后多么后悔,也已经无可挽回了。

需要注意的是,所谓谦逊不等同于抹杀个性和独到的见解,在表现出自己独特之处的同时,做到大胆沉稳即可。具体来说,一般在应聘国有企业和民营企业时,求职者的言谈应略显谦逊;而面对一些外资企业、合资企业或者是一些管理方式较为现代的单位时,大胆灵活的表现则可能会更受青睐,因为中西方在企业理念和管理方式上还是存在着很大差异的。所以,求职时一定要掌握好分寸。

(六) 主动热情

面试时要保持一定的热情,要对面试官提出的问题表现出浓厚的兴趣,千万不要漠然冷淡,或者答非所问。虽然面试时主动权在面试官手中,但你也可以用一些方法巧妙夺回主动权。方法如下。

1. 学会打破沉默

面试开始时,求职者一般是等待面试官先开口的,求职者出于种种顾虑,并不会主动说话,往往会出现冷场的尴尬情况,即便能勉强打破沉寂,在语音语调上也极容易变得生硬。因此,你不妨主动开口与对方诚恳交流,也许会给面试官留下主动、热情、大方的良好印象。

2. 把握时机主动提问

在面试过程中,求职者心中可能会出现各种疑问,但在最后可以提问时却一个问题也问不出来。求职者也许是在面试前准备不足,在提问环节时不知该问些什么。事实上,一个有质量的提问,可能会让面试官对你另眼相看。

3. 积极营造轻松和谐的氛围

在交谈过程中,最愉快的莫过于双方都能畅所欲言,如有求职者能使面试紧张的气氛有所缓和,并恰当地说上几句幽默的话,很可能会赢得面试官的喜欢,从而提高你的印象分。有一家企业曾经让一位经验明显不足的招聘专员去招聘一名行政经理,当这位招聘专员照着求职者的简历问了一些干巴巴的问题之后,便觉无话可说了,面试一下陷入冷场。这时,只见这位求职者用幽默的口吻说:"我还有不少优点,我还想再自夸几句,可以吗?"接着,他恰到好处地把招聘专员应当发问却被遗漏的内容做了一番介绍,立即"救活"了整场面试。面试结束后,在场的所有人都因这位求职者的良好素质而给了他"最高分",最终这位求职者被顺利录用。

(七) 不该说的不说

面试时最忌讳的就是说了不该说的话,问了不该问的问题。以下几点需要得到重视。

1. 不要过分询问工作时长或薪资待遇

过分的咨询工作时长,会给用人单位留下计较个人得失的印象;而过分关心薪资待遇的求职者,往往也不会受到用人单位的喜欢。

2. 不要诉苦

人生路上,每个人都会碰到一些倒霉的事,遭遇这样或那样的不幸。有的人心理承受能力弱,逢人就会像祥林嫂一样向对方诉苦。这样做无非是想告诉别人自己有多么不幸,多么无辜,借此换取他人的同情。但这种言谈如果被运用到面试中,那么结果必定是失败。

3. 不要提没有意义的问题

有的人喜欢在面试中无话找话,没问题找问题,比如,"办公室有卫生间吗",提出此类问题很可能会使你求职失败。

4. 不要提过于有挑战性的问题

有的求职者为了能给面试官留下一个深刻的印象,故意抛出一些富有挑战性的问题,甚至是触及用人单位的不足之处,这不仅会使面试官非常尴尬,还可能会让面试官认为你今后极有可能处理不好上下级关系,从而有可能放弃你。因此在面试时,问一些和应聘岗位有关的问题是最保险的,例如,你所应聘职位的主要职责和目标是什么,老板是如何衡量员工业绩的,工作中可能会遇到哪些困难。

5. 不要议论他人私事

如果面试中的一些问题让你想起身边人的某件私事,抑或你知道面试官或他的亲朋好友家里的事情,一定不要多嘴。涉及他人私事的问题,无论你的动机如何,都很容易引起面试官的反感。

6. 不要与面试官套近乎

面试时不乏求职者一味地迎合面试官,与其套近乎,无论面试官说什么都表示赞成。这样不仅不会赢得面试官的好感,反而会给他留下溜须拍马的不好印象。当然,也不要自称与该单位高层领导熟识。

三、求职与应聘的基本技巧

(一) 礼貌谦逊

"礼貌、和气、文雅、谦逊"是语言美的主要标准。

说话时要语气平和,态度和蔼,平等地去对待每一位面试官;要措辞文雅,对答从容,表现大方得体;要尊重对方,说话不要自以为是、狂妄自大;要虚心谦恭,态度诚恳,给面试官留下一个美好的印象。不要小看礼貌用语,例如,将"你们公司"换成"贵公司",将"你"换成"您",产生的效果肯定会好很多。

面试时,全程都要保持彬彬有礼的态度,无论面试官提出怎样的问题,都不可认为其提问不当,认为他"冒犯"了自己而随意发怒。

如果遇到面试官对你尤其挑剔或不满,甚至还令你难堪,先不要紧张,更不能出言不逊,此时的你需要有一个冷静的头脑,切勿反应过度。一般来说,面试官是不会故意与求职者作对的,出现这种情况,大多是预先设计好的一种计谋,是为了测试求职者的应变能力和心理承受能力。若此时求职者火冒三丈,反唇相讥,那便中了面试官的"圈套"。同样,固执地与面试官争论某个问题也不是个明智之举,即便你的理由充分,也应心平气和地去表达自己的观点,如果争论过于激烈,很有可能会弄巧成拙。

适时告辞也很重要。如果是用人单位邀请你参加面试，那么告辞时间应视对方要求而定，不宜在对方未告知的情况下单方面提出。一般情况下，在对方提出"今天就谈到这里吧，请等候消息（通知）"时，就可告辞离开。

如果是你直接上门联系工作，那么告辞就应由你主动提出。因为是你主动拜访，对方一般不好主动提出结束，你最好能够从对方的行为举止上判断告辞时机：如果对方是心不在焉地听你讲话，或不时看表，这就是逐客令的信号，你就应该主动告辞了。

离开前要再次道谢。请记住，无论面试（谈）结果如何，是否有被录用的希望，在告辞时都应向对方表示衷心的感谢，这是最能体现你个人修养的。何况有时机会就存在于你的坚持之中。若是对方请你回去等消息，那么告辞时，你应谦和有礼地说："真不好意思，打扰了您这么久，我就先走了，期待您的答复！"若是对方决定不录用你，也应该说："没关系，和您相处得很愉快，我再到别的地方去找找看，告辞了！"若是对方送你到门口，你一定要礼貌地请人家留步，并握手告别。

（二）举出实例

事实胜于雄辩。在面试时，为了给面试官留下深刻的印象，展现出一个"与众不同"的你，必须记住：不要概述，要用实例来说明你所具有的素质和能力、你的优缺点，以及你如何处理人际关系、解决问题的方法，等等。例如，当被问道："你最主要的两个长处是什么？"不要只是概述性地回答"认真负责、踏实可靠"，而是要运用"展示"的技巧："我的第一个长处是认真负责。当我接受某项任务，或做某件工作时，我总是以认真为荣，竭力做好每一个细节。这大概是受我父母的影响，在我很小的时候，他们就经常向我灌输认真为本的生活态度。记得在我实习初期，经理曾让我负责收发事宜。按说那是一项极为简单的工作，但我却依然一丝不苟。每天我会早早地去到办公室，把当天的信件归类为'急件''非急件''期刊类'以及'其他'，并有序地分放在相关人士的办公桌上。有时候碰到'急件'，我还会附上有参考价值的相关材料，尽可能提高办事效率。大家对此赞不绝口。在实习期满后，我顺利成为经理助理。而我的第二个长处是踏实可靠。不管有多难，凡是我答应的事情，就一定会办好。朋友们经常说，我是他们最靠谱的朋友。"

在回答个人长处时，运用"实例"来说明，然后巧妙加进朋友对你的评价，往往会起到更好的效果。你可通过"举例""描述相关细节"等方法，让对方逐渐了解你，这种做法，会帮助你变成一个"个性突出""富有情趣""充满活力"的人，一个很容易被招聘方记住的人。抽象的概述及空洞的形容词则会使你的表述显得软弱无力，只会让面试官感到单调乏味，难以相信你是他们所需要的人才。

　　当然，举出实例这种方法也是需要具体问题具体对待的。例如，在回答"你不喜欢跟什么样的人共事"时，就可以采用抽象概述的方法——"我不喜欢与损人利己、口是心非、斤斤计较的人共事"，这样的回答简洁有力、提纲挈领。此时你若不合时宜地套用例子，则未免显得画蛇添足了。

（三）突出个性

　　"个性鲜明"的回答往往容易给人留下深刻的印象，应聘时亦如此。那么如何回答才算是突出个性呢？首先，要想突出个性，就应该用事实来说话；其次，就是实事求是，怎么想（做）就怎么说（当然，对于一些敏感的问题则需要把握好一个度）。例如，对于"你喜欢出差吗"这个问题，成功的求职者是这样回答的："坦率地说，我不喜欢。因为从一个城市到另一个城市去推销商品并不是一件很容易很舒服的事。但我知道，出差是商业活动的一个重要部分，也是推销员的本职工作，所以，我不会在意出差的艰辛，反而会以此为荣。因为我非常喜欢推销工作。"事实上，面试官最欣赏的就是求职者所表现出的机敏、坦诚与个性，坦率的语言与真实的思想就是"个性突出"的最佳表现。

（四）灵活应变

　　面谈中的灵活应变主要表现在以下两个方面。

　　一是掌握好作答时间，做到有的放矢、心中有数。在有限的面试时间里，要尽可能得体有效地"展示"自己，不要漫无边际地陈述，过多地拖延时间。要懂得何时保持沉默，如果你觉得对话到了一个关键的时刻，而对方却突然不开口了，最有效的办法是停止你的滔滔不绝，适时地保持沉默。

　　二是在"察言"的同时，更要"观色"，要借助面试官的一些行为、表情、姿态等"非言语表达"，观察、了解面试官的真实心理和意图，并迅速做出正确的判断和反应。求职者要学会读懂对方"一个会意的微笑、一个无奈的眼神、一个下意识的动作"所演绎出的不同心态。通常情况下，听者挠耳朵或脖颈儿，是对说话人的消极反应，是怀疑、烦躁、不感兴趣的表示；用手掌撑着脑袋，也是一种对所谈的内容感到平淡无味的表现。当面试官双手放于膝盖，上身微微朝前方倾斜，或者不停地看手表，或双手夹住椅子坐在边缘时，就是想结束谈话并随时准备起身的典型姿态，所以,若此时求职者能及时观察出来,并在面试官终止会谈前主动请辞,那么就会最大限度地降低因对方的不耐烦而给面试结果带来的影响。

(五)扬长避短

扬长避短,就是变不利为有利,也就是说在回答时极力突出个人长处,并将自己的长处与所求工作合理地结合起来。

人非圣贤,世人都有"短处",求职者当然也不会例外。无论求职者有多么成熟,由于其经历、学识等方面的原因,总会有不知、不能的事情,如果真的遇到了自己完全不懂的问题,或十分勉强的事情时,甚至是自己某一方面条件离用人单位的要求有较远距离时,比较明智的做法:在面谈中勇于承认自己的不足,同时做出必要而合理的解释。尽管此时你没有"扬长避短",但你的诚实、坦率却能帮助你化"短"为"长"。

(六)虚实结合

面试中的一些必须回答的问题是没有确切答案的,或者说无法明确回答,这时,求职者就可以采用虚实结合的技巧来巧妙回答。例如,"现在有 20 套三居室、30 套两居室的住房,单位里有 100 人符合分房条件。作为负责人,你怎样把房子分得公平合理?"这样的题目回答起来如果拘泥于数字的加减计算,必然会吃力不讨好。比较好的分房原则是从大处着手回答,例如,先成立分房责任小组,制订具体的分房方案,再通过全体员工开会讨论确定具体方案。这样的答案既是从客观上提出解决方案,同时又能说明求职者公平公正,且具有全局意识。

这类问题看似要求职者细致作答,但实际上并无标准答案。所以,对于这种不可能回答的问题,我们其实只要把握住原则即可。这个技巧在面试中很管用。

上述六个方面相互依托、相互作用,是"你中有我,我中有你"的。因此,求职者要根据面试中的实际情况,灵活运用。

案例点评

一、礼貌谦逊的技巧

[案例一]

态度决定成败。

曾接过一个父亲战友的电话,希望我给他高中没毕业的孩子推荐工作,当他要把他孩子的电话给我时,我拒绝道:"让他给我打电话!"当天下午我便接到了那孩子的电话,总共聊了不到五句话,我便决定帮他推荐到一家贸易公司。理由有二,其一,他很快地给我打电话,并且告诉我,他在哪里,随时可以面试,证明这个孩子主动性很强;其二,谈话结束,他说了"谢谢",说明这个孩子在待人礼仪、为人处世方面做得应该不错。第二天,他果然通过了面试,同时我也接到那家贸易公司人力资源管理者的致谢电话。

点评: 在面试中,积极的态度是成功的重要因素。"我"在最初接到电话时只觉得这是一个靠关系找工作的人,因此对那个孩子的印象并不是很好,但是那个孩子却在第一时间联系了"我",而且态度诚恳礼貌。有教养的人的素质和能力一定不会太差。

[案例二]

你能够在压力状态下工作得很好吗?请看以下两种不同的回答。

甲:我在压力下会茁壮成长,实际上,事情变得越乱我就越开心。毕竟,当今的社会是一个充满竞争和压力的社会,如果没有压力,就不会有成功。相比之下,我更怕无聊没事情可以做。如果没有事情可以做,我就会变得非常懒散,但如果让我应对压力,我就一点问题也没有。

乙:在从事有价值的工作时,任何人都有可能在工作中遇到各种压力。相信我能够应付一定的压力,而且在某些情况下,还可以承受极大的压力。我想,我应对压力的关键是找到一种有效的方法控制住形势,从而减轻压力。这样,压力就不会影响我的生产力。我知道任何工作都是有压力的,如果必要的话,我会在压力下工作得更好,因为我抗压能力强。

点评: 甲的回答可以看出求职者自视甚高,除了让人不可信,还表现出一种消极的论调:如果没有压力,就不会激发起他的动力。而乙的回答则非常谦恭有礼,恰到好处。表明求职者对工作压力的本质和程度都有一个比较客观的认识,同时从他的回答中,我们还可以看出他在之前的工作中可能制定过有效的策略,处理过工作中的压力。

二、举出实例的技巧

[案例三]

你在找工作时最看重的是什么?为什么?请看以下两种不同回答。

甲：我希望得到一份能确实展示我才能，并且具有良好前景的工作。我认为如果能到你们企业工作，可以让我自己显得与众不同。

乙：我希望找到的工作能发挥我的长处，比如……（说出具体技能）还有，如果我在企业中的作用能与企业目标联系在一起，那是我最开心的事。如果工作中偶尔有些挑战，让我可以超越自己目前的技能水平，那当然再好不过了。

点评：直接的问题就直截了当地回答。求职者此时应提供有力的实例证据，自信直接地推销自己。甲的回答除了表现出求职者是一个自大狂，迫切需要得到别人的认可，还会让人怀疑其是否理解工作的本质。乙的回答表达出了三个目的：突出了自己的技能；表明了他明白个人与企业的关系；他同样也理解变化与发展的重要性。

[案例四]

面试官问："我为什么要雇用你？"

答："首先，我了解过这个岗位主要是负责×××方面的内容，其中×××技能是最为重要的。我系统学习过×××方面的内容，已经熟练掌握该项技能，并且我的实习经历也与此相关，积累了不少相关经验，因此我可以胜任这个岗位。其次，我有很强的学习能力，每次进入新环境或需要学习新技能，我都能快速适应或习得相关技能。最后，我认为自己是一个做事全力以赴的人，如果能加入贵单位，我一定会全身心投入，给公司带来更大的价值。"

点评：面试中很容易碰到一些棘手的问题，比如上述这个问题就是一个直接、正面的问题，有时可能不会问得这么具体明确，但同样值得求职者斟酌作答，最好能像以上实例一样提供强有力的证据，直接而自信地推销自己。

三、突出个性的技巧

[案例五]

在被问到"最不喜欢的课程"时也可以给人一个印象深刻的回答。

噢，那应该是宏观经济学，我一向不喜欢它：枯燥乏味，总是一大堆数学公式与图解，再加上那填鸭式的讲述，有时真会让人觉得难以忍受。所以我这门课的成绩始终不佳。

点评："个性鲜明"的回答往往容易给人留下深刻的印象，尤其是在回答中还暗指了自己思维活跃的特点，不但不会引起面试官的不满，还会引起他的关注。

[案例六]

第26位应聘者。

某人十分向往的岗位只招聘一人,但他在应聘者的长队中却排在第26位,完全可能连和招聘者见面的机会都没有。他急中生智马上写了封短信,托门卫带给了招聘者。信是这样写的:"先生,在未见到第26名应聘者之前,请不要轻率做出决定。"结果他入选了,但不能说他"开了后门"。

点评:个人实力固然重要,但个性和应变能力也是用人单位十分看重的一个方面。像上例中这位应聘者呈现出的机智和聪明个性,就为自己赢得了工作机会。

四、灵活应变的技巧

[案例七]

巧用气压计。

有一家公司招聘管理人员,题目:用发给你的一支气压计,测出这幢30层大楼的高度。一个个应聘者绞尽脑汁想出种种办法:有的楼上楼下量气压,利用物理知识烦琐地计算;有的爬上屋顶,将气压计系上长长的绳子,忙乱地量着;有的在资料堆中埋头翻阅,希望找一个更好的方法或公式……但有一位应聘者却拿着气压计来到大楼管理处,对一位老者说:"大爷,这支气压计送给您,请您告诉我这大楼的高度。"这位聪明人入选了,因为他正是一个难得的管理人才。

点评:审时度势,沉稳灵活应变,在慌乱中寻找到最简单有效的办法来达成目的,这样的头脑,正是一个优秀的员工和领导所应具备的素养。

[案例八]

憨豆求职。

憨豆先生艾金森在成名前,到英国一家著名的马戏团应聘滑稽演员。考官面试出的题目是当场让人捧腹大笑。艾金森又讲笑话又演哑剧,可考官没有一人露出一丝笑意。艾金森急了,亮出绝招,转身打开面试房间的门,对着外面其他等候面试的应聘者们大叫:"喂,你们都可以回家吃饭了!他们已决定录用我了!"这时,已经憋了很久的考官们一下子大笑了起来。艾金森终于找到了一份可以发挥自己特长的工作,最终成为世界著名的滑稽大师。

点评:急中生智能让求职者想出让面试官欣赏的谋略和话语,做出令面试官欣赏的事情。就如上例中的憨豆先生,他急中生智想出的策略和他的表演一样诙谐幽默,令人捧腹。

五、扬长避短的技巧

[案例九]

田忌赛马。

齐国使者到大梁来,孙膑以刑徒的身份秘密拜见,用言辞打动齐国使者。齐国使者觉得此人不同凡响,就偷偷地用车把他载回齐国。齐国将军田忌非常赏识他,并且待如上宾。田忌经常与齐国诸公子赛马,设重金赌注。孙膑发现他们的马脚力都差不多,可分为上、中、下三等。于是孙膑对田忌说:"您只管下大赌注,我能让您取胜。"田忌相信并答应了他,与齐王和诸公子用千金来做赌注。比赛即将开始,孙膑说:"现在用您的下等马对付他们的上等马,拿您的上等马对付他们的中等马,拿您的中等马对付他们的下等马。"三场比赛完后,田忌一场不胜而两场胜,最终赢得千金赌注。

点评:孙膑善用谋略,在上面赛马的案例中,以己之长,攻彼之短,在自己并没有绝对优势的时候,善于挖掘自身长处,扬长避短,灵活安排三匹马的出场顺序,最终取得了赛马的胜利。

面试时也要如此。但如果遇到自己真的完全不懂的问题,无法"避短"时,又该怎么办呢?请看下面案例。

[案例十]

某公司招聘会计一职的面试中的一段对话。

面试官:谈谈你的学习和培训经历。

求职者:我深知自己的专业与所应聘的职位有一定的距离,但是三年前,从我从事会计工作开始就有针对性地制订了学习计划。三年来,我从最基础的会计知识学起,广泛涉猎会计学、财务管理书籍,今年已经报名参加了中级会计师的培训,而上一个工作岗位又为我提供了实战平台,使我自身的实际操作水平得到了极大的提高。但是在来面试之前,通过对贵公司的了解,我感到要胜任这项工作,自己还有很多不足,这些都需要我在以后的工作中不断地加强学习。

点评:在自己确实不擅长的问题上,最明智的做法就是实话实说。上例中的求职者,就是在回答中向面试官传达了自己业余时间的学习和培训经历,以及所具备的学习、计划等能力,减少了因为专业不对口而造成的不利影响。

[案例十一]

某人在与某公司招聘部门经理的面谈中有这样一段对话:

问:"你不认为自己做这项工作年轻了些吗?"

答:"我下个月就满 23 周岁,英雄岳飞 23 岁就已成为文武全才的军事统帅了!虽然我没有相关的工作经历,但我有整整两年的领导校学生会的工作经验呀。我从 2021 年 9 月被推选为校学生会主席,之后又因表现出色在 2022 年获得连任。你们可以想象一下,要管理组织全校 10 000 多名学生,也不容易呢。如果我没有一定的管理才能和领导艺术,也是无法做好学生会工作的。所以,我觉得,年龄固然能说明一定的问题,但个人的素质和能力更为重要。而这也正是一个部门经理所不可缺少的。"

点评:这是一种典型的扬长避短式的回答。该求职者极力宣扬自己当过校学生会主席的长处,并把自己在学校时的管理能力和应聘的工作有机地结合起来,努力变年龄小的不利因素为有利因素。

六、虚实结合的技巧

[案例十二]

面试应答。

面试官问:"如果我们和另一家公司都聘用你,你会如何选择?"

答:"贵公司是我的第一选择。无论是公司的工作岗位、发展前景、企业文化和团队氛围,都与我的专业素养能力以及个人发展相匹配,我也很期待能够成为贵公司的一员。因此在未得到贵公司的明确拒绝之前,我会只关注贵公司。相信贵公司也会选择与公司各方面匹配度最高的成员。"

点评:回答提问要掌握一定技巧,肯定自己具有实力,有时可以巧妙地把考官给出的难题交还给考官,这样做既得体又给自己解了围。

[案例十三]

主持面试的经理问你:"如果我们接受你,你会干多久呢?"

没人愿意把一生最为宝贵而有限的时光花在不停地寻找工作当中;也不会有人甘愿把他所喜爱的东西轻易放弃。就拿这份工作来说,如果它能使我学以致用,更多地发挥我的潜力,而我也能从中获取到更多的新知识与技能,并且也能得到相应的回报;那么我没有理由不专心致志地对待我所热爱的工作。

点评:每个用人单位都希望招聘到的人可以长久地为公司效力,所以这个问题并不适合回答具体的时间。上例中的回答可以让面试官觉得你不仅是一个积极上进的人,而且是一个懂得回报的人,不会纠结于你到底会工作多长时间。

演练题精选

求职与应聘技巧的演练

1. 请介绍一下自己

这是一个典型的求职面试的开场白。可以说,求职者准备是否充分,回答质量的好坏,会直接影响整个面试的成败。因此,求职者一定要简洁清晰地表达,争取给人留下良好的第一印象。回答时一般要注意以下几点:

(1)应突出主题,把回答的重点放在个性特征、专业能力、工作业绩、潜在能力和发展方向上。要突出自己积极开朗的个性和做事的能力。千万别不着边际地说一些与工作无关的琐事。

(2)结合实例来证明自己所说的情况,可举出一些特殊的例子来强调自己过去取得的成绩。

(3)言简意赅,一般不要超过三分钟。

(4)介绍完之后,还可以询问面试官是否需要补充其他方面的情况。

你有没有更好的回答?

2. 请谈谈你为什么选择我们单位

这个问题最常见的有这样几种回答:

(1)我觉得我自己在学历、工作经验和能力等方面都很符合你们的招聘要求,所以我相信一定能胜任这份工作。

(2)我一直想找一个称心的工作,听说你们这儿待遇不错,薪水又高,所以我来了。

(3)贵单位实力雄厚,条件优越,如果能到贵单位任职,与你们合作,将是我一生的荣幸。

（4）我听说贵单位刚起步时只有十几个人，能发展到今天全在于贵单位领导管理有方，职工们团结一致，艰苦创业，勤勉工作，我就喜欢在这样的环境中锻炼自己。

这个问题主要是用人单位想考察了解求职者的动机与愿望。招聘方当然会很重视了解求职者的求职目的和个人抱负，从而把握求职者对用人单位、工作岗位的熟悉程度以及对未来的打算等。以上的第一种回答过于自信，让人有一种自命不凡的感觉，容易引起反感；第二种回答让人感觉有一种见利思迁、贪图享受的感觉，效果最差；第三种回答以情动人，表达出自己强烈的愿望，对面试官有一定的吸引力；第四种回答从单位创业之艰难切入话题，委婉赞美而不恭维，可见他对公司的发展做过较为详细的功课，效果最好。因为招聘单位所关心的是求职者是否对未来工作充满激情，而不仅仅是为了得到一份工作。

请分析以上几种回答的优劣，如果是你，会如何回答？

3. 谈谈你对所应聘岗位的了解

在专业化分工越来越细的今天，通常各个岗位在责任、权利、利益、分工、合作、技能、机器等方面，都会有其明确的要求，而且每个岗位都有其对员工的特殊要求。

你该如何回答？

4. 你不喜欢做什么样的工作

这是个难题，回答时很容易暴露自己的弱点。因此，要从自己应聘职位的素质要求出发去组织答案。要尽量避免谈与你所应聘的岗位要求相冲突的内容。

5. 这份工作要做好不容易，你自信能做好吗

如果要想得到这份工作，当然不能说自己做不好。但也不要马上就回答："是的，我自信一定能做好。"可以先请面试官描述一下"不容易"具体指的是什么，然后再针对那些不容易的地方逐一进行分析，表示困难对自己不会构成问题。还可以举例告诉对方，自己以前碰到困难是如何克服的。同时，你也可以再回答说：有困难对我们年轻人来说不是什么坏事，困难的环境更能使自己快速成长。

6. 谈谈你的优缺点

对这个问题的回答最好从自己的优点说起，中间加一些小缺点，最后再把问题转回到优点上，要突出优点的部分。面试官很可能会问你："你认为自己有什么缺

点？"要注意这个问题的言外之意，即给我一个不录用你的理由。当然任何人都不喜欢刻意贬低自己，因此以下几种回答方法可供参考：一是"我不愿看到失败"，从正面诚实回答，从而把自己的弱点转变成优点；二是"我性格外向，待人热情，有时和性格内向的人不容易相处"；三是"我有时对别人的要求过于苛刻"。要避免讲自己小心眼、爱嫉妒、懒、脾气不好、工作效率低等问题，因为没有人会喜欢用这样的人。

7. 谈谈你最近阅读的书籍

这个问题面试官除了想了解你的阅读习惯、喜好和学习能力，可能更关注的是你从阅读中所得到的收获。回答时要注意，如果你的专业知识比较扎实，就回答与专业相关的书籍或杂志，并且在回答时尽量展现自己专业水平。如果你列举的书籍和你所应聘的职位不太相关，则要尽量从提升自己能力的角度回答，避免无目标读书或漫无边际回答。

8. 你有过实习的经历吗

很多用人单位对有实习经历的应届毕业生会另眼相看，无论你有过怎样的实习经历。一家公司的人力资源部经理就曾说："读书期间有过实习经历的学生容易与人相处，他们会更合理地安排时间，会更务实和成熟，与我们的沟通会更好。"回答这个问题的通病：为了显示自己有过很多实习经历，往往会简单罗列干过的工作，这样的结果是不容易给招聘者留下深刻印象。如果你能够讲一个实习过程中比较有趣或者有意义的事情，然后谈一谈你从实习经历中所得的感悟和收获，会更有助于你的求职。招聘者可能比较感兴趣的是你通过实习所掌握的经验和技巧。因为这种经验和技巧只有工作过的人才会知道，而这些对将来工作是会有利的。因此，在回答时，最好还能谈一谈这些内容。

9. 你期望获得的最重要的回报是什么

这是一个考查求职者职业价值观和应聘动机的问题。你可以回答"看重学习机会、发展机遇、满足感"等。例如，你可回答："对我来说，最重要的回报是为自己提供一个能够施展抱负的平台，这样可以使自己获得一种满足感。"

10. 谈谈你的一次失败的经历

这个问题是考查求职者对失败的认识。每个人基本上都有过失败的经历，如果说自己没失败过，则会让人感觉虚假不可信。所以求职者一定不能说自己从来没有过失败经历，也不能说那些可能会严重影响应聘职位的失败经历。在谈失败经历时，要把握以下两点：一是你将什么事情看成失败；二是你是如何从失败中吸取经验教训和从阴影中走出来的。如果你回答的是考试没考好，那就应强调考试之后自己是如何调整学习方法，通过何种手段使自己成绩获得大幅提升的。

11. 在大学里，你最喜欢的课程是什么

在回答这个问题时，求职者一定要向面试官传递自身的求知欲、喜欢这门课程的原因和这门课程与应聘的职位存在一定的关系这三个主要的信息。

12. 你的长远目标是什么

很多初级求职者会落入这个"问题圈套"而回答"成为管理者"，因为他们自以为如此回答可以表明自己的上进心和职业理想。殊不知这样的回答可能会立即引发大多数应届毕业生无法回答的一系列问题：什么是管理者？什么是一个经理的基本责任？管理者应具备怎样的素质。比较保险的回答：先说明你要发展或进取的专业方向，并表明你脚踏实地的工作态度。你可以说希望通过几年的努力，能够胜任这份工作并成为同行中的佼佼者，到那时，我未来的发展目标应该会比较清晰。你还可以谈谈工作后要终身学习的决心，以及为了事业的发展而自强自立的精神。面试官一般都不太喜欢好高骛远的人，因此目标要谈得具体可行，不要太高、太空、不靠谱。另外，你还可以谈谈你想达到的短期目标，说明这些短期目标将如何帮你实现长期目标；并解释你想得到的职位是如何有助于这些目标的实现。

13. 你想过自己创业吗

对这个问题的回答可以显示你的冲劲，但如果你斩钉截铁地回答"是"的话，那么面试官接下来的问题可能就是："那你为什么不这样做呢？"因此你要对可能的下一个问题做好思考。

14. 你想有个什么样的领导

显然求职者根本无法选择领导。既然不可能选择领导，那么对此问题的回答也就只能讲原则了，例如，希望上司是具有专业水准、以身作则、平易近人、能指点迷津、用人不疑、扬长避短、有人情味、能给员工发展空间的人。提两三条即可。

15. 如果要你淘汰一位队员，你会选谁

这是一个很难回答的问题，如果你回避不回答，或者说："我们每个人都那么优秀，如果非要选择，我选择我自己。"显然这些处理方式都不合适。面试官此刻是在考查你的管理能力。你应该先分析每个人在团队中所起的作用，每个人的能力，然后排列哪一些能力是短时间内很难发展提高的，哪些能力是目前可有可无的，然后把能力最弱的一人淘汰。但一定要详细说明你思考的过程，不要怕得罪人。因为你选择任何一个人和别人选择你的概率是一样的。如果你能够把自己的想法抢先说出来，可以在小组中定下这个基调，那么你的个人意见可能就会变成小组的意见。

16. 你期望的工资是多少

除非你是对方急需的人才，一般面试时对此问题不大可能有很大的谈判余地。你可以这样说："我相信贵公司的薪酬体系是合理的，我相信一定会凭自己的能力得到一份合理的薪酬。"如果对方一定让你说出一个价格，你可以诚恳地表示不太了解对方单位的薪酬体系，不过根据寝室里几个同学已经任职的情况，月薪大概在什么范围内。这样既可以表现你的务实，也可以体现你的修养以及对对方的尊重。求职者对自己和公司充满信心，在个人报酬上又把公司利益（经营业绩）和个人贡献放在首位，这是很多公司领导所喜欢的用人心理。因此你这样回答虽然没有明确薪水的具体数目，但却给领导和自己留下了足够的回旋空间。

17. 你好像不适合到我们单位工作

如果被这样问时，首先要检查自己在表达过程中是否存在不足，然后可以再次表达自己求职愿望。你不妨试着这样回答："可能刚才我在陈述中没有把问题谈清楚，引起了您的误解。其实我对贵公司非常向往，对公司业务也有一定了解，我想在贵公司经过一段时间的培训和工作后，一定能够达到贵公司的要求，请务必再考虑一下我。"请注意此时千万不能反问对方为什么，如果这样，就颠倒了考与被考的关系，面试官可能会马上让你离开。

第 8 专题　讲解与评论

　　课堂上,教师言简意赅的讲授能使学生茅塞顿开;骄阳下,导游人员声情并茂的解说会让你忘却酷暑而流连忘返;电视里,主持人三言两语的精彩点评,令你至今还记忆犹新;赛事中,解说评论员精准风趣的评说则令人拍手叫绝。这些情形,你一定不会陌生,因为它就发生在我们身边,它凸显出恰到好处的讲解与评论不仅与我们的生活紧密相连,而且为我们的人生增添了无数的惊喜与成功的契机。

要点指津

一、讲解与评论的基本内容

　　在日常工作生活中,凡是遇上需要对事实加以说明的时候,都要用到讲解与评论,因此,无论是教师、律师、管理人员,还是营业员、推销员乃至家庭主妇都免不了要向别人作讲解或评论,而赛事中的解说评论员、博物馆里的讲解员、辩论场上的评委更是以讲解与评论为其主要工作。

　　讲解,顾名思义就是讲论、解释,即就客观事实对交流对象进行恰如其分的讲述(包括叙述、描述)、解释和说明,使听者能够准确无误地把握事实的真实面貌,或对客观事理有所了解,获得新的感知和认识。

　　讲解是实践性很强、应用范围很广的口语表达形式,从不同的角度、层面可以做出不同的分类。比如,按照讲解的性质划分,讲解可以分为教学性讲解(如教师)、推销性讲解(如售货员)、引导性讲解(如导游)等;按照讲解的时空划分,讲解可以分为现场讲解、异地讲解、事前讲解、即时讲解和事后讲解等;按照讲解的层次划分,讲解可以分为普及性讲解和提高性讲解之别。但是,更有价值的是以下三种分类。

从讲解的详略来看,讲解有简约性讲解(略讲)和详尽性讲解(精讲)之分。简略性讲解就是用精练、概括性的语言进行讲述、解释。这种讲解要求抓住关键,用简单明了的话语表述事物、事理的要点和本质。详尽性讲解则是对事物和事理加以详细的解释说明,可以运用多点描述、分类陈述、举例说明、对比强调等多种手法。

从讲解的对象或内容来说,讲解可以分为事物性讲解、事件性讲解、事理性讲解等。事物性讲解就是对实际物体的外貌状态、内部结构、特点性质、功能作用等做出解说,这种讲解具有较强的描述性。事件性讲解是对事件发生的背景、事件发展的过程或场面以及事件的性质、意义和影响做出解说,这种讲解具有较强的叙述性。事理性讲解是对客观事实的起因、原理、内部规律及外部联系做出解说,这种讲解具有较强的抽象性。

从讲解的言语风格来分,讲解可以分为平实性讲解、形象性讲解、风趣性讲解等。平实性讲解就是用平实、不加修饰的话语直接说明事物和事理。形象性讲解就是用形象化的语言介绍事物、事理。风趣性讲解则是用幽默风趣的话语进行解释。

评论即议论、论述、叙述。如果说讲解是讲述与解说的结合,那么评论则是讲述与评说的结合;换言之,讲解是在讲述的基础上加以必要的"解",评论是在讲述的基础上加以适当的"评"。讲解通常不直接表明讲解人自己的观点看法,评论则一般要彰显评论者的立场和观点,表明自己对人或事物的是非好坏、优劣高下的评判意见。

由此可见,评论与讲解是有区别的,讲解侧重于"解",评论侧重于"评"。正由于有了"评","述"就成了"评"的铺垫,"述"的最终目的是"评";而且"述"要简明,抓住特征,"评"要精当,切中要害。但是,讲解与评论又不是完全泾渭分明、非此即彼的。它们都以外在事实为依据,以客观讲述为基础,以真实准确为原则;在言语交际的实践中,人们在对客观事物进行讲述、解说的过程中常常又会带上讲解人本人对事物、事件的主观评论。这样,讲解与评论往往难以截然划分开来,因此上述对讲解的分类,既可适用于讲解也可适用于评论。

讲解和评论是向人们阐明事理、传授知识,或做出一定的评判,因此讲解人必须具有实事求是的精神。同时讲解人和评论者要明确讲解或评论的目的,避免漫无目的或无的放矢;要弄清楚讲解或评论的重点所在,避免东拉西扯或喧宾夺主;还要有很强的对象感,揣摩听众的心理;要根据不同的语境做出不同的讲解和评论。

二、讲解与评论的基本策略

"为什么说""说什么"和"怎么说"是口语表达的三个环节,缺一不可。能否取得理想的交际效果,在很大程度上取决于最后"怎么说"的环节,只有讲解与评论运用的策略恰当,才能让人听得懂、想得明。

(一) 讲解的基本策略

1. 由浅入深

讲解是把别人不清楚或不明白的事物告诉对方,要讲解的内容大多对交流对象来说是未知的或知其然而不知其所以然的,因此讲解人应十分注意说话的条理与顺序,遵循人们认识事物的特点和规律,精心安排语言的先后顺序,尽可能做到先易后难。对于那些专业性较强、内容繁复的事物,更要深入浅出,像剥竹笋一样,由表及里,层层递进。这种方式由浅入深,不会使听者在初始阶段就产生畏惧、抵触心理,听者能够在潜移默化中,逐步领悟,直至豁然开朗。例如,一个大学的心理课老师在开学初的心理学课上向学生介绍这门课的受欢迎程度时,就可以用列数据的方法:"我第一次开设这门课是在 2020 年,是以讨论会的形式,只有 8 名学生;一年后,学生多了许多,有 300 多人参加;到了第三年,也就是上一次开课,有 850人参加,这是当时学校中上课人数最多的课程。"用"8""300""850""人数最多"这些具体的数据和描述来说明,帮助学生理解课受欢迎的程度。

2. 由点及面

外在的客观事实是由无数小的事物、事件组成的,每一事物、事件都构成了表述的点,每个点都可以折射出整个事物、事件实质的不同侧面,进而以小见大,触类旁通。讲解人依据讲述内容的繁简特征,不是面面俱到,而是抓住某一切入点,适时扩展开来,让听者清楚内容的关联,便于深刻领悟事物的本质。老师在授课过程中,多以此类方式传授新知,答疑解惑,使学生举一反三;导游在讲解风景名胜时也常从一个景点的特点进而推及整个景区的特点。如下面一则导游对杭州雷峰塔的解说词,就做到了立足局部放眼全局。

新的雷峰塔景区是于 2000 年冬奠基,2002 年秋竣工,2002 年 11 月 20 日开始对外开放的,整个景区的造价达 1.5 亿元人民币。新雷峰塔的下半部是遗址保护层,通高 9.85 米,塔身 5 层,高 61.9 米,塔身采用钢结构框架,外墙包铜,全塔共用铜 280 吨。登上雷峰塔,举目望远,即可看到西湖全貌,我认为这是观西湖绝佳之处。你可发现在塔上看西湖，我们的西湖犹如一块无瑕的翡翠，清澈透亮。你会发现西湖周边的群山，如同丝带一样，连绵不绝。向远方望去，呷上一杯上好的龙井，感觉人生如此美好！西湖、西湖，天下之西湖，最美是杭州西湖！

3. 由实到虚

人们认识事物的过程总是从具体到抽象，从现象到本质。讲解应从具体可见的事物出发，逐步深入事物的内在规律，把具体讲述和抽象评论有机结合起来。

讲解中采用由实到虚的策略：一是可以避免就事论事，阐明带有普遍意义的情况和问题；二是在讲解一些抽象的概念、道理和情感时，从具体可见事物或感受出发可以化抽象为具象。例如，《参考消息》上刊登过一篇题为《俄媒述评中俄在国际上都追求和谐平衡》的文章，文中对"两国追求和谐关系"是这样述评的：

研究中国外交的人认为，中国外交在很大程度上受孔子智慧的影响。儒家思想的精髓以及日常生活中最重要的是和谐、平衡。俄罗斯在国际社会中追求的不也正是这个吗？

"和谐关系"是一个大家都熟悉的词汇，但又是一种说不清道不明的感觉。要把"什么是和谐关系"生动又清晰地表述出来可并不容易。但作者以我们熟知的文化作比，阐释清晰。

（二）评论的基本策略

1. 评论分行

评论分行的策略是指讲评人在言语表达中，有意识地把讲述和评论分开进行。评论分行又有"先述后评"和"先评后述"两种具体方式。前者是由述而评，以评为本；后者是由评而述，以评驭述。如《人民日报》上刊登的《国际航线"上新"，释放啥信号》（文字有改动）一文中关于"航线增加，提升效率是关键"的评论就是先述后评：

"10 年前，从深圳发货经郑州新郑机场到卢森堡，加急也要 4 天，现在最快只要 2 天。"河南新百福国际物流公司总经理感慨，这省去的 2 天时间，对分秒必争的物流企业十分重要。"货运出港要经历一系列流程，以往得跑多个窗口，填多张单证。从预配舱单、安检单到报关单、鉴定报告等，十几张单证环环相扣，很多还要盖章。"

自从河南省机场集团牵头搭建航空电子货运信息服务平台，整合机场、海关、航司、货代等数据链，绝大多数流程转为线上办理，重复填报、多头申报难题得到了有效解决。"仅这一项举措就将数据传输时效提升 20%，企业经营成本明显降低。"河南省机场集团货运公司总经理介绍,机场建成了全国电子化程度最高的航空货运信息服务平台,吸引 260 多家企业入驻,去年办理 46 万单货物。

"航线覆盖范围、货运航司多少,直接关系航空物流枢纽的国际影响力、吸引力、辐射能力。货运航班的增加,一方面说明中国作为全球第一大制造中心,有大量高附加值产品需要通过航空货运运往海外市场;另一方面,中国作为全球第二大消费市场,大量进口产品通过国际货运进入中国,体现了市场需求在攀升。"相关人士说:"未来,应及时充分研判市场需求,拓航线、提速度、增加仓储保障水平,建立健全覆盖全球主要经济体的枢纽航线网络,从而持续加大产业集聚效应,进一步加强与东盟国家、RCEP 国家以及共建'一带一路'国家的互联互通。"

2. 评论相间

评论相间也是有评有述的,只不过它不像先评后述和先述后评那样评、述二者界限分明,而是讲评人在评论中或评或述、时评时述,评与述穿插使用,取得交相辉映的效果。这样的表达能够做到事理交融,取得较好的效果。例如,《钱江晚报》上刊登的《广场舞跳到烈士园实在太失控》(文字有改动)一文中关于"公共健身场地的稀缺"问题的评论就是述中有评,评中有述,边叙边议,边述边评:

这几年,广场舞虽然备受质疑,有些批评的声音还很尖锐,但整个社会仍然是持宽容的态度的,一些深受其害的人,即使噪声污染对他们的生活造成了严重的影响,也以忍让迁就居多。相关部门在处理相关纠纷时,也多以劝和为主,这给了一些人错误的信号,以为个人利益可以凌驾于公共利益之上,以为他人的利益是可以随意牺牲,社会的宽容是可以随意挥霍的。

不得不说,广场舞发展至今,在城市里遍地开花,风波不断、争议不断,但没有酿成比较严重的对立冲突,跟中国社会对孝道的认同有关,可孝与慈是紧紧联系在一起的。

这些都是些常识,是换位思考、推己及人就能想明白想清楚的事,可我们看到的却是简单的道理被粗暴地对待,社会合理的诉求被弃之不顾。常识被一次次颠覆,权利和行为的边界一而再再而三地模糊,广场舞给人一种不管不顾,顶着质疑上,听不进劝解的印象,体现出个人权利的绝对化。

对于这种不良的倾向,就不是光说说道理就能解决的事,需要城市管理者划出底线划出红线,并严格执行。用管理将底线一点点划出来,而不是任由其一点点突破。

3. 寓评于述

评论中还有一种较为特殊的形式,即评论者在评论中不直接站出来对所讲述的事实加以评论,但是不直接加以评论,并不意味着就是纯客观的讲述,并不等于没有观点和立场,而是通过资料的选用和语言的褒贬体现出了评论者的立场和观点,这种方式就是"寓评于述"。例如,以下选自《人民时评》的《护生态也是富口袋》的评论:

> "清江一曲抱村流,长夏江村事事幽。"优美宜人的环境,是中国人记忆里的乡村田园图景,也是广大群众的美好追求。实施乡村振兴战略,一个重要任务就是推行绿色发展方式和生活方式。浙江省湖州市安吉县天荒坪镇余村村,从"卖石头"到"卖风景"再到"挣碳汇",走出一条生态美、产业兴、百姓富的新路。湖北省枝江市七星台镇孙家港村,通过治污水、清污泥,打造生态园,"龙须沟"变身风景,村民们的"旅游饭"越吃越香。云南省大理市湾桥镇古生村,从围湖养鱼到退塘退耕,随着洱海变清,游客增多,村民收入持续增长。一个个乡村的"美丽蝶变",让越来越多人认识到,良好生态环境是农村最大优势和宝贵财富,生态保护和经济发展完全可以兼顾、实现共赢。

由此可见寓评于述表面上似乎是述而不论,实际上却寓褒贬于事实的讲述之中。

案例点评

由于讲解和评论都是口语表达形式,所以,即使做了充分的文案准备,也大都是脱稿式的表述。因此,它应符合有声语言的表达技巧,即语音、语调、停顿、节奏和语气的准确使用。要真正做到得"心"应"口",还应注意内容编排的方式。

一、由浅入深的技巧

高水平的口才应用,往往表现出讲解人语言能力纵深发展的特点,其表现形式为从现象入手,从一般讲述入手作纵深发展式的剖析。

[案例一]

《加强平台监管,防止"大数据杀熟"》(文字有改动)一文中对"大数据杀熟"作了如下讲解:

> 在出行软件上预订同一间酒店,不同账号价格不同;使用打车软件,"钻石会

员"价格还高于新会员,且更难打到车……一直以来,"大数据杀熟"是广大群众期待整治的问题。不久前,有网友在网上分享购买机票的经历:用 3 个账号,买同一趟航班同一舱位,价格最多相差 900 元。春节前后,人们出行增多,大数据杀熟问题再次引发热议。

所谓大数据杀熟是指一些企业通过掌握消费者的经济状况、消费习惯、价格敏感度等信息,对消费者在交易价格等方面实行歧视性的差别待遇,特别是利用用户不愿轻易更换惯用平台等心理,对老用户收取更高费用。据北京市消费者协会调查,61.21%的受访者认为大数据杀熟主要体现为不同用户享有不同的折扣或优惠,45.76%的受访者认为体现在多次浏览后价格自动上涨。有效解决大数据杀熟问题,才能更好保护消费者权益,推动数字经济健康发展。

大数据杀熟是商家在利用消费者的信任和信息不对称套取超额利益,侵害了消费者的权益,背离了公平诚信的价值原则,也违反了相关法律规定。个人信息保护法规定,个人信息处理者利用个人信息进行自动化决策,应当保证决策的透明度和结果公平、公正,不得对个人在交易价格等交易条件上实行不合理的差别待遇。相关法律也对大数据杀熟可能产生的价格欺诈等做出约束,对于处于市场支配地位的平台而言,大数据杀熟还涉嫌违反《中华人民共和国反垄断法》。

法有禁令,为何难以杜绝?大数据杀熟行为具有一定隐蔽性,除非消费者十分警惕,否则很难发现;一些平台凭借信息优势地位,以时间地点不同价格会浮动、针对新用户有优惠等理由,为大数据杀熟的行为辩护,只想蒙混过关,不想改正;消费者的维权渠道也不够畅通,以诉讼方式维权费时费力,用户对算法决策缺乏技术层面的了解,也导致举证极为困难。因此,针对大数据杀熟,要切实优化监管举措,多管齐下,改变"人人喊打又办法不多"的局面。

大数据杀熟,实质就是经营者对算法的滥用。真正解决这一问题,归根结底还是要做好对平台的监管。个人信息保护法在法律层面上对自动化决策进行了规范,但相关规定还需进一步细化;要拿出更有效的监督和约束措施,促使平台切实履责。网信、市场监管等部门应主动作为,通过开展专项检查等方式,做好相关执法查处。

点评:通过上述的讲解,我们不仅知道了"大数据杀熟"是什么,而且了解了相关问题的具体表现,并进而了解了"大数据杀熟"背后的原因,经过一番由浅入深的点拨,给读者留下了深刻的印象和无尽的思考。

[案例二]

一位作者在一篇关于新媒体的文章中,有这么一段对"代际鸿沟"的讲解:

×××节目,我至今一集都没看过,但我们团队的年轻人没有没看过的。我特别好奇:每天跟你们工作在一起,也没觉得你们看了什么特别的东西,怎么你们都看了,而我像来自另一个世界的人?

他们都笑了:这只能说明你老了!

看来想不承认代际差异也不行了,以前觉得,除了年龄比这群"00后"大十来岁外,大家能平等地讨论工作和生活问题,在很多看法上还能达成一致,并没有觉得有什么隔阂。但一谈起内容的接触兴趣和习惯,就完全不在一个频道上。

"60后""70后""80后""90后""00后"……我突然发现,随着移动互联网的深入发展,由于大家接触的媒介内容不同,产生了越来越多的鸿沟。以前的代际鸿沟是两代人之间矛盾的尖锐展现,是子女辈与父母辈之间的紧张与矛盾,两代人在"三观"上隔阂严重。而现在的代际鸿沟,早已不是以20年、30年计了,而是以10年甚至5年计。也就是说,现在的鸿沟越来越多,不只是两代人之间有隔阂,现在你几乎跟每个年龄阶段的群体都有隔阂了。

点评: 这位作者从常见的社会现象入手,由浅入深,层层推进,最后提出对代际鸿沟的深刻诠释。

二、由点及面的技巧

[案例三]

央视网发文:

2022年3月,世界记忆遗产纳西东巴古籍文献馆在云南丽江正式面向公众开放。展馆分为记忆遗产馆和古籍文献馆两部分,记忆遗产馆用图文和视频集中展示了纳西东巴古籍文献的申遗之路。古籍文献馆则收藏了各类东巴古籍,为了让大众能够更直观地感受到古老的东巴文化,古籍文献馆采用图文、实物、绘画、动漫、音像等方式,在丰富展示内容趣味性和互动性的同时,将展、学、研、教、游融为一体,使之成为一个融收藏、研究、展示和体验为一体的文化空间。东巴文化不只是纳西族创造、纳西族人享受的一个文化,而是我们各民族文化交流交融的一个成果,是民族团结的一个成果,我也希望我们的东巴文化能够让更多的人在其中得到认识,能够让更多的人来共享东巴文化。

点评: 这段叙述让我们对东巴古籍文献馆有了初步了解。

三、由实到虚的技巧

[案例四]

在一次红色主题旅游中,导游是这样向大家介绍即将参观的地区的:

"山下旌旗在望,山头鼓角相闻。敌军围困万千重,我自岿然不动。早已森严壁垒,更加众志成城。黄洋界上炮声隆,报道敌军宵遁。"

1927 年 10 月,毛泽东率领红军登上井冈山,创建了全国第一个农村革命根据地。从此,井冈山成了中国革命的摇篮。

点评: 作者没有局限于谈一些具体的风景和历史人物,而是通过毛泽东的诗句转而导入由红色旅游地引发的"骄傲""自豪"等情感以及它的历史价值,升华了红色旅游的魅力。

[案例五]

在阐述眼下流行的"分享经济"现象时,有记者是这样表述的:

早晨扫码解锁一辆共享单车骑到报社,准备当天的"分享经济"采访——在网站上搜索关键词,看看大家怎么说;约了一辆快车,九点出发去采访专家;途中刷刷创投 App,看有没有收益更好的投资项目;这时收到朋友的微信,周末郊游的房间已经在短租网站上订好了……

这只是记者的一个普通的工作日。是的,分享经济正无处不在地改变着我们的生活方式,也改变着经济的运行轨迹。国家信息中心发布的《中国分享经济发展报告 2023》指出:2022 年我国共享经济发展呈现出一些新特点。一是共享出行、生活服务等领域共享经济市场格局加快重塑,竞争更加激烈。二是平台企业合规水平持续提升,合规化成为新的竞争焦点,也日益成为平台企业竞争优势的重要组成部分。三是治理规则和制度规范持续完善,执法力度加大,市场秩序不断规范。

为什么分享经济能在经济转型中显现出强大的生命力? 有人分析了两大因素:"一是资源环境成为经济发展的刚性约束,使分享经济这种有利于节约资源、减少排放的模式得到充分鼓励;二是互联网的发展,将几乎所有的经济活动主体连接在一起,为分享经济发展创造了近乎完美的技术条件。前者是需求、市场拉力,后者是技术推力。近几年分享经济的崛起大体上源于七种力量:需求、收入、技术、消费理念、环保意识、就业和资本。"

点评: 由实到虚是从具体到抽象,也包括从现象到概念,上文从叙述记者享受一系列分享服务的事实出发,引出当下中国社会火热的一种经济文化现象——分享经济,并具体揭示了分享经济新时期的新特点,便于大家领会主旨,一目了然。

四、先述后评的技巧

［案例六］

央视网在谈"旅游新趋势"时有这样一段评论:

2024 年"五一"假期,一些三四线城市的旅游人气不断攀升。之前在社交网络火爆出圈的天水,引发了新一轮的小城游热度,据不完全统计,仅在 5 月 1 日,游客数量已经突破 40 万人次。在一个四四方方的麻辣烫小院内,店主忙得不可开交。

这样的火爆反映出了今年"五一"旅游消费的一个特点:小城旅游、小众旅游成为趋势。某数据平台显示,"五一"假期上半段,全国三线及以下城市的景区和酒店客流量涨幅显著高于三线以上城市。根据某旅游平台数据,比如安吉、桐庐、阳朔、婺源等热门县域旅游目的地,旅游订单平均增长 36%。

"旅游市场下沉指市县级以下县城很多地方成为新的旅游目的地、网红打卡地,这些小城只是面积小、人口少,但是都孕育出了大 IP。今年,前十大旅游目的地依然是大城市,但是增量最大的是下沉市场,是同时出现的,说明整个旅游的热情被激发出来。"

点评: 这个语段,先简述了今年五一小城旅游热的现象,然后进行评论,指出旅游市场下沉的原因,语言简练而深刻。

［案例七］

下面是出自《广交会:汇新聚智 涨粉扩圈》一文中的一段评论:

第 135 届广交会闭幕,到会人数创历史新高。截至 5 月 4 日,共有来自 215 个国家和地区的 24.6 万名境外采购商线下参会,比上届增长 24.5%;线下出口成交 247 亿美元,比上届增长 10.7%;线下参展企业近 3 万家;举办 300 余场新品首发首展首秀活动……本届广交会用一组实打实的数据再次向世界展示了这一综合性全球贸易盛会的强大生命力和吸引力,也凸显了我国经济持续回升向好的态势。

点评: 这段评论围绕广交会一系列数据,凸显了我国经济回升的良好态势,有理有据,说服力强。

五、先评后述的技巧

[案例八]

下面是《新京报》上的一段对 PM2.5 防治立法情况的评论：

备受关注的《北京市大气污染防治条例（草案）》昨日在市人代会上进行审议。经历了三轮修改后，条例将降低 PM2.5 作为大气污染防治目标，首次纳入立法。明确了北京大气污染防治，应当以降低大气中的细颗粒物浓度（PM2.5）为目标，坚持从源头到末端全过程控制污染物排放，严格排放标准，实行污染物排放总量和浓度控制，加快削减排放总量。

法规草案的一个重要特点，是法律责任的条款多，对条例中的若干事项设置了一一对应的罚则，占到法规草案总条款的 1/3。有专家表示，设计这些条款的指导思想是要提高违法成本，即排污成本要高于治理成本，使排污者不敢排污，起到法悬人惧的作用。

针对目前"守法成本高，违法成本低"的怪圈，市环保局通过初步测算，设定的处罚条款基本都高于治理成本。特别是对恶意违法、多次违法加大了处罚力度，规定了加倍处罚和上不封顶的处罚条款。

点评：这段话先评后述，首先抛出现立法草案之于现实需要的意义，进而再叙述该法规草案的特点以证明前面的论点。

六、评论相间的技巧

[案例九]

大气是环境要素之一，大气质量的评定，主要按空气中所含污染物的量来衡量，以对人体健康影响的程度为尺度。发达国家在协调世界政治、经济事务中应有全球环保观念，不应为争夺在某一地区的政治或经济利益而大规模毁坏环境。在世界范围内，应将全球环境问题放到世界经济发展的首位，发达国家在要求发展中国家承担环境保护义务的同时，不应将污染环境的产业或物资变相转移至发展中国家，同时应帮助发展中国家升级产业，以寻求全球环境、经济的协调发展。全球环境须在一定程度上牺牲经济增长率并需要投入大量的资金。为使分担更为合理，发展中国家应按全球环境保护与发展的需要来调控本国经济，而发达国家在环境保护费用分担上应按经济实力承担更多义务。发达国家应加快与发展中国家在环境保护及相关高新技术方面的交流,促进全球环境保护技术能力的综合提高。

点评:这段评论先指明了大气质量状况的重要性,接着讲述了如何改善大气质量的具体措施。

七、寓评于述的技巧

[案例十]

作家老舍先生在《骆驼祥子》一文中对祥子有这么一段话:

他不怕吃苦,也没有一般洋车夫的可以原谅而不便效法的恶习,他的聪明和努力都足以使他的志愿成为事实。假若他的环境好一些,或多受着点教育,他一定不会落在"胶皮团"(胶皮团指拉车这一行)里,而且无论是干什么,他总不会辜负了他的机会。不幸,他必须拉洋车;好,在这个营生里他也证明出他的能力与聪明。他仿佛就是在地狱里也能作个好鬼似的。生长在乡间,失去了父母与几亩薄田,十八岁的时候便跑到城里来。带着乡间小伙子的足壮与诚实,凡是以卖力气就能吃饭的事他几乎全做过了。可是,不久他就看出来,拉车是件更容易挣钱的事;作别的苦工,收入是有限的;拉车多着一些变化与机会,不知道在什么时候与地点就会遇到一些多于所希望的报酬。自然,他也晓得这样的机遇不完全出于偶然,而必须人与车都得漂亮精神,有货可卖才能遇到识货的人。想了一想,他相信自己有那个资格:他有力气,年纪正轻;所差的是他还没有跑过,与不敢一上手就拉漂亮的车。但这不是不能胜过的困难,有他的身体与力气作基础,他只要试验个十天半月的,就一定能跑得有个样子,然后去赁辆新车,说不定很快的就能拉上包车,然后省吃俭用的一年二年,即使是三四年,他必能自己打上一辆车,顶漂亮的车!看着自己的青年的肌肉,他以为这只是时间的问题,这是必能达到的一个志愿与目的,绝不是梦想!

点评:老舍先生在这里朴实地讲述了祥子关于劳动的价值观。虽没有对祥子的性格进行直接叙述,但是他的现实主义笔法充分凸显了作者的悲天悯人的情怀,并极具地域风韵。

[案例十一]

美国的海明威在小说《老人与海》中是这样谈老年的渔夫的:

他是个独自在湾流中一条小船上钓鱼的老人,至今已去了八十四天,一条鱼也没逮住。头四十天里,有个男孩子跟他在一起。可是,过了四十天还没捉到一条鱼,孩子的父母对他说,老人如今准是十足地"倒了血霉",这就是说,倒霉到了极点,于是孩子听从了他们的吩咐,上了另外一条船,头一个礼拜就捕到了三条好鱼。孩子看见老人每天回来时船总是空的,感到很难受,他总是走下岸去,帮老人拿卷起的钓索,或者鱼钩和鱼叉,还有绕在桅杆上的帆。帆上用面粉袋片打了些补丁,收拢后看来像是一面标志着永远失败的旗子。

点评:风烛残年的老渔夫一连八十四天都没有钓到一条鱼,为后文作了铺垫。从全文来看,这段描述衬托了老人在离岸很远的湾流中与大鱼和大海搏斗的无畏精神。

演练题 精选

一、由浅入深技巧的演练

1. 跳台滑雪是滑雪运动项目之一,在利用自然山形建成的跳台上进行。脚着专用滑雪板,不借助任何外力,从起滑台起滑,在助滑道上获得高速度,于台端飞出后,身体前倾与滑雪板成锐角,沿抛物线在空中飞行,在着陆坡着陆后,继续滑行至停止区停止。

为了能达到更大的跳跃距离和能使动作做得利落大方,现代世界跳台滑雪技术要求跳跃者身体前倾,与滑雪板尽量平行,以便能更好地运用飞行中的空气升力,减少空气阻力。此外,两手不做多余的前摆和后振动作,两手和臂通常紧贴在身体两侧,使身体沿自然抛物线滑翔,在着陆时很自然地能与地面坡度圆滑相接。这项运动极为壮观,对培养勇敢、果断、沉着、机智等意志品质,甚有价值。

以上对跳台滑雪运动的讲解采用了哪种策略?请用同样的策略讲解"短道速滑"运动。

2. 2017 年首个影响我国的台风"苗柏"于 6 月 11 日生成,预计 12 日傍晚到夜间在广东珠海到汕头一带沿海登陆。受台风和切变线的共同影响,广东、浙江、安徽等地将出现强降雨,广东局地雨量可达大暴雨。

"苗柏"具有三个特点。一是路径稳定,自生成后持续向北偏西方向移动;二是移动速度略偏快,通常台风的移动速度是 10~15 千米/时,苗柏的速度在 20~25 千米/时;三是台风结构不对称,表现为北侧对流带窄,南侧对流带宽,因此台风产生的降水要在台风本体登陆后才开始显现。同时,台风登陆后在 13 日快速减弱消散,不过后期的残余环流与华南北部的切变线相结合,两个系统共同作用,导致降水持续时间较长。

请用由浅入深的策略对"台风"加以讲解。

二、由点及面技巧的演练

1. 王安石(1021—1086),字介甫,号半山,被封荆国公,世人又称王荆公,是北宋抚州临川人(今江西临川人)。王安石作为北宋杰出的政治家、文学家,改革家,被列宁誉为是"中国十一世纪最伟大的改革家"。与韩愈、柳宗元、欧阳修、苏洵、苏轼、苏辙、曾巩并称"唐宋八大家"。

王安石故里位于今抚州市东乡区上池村,该村始建于北宋,迄今已逾千年,保存下来的建筑主要是明清以来修建的,这里是展示中国明清建筑艺术及其发展历史的文物保护区,现存有一百余栋古代建筑和十多处和王安石有关的遗迹。1985年,江西省人民政府将上池村王安石故里,列为第一批省级风景名胜点。

抚州人文鼎盛,自古就有"才子之乡""文化之邦"的美誉。勤劳智慧的抚州人民创造了底蕴深厚、特色鲜明的"临川文化",是"赣文化"的主要支脉;晏殊、晏几道、王安石、曾巩、陆九渊、汤显祖等名儒巨匠,像一颗颗璀璨的明星,闪耀在历史的天空。

以上导游词使用了哪种讲解策略?请用相同的策略对杭州岳庙加以讲解。

2.《焦点访谈》于1994年由中央电视台新闻评论部创办,节目定位是时事追踪报道、新闻背景分析、社会热点透视、大众话题评说。这一对中国社会有重要影响的舆论监督节目,长期以来只是对节目进行了小的调整。2012年9月开始,央视大规模预告这个老牌新闻节目要进行大改版,改版方向就是加强突发性新闻的深度报道,加大社会民生类节目的比例,并在主持人播报方式、演播室包装等多个方面进行调整。

就此话题,选择一档央视新闻栏目作一个由点及面的讲解。

三、由实到虚技巧的演练

运用由实到虚的技巧对下面的事件进行讲解:

张桂梅同志坚守教育报国初心,牢记立德树人使命,扎根贫困地区40多年,立志用教育扶贫斩断贫困代际传递,倾力建成全国第一所全免费女子高中,让1 600

余名贫困山区女学生圆梦大学,托举起当地群众决战决胜脱贫攻坚的信心希望。

四、先述后评技巧的演练

1. 某个周六,晚7点整,杭州中山北路和百井坊巷路口,几位市民推着待修的自行车已经陆续在等待了,穿着红色志愿者马甲的孔胜东远远地骑着电动车准时出现,笑着跟大家摆手示意。他拿出那条写着"孔胜东共产党员志愿者服务队"的红色横幅挂了起来,随后拿出工具箱,依次排开,话不多说,俯下身就开始干活。

从23岁至今,每周六晚7点,像是与这个城市的"约定",无论刮风下雨,再大的事也挡不住他的坚持。26年,从不缺席每一个周六,这或许是一个纪录。住在这一带的居民,早就认识了这个男人。从23岁的年轻小伙,到如今发际模糊的中年人,26年的坚持与责任静静地写在他的每一根发丝上。

当荣誉和鲜花围住孔胜东时,他总是时刻保持劳模的本色,不忘自己是一名共产党员、一名志愿者,做到爱岗敬业的态度不变,为民服务的思想不变,奉献社会的精神不变。"我要珍惜老百姓给我的荣誉,履行党代表的光荣职责。"孔胜东说。

分析上述话语使用的评论策略,用类似策略评论一种网络现象。

2. 用2元钱,能买到什么吃的? 你可能会说,买一袋豆浆、一个肉包。在杭州师范大学有一种"2元盖浇饭",已经推出快20年了,从未间断,也从未涨价。餐厅工作人员介绍,"2元盖浇饭"特色窗口的饭菜品质、分量和其他窗口是一样的,在确保每天4荤4素供学生选择的基础上,每10天还会更换菜色。十多年来,杭州师范大学多次搬迁,但学校到哪里,"2元盖浇饭"特色窗口就开到哪里。据统计,该窗口每天中晚餐平均累计提供300人次就餐,按一年10个月计算,"2元盖浇饭"从2004年创设至今已惠及了超100万人次。学校食堂负责人说:"做'2元盖浇饭'肯定是赔本的,但赚到的是学生的感情,这是千金难换的。"

仿照以上话语的策略评论你身边的某种社会现象。

五、先评后述技巧的演练

1. 共享单车的治理,已成为社会热门话题。而杭州各大小区物业,也遭遇了小区里共享单车乱停乱放的难题。包括绿城、万科、滨江在内的不少物业公司,直接对共享单车下了"禁令",禁止共享单车骑进园区,从而引发了激烈的争论。物业有权禁止小区业主将共享单车骑进小区吗? 如果他们无权禁止,又该如何管理小区业主乱停乱放共享单车,甚至将共享单车占为己用的乱象呢?

如今走进不少小区,随处可见横七竖八停放的共享单车,无论是小区公共健身器材旁,还是绿化带边,甚至消防通道、消防栓前,只要觅得一处空隙,总会有它们的存在。

有业主图方便,回家就将共享单车放在单元门口。但当有业主要出门时,门口停满的单车就像一堵围墙,人们不得不侧着身小心翼翼"钻"出来。有人将共享单车占为己用,到家就把车藏到绿化带里,甚至有人直接将车骑进电梯放在楼道,只为了第二天出门就有车骑。这些令人啼笑皆非的故事,每天都在各小区上演。对于小区业主而言,他们既是共享单车的受益者,也是受害者。对于物业而言,如何管理这些单车就是一个巨大的难题。

分析以上表述中运用的策略及其作用。

2. 那些曾经服用过兴奋剂的运动员是否应当被允许重返赛场,仍是个充满争议的问题。但是在里约赛场上,相比博尔特,美国人给予盖特林的关注显然要比以往冷淡许多,而且美国媒体在报道中总会提到他曾经的禁赛历史。有人认为,竞技体育中强调更好更强以及对这种卓越的奖励,总会促使一些运动员为利益而冒险尝试违禁药物。在有关网站上仍然能够看到,还有一些运动员使用违禁兴奋剂并且因此遭受处罚。有人认为,严格的药检以及举报使用违禁药物可以对运动员产生重要的威慑作用。有教授认为,通过教育、文化和反兴奋剂方面的措施,能够管控好兴奋剂问题。不过也有人主张,如果美国要解决兴奋剂问题,以及在这个问题上批评他人时更加有理,则需要对那些被证实使用过违禁药物的运动员实行终身禁赛。

请就本条消息中暴露出的主要问题,运用先评后述的策略进行评论。

六、评论相间技巧的演练

龙运垂祉,光耀神州。2月9日晚,2024年春节联欢晚会正式亮相,为全国广大观众献上了一场精彩纷呈的文化盛宴。今年的春晚创作坚持以"欢乐吉祥、喜气洋洋"为总目标,深化"思想＋艺术＋技术"融合传播,用创新创意的精品节目和互动方式传递真情实感,努力为全球华人奉献上一台充满欢声笑语的除夕文化大餐。

晚会舞台秉持"人民的春晚"原则,各行各业普通人继续成为春晚的主角,洋溢着活力满满、热气腾腾的新时代气息,诠释出人们对美好生活的不懈追求。晚会还首次启动"春晚等着你"项目,邀请生活中的新闻人物入座春晚观众席。晚会注重从中华优秀传统文化元素中汲取创作灵感和创新动力。其中,创意年俗节目展现出多样中华饮食文化,寄寓龙年五谷丰登;"八段锦"创新演绎,为广大受众送上美好祝愿。

晚会坚守中华文化立场,以优秀传统文化渲染底色,让中国元素在更深邃的立意上实现纵深表达,尽显国风国潮的意境之美、文化之美、科技之美,激发起中国人内心深处引以为傲的文化自信和文化认同。

仿照以上评论的策略评论你在生活中遇到的某一文化现象。

七、寓评于述技巧的演练

1. 以下是关于鲁迅杂文特色的部分介绍:

鲁迅在他的一生中,特别是后期思想最成熟的年月里,倾注了他的大部分生命与心血于杂文创作中。他的杂文极具批判性,鲁迅曾把杂文分为"社会批判"和"文明批判",所强调的正是杂文的"批评(批判)"内涵与功能。顺次翻开鲁迅生前出版的 14 本杂文集,就可以看到一部不停息地批判、论战、反击……的思想文化斗争的编年史……鲁迅杂文所显示的这种"不克厥敌,战则不止"的不屈精神,从根本上有违于中国文化与中国士大夫文化知识分子的"恕道""中庸"传统,集中地体现了鲁迅其人其文的反叛性、异质性。

与思想的天马行空相适应,鲁迅杂文的语言也是无拘无束而极富创造力的。鲁迅的杂文可以说是把汉语的表意、抒情功能发挥到了极致。在他的杂文中:或口语与文言句式夹杂;或排比、重复句式的交叉运用;或长句与短句、陈述句与反问句的相互交错,混合着散文的朴实与骈文的华美与气势,可谓"声情并茂"。如《记念刘和珍君》中:"真的猛士,敢于直面惨淡的人生,敢于正视淋漓的鲜血。"酣畅淋漓,气势可观。另外,鲁迅杂文的语言又是反规范的,他故意地破坏语法规则,违反常规用法,制造一种不和谐的"拗体",以打破语言对思想的束缚,同时取得荒诞、奇峻的美学效果。比如,他有时将含义相反的或不相容的词组织在一起,于不合逻辑中显深刻:"有理的压迫""跪着造反""在嫩苗上驰骋"等。

请你试用同样的方式对你崇敬的一位名人进行评论。

2. 下面是一段关于双廊镇的介绍:

双廊镇位于洱海东北岸,大理市东北部,东与佛教名山——鸡足山相连,西临洱海,南与市内挖色镇相接,北与上关镇和黄坪镇接壤。因门迎碧波洱海,远眺苍山十九峰,集苍洱风光之精华,素有"大理风光在苍洱,苍洱风光在双廊"的美誉。

请分析作者采用了哪种评论的策略,并以同样的方式介绍一个你熟悉的地方。

第9专题　谈　判

　　谈判是世界上最常见的社会活动之一，所涉及的领域十分广泛：从政治、经济、军事、外交直到日常生活，谈判无处不在。解决国际争端需要谈判，企业赢得客户也需要谈判，与同事们的工作沟通是谈判，与商家讨价还价也是谈判。难怪有人说："每个人都是谈判的参与者，生活中处处都是谈判桌。"

　　在当今世界，矛盾是永恒存在的，如何在对垒和交锋中化解分歧、消弭矛盾，最终获得双赢，就需要我们充分地发挥谈判的作用。谈判是为了什么？不是为了把对手打败，而是为了给双方提供合作的机会，给双方创造利润和价值。谈判不是你死我活的决斗，一方完胜一方完败绝不是成功的谈判，真正成功的、长久的谈判应该是双赢的。

　　总之，谈判是我们在现实生活中协调关系的一种有效方式，而如何使谈判走向成功，不仅需要自身的实力，更需要语言交际的技巧和心理博弈的策略。

要点指津

一、谈判的基本内容

（一）概念

　　谈判有广义和狭义之分。广义的谈判可以指所有协商、磋商、交涉、商量、商议等活动；而狭义的谈判仅指正式谈判，即参与各方在特定的时空下，为满足己方需要，通过协商协调彼此关系的活动和过程。它主要通过语言交流来实现。

　　谈判的过程可以分为"谈"和"判"两个阶段："谈"是协商、交涉，所以协商是谈判的一个环节；"判"是决断，是谈判的结果。"谈判"是随着人类社会的产生而出现的,中国先秦典籍就记载了诸多充满勇气和智慧的谈判实践。

具体地说,"谈判"这一概念包含以下几层意思。

(1)谈判总是建立在人们需要的基础上,以满足人们的某种利益为目标。这是谈判的动机,也是谈判产生的原因。当需要无法仅仅通过自身满足,而需要与他人的合作时,就要借助谈判来实现。需要越强烈,谈判越迫切。换句话说,只有谈判各方的需要都有可能通过谈判得到满足时,才会发生谈判。

(2)谈判是双方甚至多方的交际活动,单方面无法进行谈判。无论是政府间、企业间、民间团体间,还是人与人之间的谈判,都需要有人参加,而且不能是一个人,至少需要两个人才能进行谈判。同时,谈判之人都必须具备参加谈判的资格,比如,都是法定代表人或当事人。

(3)谈判是寻求建立或改善社会关系的行为和过程。人类社会的一切活动都是以一定的社会关系为基础的。

(4)谈判自始至终都是一种协商的行为和过程。由于谈判各方的观点、利益、行为方式等不尽相同,存在着一定程度的冲突和差异,因此谈判实际上就是寻找共同点、寻求矛盾协调与解决的过程。它不可能一蹴而就,而是需要反复磋商。

(5)谈判必须选择在谈判各方认为合适的时空条件下举行。这是区分狭义的谈判和广义的谈判的一个重要依据。实际上,谈判时间与地点的选择已经成为谈判的重要组成部分,直接影响着谈判的过程和结果,因为一定时空下的事物往往会演化为谈判的约束条件,从而在自然、经济、政治、文化和心理等方面对谈判造成影响。具体说来,这样的约束主要表现在四个方面。

① 自然约束。各种类型的谈判都要受到自然条件的制约,可以说,自然约束是最大的约束。自然约束在商务谈判中更为明显和突出。例如:

对于买卖羽绒服的双方,首先要考虑的就是销售地点的气温问题,脱离开这种自然约束,羽绒服销售就无从谈起。气温不同,决定着买卖双方的不同地位。天气热,对卖方不利,因为大热天没有人买羽绒服;天气冷,对买方不利,因为要多付款。

② 经济约束。谈判只要涉及金钱,就会直接受到经济环境的约束,特别是关于商业买卖、投资、生产、销售等的谈判。例如:

特斯拉公司之所以选择在上海建立超级工厂,主要是因为中国在劳动力、原材料、市场等方面具有明显竞争优势,且有着成熟的产品供应链,地方政府还提供诸多优惠政策。这些原因都是经济约束的表现方式。不少地方就是通过这些因素来招商引资、发展经济的。

③ 政治约束。政治约束不仅影响政治谈判,还影响着所有其他类型的谈判。

有些事情在一个国家非常自然,到另一个国家就可能行不通。例如:

围绕任一议题展开的谈判,在中美两国都会受到不同的影响,这不仅是因为中美两国经济发展水平不同,更是因为两国政治制度不一样。

④ 文化约束。谈判还会受到文化约束的影响。英国文化人类学家爱德华·伯内特·泰勒在《文化之定义》一文中说:文化或文明,就其广泛的民族学意义来说,乃是包括知识、信仰、艺术、道德、法律、习俗和任何人作为一名社会成员而获得的能力和习惯在内的复杂整体。因此,文化约束对谈判的影响也是极其重要的。

(二) 前提

谈判关系的形成,有三个前提:谈判点、谈判欲和谈判价。

1. 谈判点

谈判点是指谈判双方的观点、利益、行为方式等方面既互相联系又有差别或冲突。只有在这种情况下,谈判才有必要和可能。首先是谈判双方的分歧,如果没有分歧,那就用不着谈判;其次谈判双方还必须互相联系,如果他们毫不相干也没必要谈判。

谈判点往往以谈判议题的形式表现出来。一般说来,要成为谈判议题应具备以下两个条件:

(1) 与谈判方的利害相关,即该问题涉及谈判各方的利益。

(2) 有"可谈性",即它对于谈判方来说属于"可以商量"的范畴。谈判方首先要愿意做,其次也有做的可能。

2. 谈判欲

需要和对需要的满足是所有谈判的基础和动力。谈判欲是指谈判各方被各自的需要所驱动,期望通过谈判得到某些利益,满足某种需要。如果没有这种需要,大家就不会坐到一起去谈判。例如,在讨价还价中,买方希望以最优惠的价格换取产品或服务,来满足自己的消费需求,而卖方则希望以最理想的价格出售,来满足自己对财富的需求。谈判双方都有通过谈判满足需要的欲望。

3. 谈判价

谈判价是指要进行谈判,双方必须在物质财富、社会地位等方面取得(哪怕是暂时取得)相对独立和对等的资格。例如,在商务谈判中,企业的大小不重要,法人资格却很重要,因为法人资格保障了企业受到国家法律的保护,而在法律面前大小企业一律平等。反之,如果谈判一方因某种原因失去了与对方对等的条件,那么另一方很可能不再继续与其谈判,而谋求其他方式解决,此时谈判也就转化为非谈判。

二、谈判的基本方式

谈判主体可以根据自己的需求、目标、意愿、喜好等,在一定范围内采用多种谈判方式。具体来说,谈判的基本方式有三类十种。

(一) 从心理趋向方面分析

1. 常规式

常规式是指按照谈判议程按部就班地进行。

2. 利导式

利导式是指按照对方的需求随机应变,将计就计。

3. 迂回式

迂回式是指欲抑先扬或欲扬先抑。

4. 冲激式

冲激式是指以硬碰硬,针锋相对。

(二) 从谈判态度方面分析

1. 软弱型

软弱型是指步步退让,示弱于人,以求达成一致。

2. 强硬型

强硬型是指寸步不让,咄咄逼人,力求占据绝对的主动。

3. 相间型

相间型是指坚持立场和原则的前提下,刚柔并济,绵里藏针,既不轻易妥协,又不死要面子。这是如今为人们所称道的一种方式。

(三) 从谈判的联系方式分析

1. 先发制人式

先发制人式:谈判一方主动邀请谈判对手、设定谈判议题、确立评价标准,在此前提下进行谈判。

2. 后发制人式

后发制人式:在谈判一方主动邀请了谈判对手、设定了谈判议题、确立了评价标准后,另一方虽然暂时处于被动地位,但却通过各种手段,变被动为主动,使谈判在被改变了的议题和评价标准的范围内进行。

3. 对等式

对等式：谈判双方互以对方为客体，同时也互相承认对方拥有主动权，从而实现主客体地位对等。谈判议题和评价标准由双方协商确定。

三、谈判的基本原则

要真正地赢得一场谈判，其中的环节很多，除了掌握一些必要的谈判技巧，还要知道谈判的基本原则，否则一旦触犯了这些原则，全部的努力就都白费了。谈判的基本原则有以下四条。

(一) 守法原则

谈判是一种法律行为，所以它必须合法，也就是说，它必须遵守国家的有关法律法规和政策。谈判不仅要考虑双方的利益，还要考虑国家的整体利益，否则，即使达成了协议，也会因为不合法而引起法律纠纷，以致谈判的努力付诸东流。在涉外谈判中，我们还应当遵守国际法、国际公约和相关的国际惯例，遵守对方国家的有关法律法规等。在商务谈判中，合同一经依法签订，就具有与法律同等的效力，可以说，重合同守信用，就是守法。

(二) 诚信原则

谈判双方既有竞争，又有合作。从根本上说，双方是为了合作、为了取得谈判成功才聚到一起的。为此，双方都应抱有合作的诚意，都应重视信用问题。彼此以诚相待，信守诺言，建立一种互相信任的关系，可为谈判签约后的长期合作打下基础。例如：

诚信是华为企业文化核心精神之一。任正非曾说过："华为这十几年来铸造的就是这两个字：诚信——对客户的诚信，对社会、政府的诚信，对员工的诚信。只要我们坚持下去，这种诚信创造的价值是取之不尽、用之不竭的……这是我们的立身之本，是我们的核心竞争力，是华为公司对外的所有形象……"

(三) 平等互利的原则

平等互利的原则可分为平等和互利两方面，即在平等的基础上寻求互利和双赢。

1. 平等协商

谈判双方在磋商中处于同等的地位,享有相同的权利,所以谈判期间应该公平往来。同时,谈判是双方寻求合作的交往行为,所以双方需要彼此尊重。只有给予对方充分的尊重,才能拉近双方的心理距离,让对方心理上接受自己,这对谈判是相当重要的。

有时候谈判对手傲慢无礼,就需要采取针锋相对的方法,抓住要害,提醒他回到同等的地位上来。例如:

太阳能发电产业是当今世界各国大力推动的战略性新兴产业,也是中国具有国际竞争力的新兴产业之一。在全球经济复苏乏力的背景下,从 2011 年开始,美国、欧盟先后对中国太阳能光伏发电组件发起反倾销和反补贴调查,中国政府和业界均积极应诉,希望通过平等磋商解决贸易摩擦,呼吁各方以实际行动反对贸易保护主义行为,共渡难关。与美国趾高气扬、一意孤行而自食其果不同,欧盟选择了双方平等协商设定最低出口价格而不是单方面征收高额反倾销税的方式来解决争端,于是历时十个多月的中欧光伏贸易争端终于在 2013 年 7 月 27 日尘埃落定。这为中欧之间乃至全球其他贸易争端的妥善解决提供了良好的案例。

2. 互利互惠

谈判是为了什么? 它不是为了在唇枪舌剑中打败对方,而是为了给彼此创造合作的机会,达成双赢的协议。虽然谈判双方有着各自不同的利益打算,但一方完胜的谈判绝不是成功的谈判,也很难使合作长久地维持下去。总之,成功的谈判应找到双方利益的交汇点和平衡点,并最终达成协议。让我们来看一则反例:

美国公司伟创力过度解读美国政府的出口管制法律法规,并以此为由违反合同,于 2019 年 5 月 16 日私自扣押并拒绝归还华为价值 7 亿的物料设备。在双方进行的多轮的谈判中,伟创力还多次变卦。华为不得不发出律师函,指出伟创力方面的行为性质严重,已超出了正常合同纠纷的范畴,并要求伟创力必须归还华为拥有全部物权的物料和设备。直到 2019 年 6 月中旬,伟创力方面才终于同意将华为的物料和设备陆续归还,而且还附加了诸多条件。之后,华为不得不中断与伟创力的合作,因为声誉尽失,伟创力在中国的业绩顷刻间一落千丈。

真正的谈判高手都是目光长远的,他们重视建立互惠互利的合作关系,在自己利益得到满足时,也会给对方想要的东西。

（四）相容原则

谈判是一个兼具对抗性和合作性的心理博弈过程，是通过谈判双方的反复沟通协调，双方部分利益被保留、部分利益被放弃的过程。很多人片面地认为谈判就是针锋相对、各不相让，一方完胜而另一方完败。然而在实际谈判中，议题是有"弹性"的，这表现为双方利益有一定的伸缩程度，而不是不可变动的。正因为如此，双方都需要有长远的眼光，在千方百计为自己争取更大利益的同时，也兼顾对方的利益，从而争取达到双赢的结果。

谈判桌上的结果无非三种：双赢、单赢、不欢而散（双输）。为了实现双赢，谈判双方就应该懂得如何"伸""缩"，这就需要灵活地掌握谈判的策略与技巧。谈判的策略是多种多样的，其核心有以下三点：

（1）有利于双赢，寻求能够满足双方需要的方案。

（2）有利于解决双方之间的分歧和争执。

（3）有利于与对方建立长远的合作关系。

这些都是相容原则的具体要求。古人说"将欲取之，必先与之。"我们应该明白"缩"也是为了"伸"，在特定的时间和环境下，以退为进也不失为一种积极策略。例如：

冷战期间，美国联邦调查局逮捕了苏联驻联合国代表团成员杰纳迪·扎卡罗夫，当时他正在纽约地铁站向一名间谍购买机密文件。一星期后，苏联克格勃逮捕了《美国新闻和世界报道》驻莫斯科记者尼古拉斯·丹尼洛夫。

很快，苏联提出用丹尼洛夫交换扎卡罗夫。时任美国总统的里根断然拒绝，他的态度非常坚定：绝不会用一个间谍去交换一名记者。双方谈判陷入僵局，这影响了即将到来的武器控制峰会。

这时，东方石油主席阿曼德·汉默出马了，他在苏联有着多年的从商经验，深知打破僵局的唯一办法就是引入新的谈判条件。于是他建议苏联方面同意释放奥洛夫（20世纪80年代著名的军火商）和他的妻子瓦里特娃，这一做法迅速打破了僵局，美国方面很快接受了新的条件，双方最终达成一致。

四、谈判的基本技巧

有人说"世界是一张巨大的谈判桌，每个人都有可能成为谈判者"，的确，谈判在日常生活中无处不在。谈判是语言的沟通艺术，我们应当学会准确地把握语言，以便在谈判中完成沟通，达成双赢。若想适应各种谈判情境，获得自己想要的结果，就得重视语言表达的策略。谈判语言包括提问、回答、辩论和说服四个环节，而谈判技巧则主要有以下八种。

（一）直言

当我们想通过谈判建立合作关系的时候，态度应该是真诚的、坦率的。国外有句谚语说："出自肺腑的语言，才能扣动心弦。"谈判不仅是一种竞争，更是一种合作，而要想合作，则需要让对方消除戒备心理，感受到你的诚意，所以在谈判中以诚相待是很重要的一点。正如鲁迅所说："只有真的声音，才能感动中国人和世界人；必须有真的声音，才能同世界人同在世界上生活。"这个"真"就是真实和笃信。

在谈判中直抒胸臆，有时甚至是逆耳之言，效果却常常是出乎意料得好。直言是谈判者真诚的体现，是和对方关系密切的标志，同时也是自信的结果。直言并不意味着粗鲁，在很多国家，人们不习惯太多的客套而提倡自然坦诚。但在谈判中直言，特别是说逆耳之言，需要注意以下两点：第一，直言时要配上适当的表情、姿态、语调和速度；第二，在制止、反对或拒绝对方的某些要求和行为时，要有理有据地陈述一下原因和利害关系。例如：

1787年，一群美国早期领袖在宾夕法尼亚州的费城举行了宪法会议。由于人种、宗教、利害关系等方面的分歧，会议分成了赞成派和反对派，讨论充满了火药味，眼看谈判就要破裂。

这时，赞成派的富兰克林站了出来，沉静地说："事实上，我对这个宪法也并非完全赞成。"此话一出，剑拔弩张的会场气氛一下子平息下来，大家诧异地看着富兰克林。富兰克林稍稍停顿了一下，继续说道："对于这个宪法，我并没有信心，出席本会议的各位代表，也许对于细则还有些异议。不瞒各位，我此时也和你们一样，对这个宪法是否正确抱有怀疑的态度，我就是在这种心境下签署宪法的……"

经他这么一说，大家都平静了下来，决定交由时间去验证它的正确与否，美国宪法就这样顺利地通过了。

（二）委婉

俗话说"良药苦口利于病，忠言逆耳利于行"。在生活中，有些话虽然完全正确，却让对方碍于自尊心而难以接受。谈判中也是如此，有时对方态度强硬、立场坚定，或身份特殊，直言不讳可能会伤害对方情面而形成对抗，这就需要我们采用委婉迂回的方式,磨去话语的"棱角",以使对方心悦诚服地接受意见。"良药不必苦口,忠言也可顺耳",这就是委婉的妙用。

我们来看一则历史故事:

唐太宗李世民是中国历史上的一代明君,他任人唯贤,从谏如流,但即使是他,也有被逆耳忠言惹恼的时候。有一次,他扬言要杀掉屡次进谏触怒龙颜的魏徵,长孙皇后十分着急,此时如果用逆耳忠言劝说李世民,恐怕不仅不会产生良效,反而会使魏徵处于更加危险的境地。于是长孙皇后采用顺耳忠言来规劝说:"自古以来主贤臣直,只有君主贤明,当臣子的才敢直抒胸臆、有话就讲。今魏徵敢于直言劝谏,全赖圣上贤明。"李世民听后龙颜大悦,不再有杀魏徵的想法。

泰戈尔说:"不是锤的打击,而是水的载歌载舞,使鹅卵石趋于完美。"无论面对的是谈判对手、推销对象、上司、下属,还是亲人、朋友,既然初衷是善意的,我们就该让对方感受到这种善意,让忠言顺耳,让良药顺口。

总的来说,委婉的具体做法主要有以下三种。

(1)用"吗、吧、嘛"等语气词软化语气。试比较以下句子:

别去了! 别去了好吗?

下午别玩了! 下午别玩了吧。

你不要找借口! 你不要找借口嘛!

显然,右边组比左边组的语气婉转,使听话人更容易接受。

(2)灵活使用否定词。例如:

我认为你这种说法不合理。 我不认为你这种说法是合理的。

我觉得这样不恰当。 我并不觉得这样恰当。

显然,右边组所表达的意思和左边组一样,但语气不那么咄咄逼人。

(3)另作选择。

问:"那种产品我觉得很好,你觉得呢?"

答:"那种确实很好,不过我更喜欢另一种。"

问:"我们下次洽谈的时间定在星期一好吗?"

答:"星期五怎么样?"

这两个回答都是用另一种选择否定了对方的意见。

(三)模糊

谈判是一场心理博弈,表面看似波澜不惊,实则危机四伏、暗潮涌动。谈判双方斗智斗勇,都尽量为自己所代表的一方寻求利益。然而在谈判过程中,有时会不想或不便把自己的真实想法暴露给别人，这时就需要把所要表达的信息模糊化，以避免与对方发生正面冲突。

在谈判过程中，模糊方法主要有三种。

1. 答非所问

项羽灭秦称霸天下后，想除去刘邦这个心腹大患，于是范增给他出主意说："等刘邦朝见您的时候，大王即可问他：'寡人封你去南郡，你愿意吗？'如果他说愿意，您就以养精蓄锐图谋造反而给他定个死罪；如果他说不愿意，您就以违抗王命之名杀了他。"

第二天，刘邦过来朝见他了，项羽问他："寡人封你至南郡，你可愿意？"刘邦答道："臣食君禄，命悬于君。臣如陛下坐骑，鞭之则行，收辔则止，臣唯命是听。"

这番话完全出乎项羽的意料，他只好说："你听我的，南郡就先别去了。"刘邦化险为夷。

刘邦利用模糊的回答，绕开了要置自己于死地的陷阱，保全了自己的性命，也让项羽放松了对他的警惕。

2. 故作愚笨

清代才子郑板桥说："聪明难，糊涂难，由聪明而入糊涂更难。"日常交际和谈判一样，不可处处锋芒毕露，否则容易引起别人的防范和嫉妒。难得糊涂也算是谈判中的一项策略，它可以化解谈判对手的咄咄逼人，绕开对自己不利的议题，保护己方的利益。

在《三国演义》第二十一回"曹操煮酒论英雄　关公赚城斩车胄"中，刘备正是故作愚笨，让曹操在心理上放松了对他的警惕。

东汉末年群雄割据，因为遭到吕布的攻击，刘备不得不隐藏起自己的宏图大志，投奔于曹操门下。为了拉拢刘备，曹操对他厚礼相待。曹操越看重他，刘备越害怕，怕曹操知道他胸怀大志而容不下他。于是刘备韬光养晦，在后花园种起菜来。

有一次，曹操请刘备饮酒聊天，曹操非得让刘备说说"谁称得上是当今的英雄"。刘备对曹操的用心猜出了八九分，于是装傻充愣地说："淮南的袁术，拥有足够的兵力和粮草，可以算作英雄吧！"曹操一笑说："他呀，不过是坟中的枯骨，我这就要消灭他！"刘备又说："河北的袁绍，出身高贵，门生故吏满天下，现在盘踞冀州之地，谋士多，武将勇，可以算作英雄吧！"曹操又笑了笑说："袁绍外表很厉害，胆子却很小，虽然善于谋划，关键时刻却犹豫不决。这种干大事怕危险、见小利不要命的人，可算不得英雄。"刘备又说："刘表坐镇荆州，被列为'八俊'之首，可以算作英雄吗？"曹操不屑地说："刘表徒有虚名而已，也不能算英雄！"刘备接着说："孙策，血气方刚，已经成为江东领袖，是英雄吧！"曹操摇摇头说："孙策是凭借他父亲孙坚的名望，算不得英雄。"刘备接着说："那益州的刘璋能算英雄吗？"曹操摆摆手说："刘璋只仗着自己是汉家宗室，不过是个看家狗罢了，怎么配称英雄呢？"刘备见这些割据一方的大军阀都不在曹操眼里，只得说："那么像张绣、张鲁、韩遂这些人呢？"曹操一听刘备说出的尽是些二流人物的名字，禁不住拍手大笑说："这些碌碌小辈，何足挂齿呀！"

通过对当世英雄的一番议论，曹操还真以为刘备是个鼠目寸光的人，自此对他的监视也就松弛了很多，最终使刘备寻得脱身到徐州去的机会。

3. 转移话题

有一年夏天，著名数学家华罗庚率领数学家代表团去中国香港参加数学双年会，其间应邀在香港大学演讲。有人问他成功的要素是什么？华罗庚反问道："我成功了吗？我成功不成功还不知道……"他的回答既幽默又谦虚，使提问者难以追问下去，引起了现场的一阵笑声。后来有一家香港报纸评论说：华罗庚先生"实在谦虚得令人不可不笑"。

（四）反语

谈判的时候，有时直言不讳可能会让对方心理上接受不了，如果我们学会"正话反说"的策略，按照对方的逻辑和思路推导，直到得出荒唐的结论，则往往能达到预期目的，这就是反语的妙用。例如：

春秋时期，齐景公无心朝政，贪图享乐，喜欢打猎和养鸟。一天，专门负责看管鸟的烛邹不小心将鸟全放跑了。齐景公大怒，要下令杀掉烛邹。晏子闻讯赶到，请求在齐景公面前陈列烛邹的几大罪状，说这样可以让众人心服口服，也让烛邹死个明白，齐景公答应了。晏子转向烛邹，义正词严地呵斥道："烛邹，你为国君看管鸟，却把鸟都弄丢了，让国君不能安心处理朝政，这是第一大罪状；你使我们的国君为了几只鸟杀人，这是第二大罪状；你使其他诸侯听说这件事后，责怪国君草菅人命、重鸟轻人，这是第三大罪状。以此三大罪状，你死有余辜！"说完，转身请求齐景公杀掉烛邹。齐景公听懂了这些话的言外之意，不好意思地说："不杀了，不杀了，我接受你的指教了。"

这就是晏子的高明之处，试想，如果晏子直陈利弊，固然令人肃然起敬；然而他正话反说，达到了救烛邹、保自己、谏齐景公的目的，所做所言岂不更令人赞叹？

（五）沉默

我们先来看《墨子间诂》附录所收的一个故事。

有一次,子禽问他的老师墨子:"多言有好处吗?"墨子回答说:"蛤蟆、青蛙日日夜夜都在叫,叫得口干舌燥,大家都不爱听;而公鸡黎明的时候按时叫,天下都被它叫醒了。多言有什么好处? 说话要恰逢时机才行。"

所谓"沉默是金"就是这个道理。一提起谈判,我们一般会想到针锋相对、寸步不让的激烈辩论,然而,这真的是谈判的有效方式吗? 不一定,双方的辩论越是激烈,越可能失控偏离大方向,效果反而越差。真正的谈判高手绝不会在谈判中声色俱厉,他会将沉默当成谈判中的语言,而且能使沉默的效果超越任何一种语言。例如:

英国政治家赖白斯在伦敦一次参事会上就劳工问题进行演讲,说着说着,忽然停了下来,取出了表,一边计时一边平静地注视着听众,时间长达 72 秒。正当听众迷惑不解之时,他说:"相信大家在这超过一分钟的时间里,都感到非常紧张和不安。而诸位刚才所感觉到的、局促不安的时间,就是普通工人垒一块砖所用的时间。"

通过这样的沉默,赖白斯让工人垒砖的时间深深地铭记在听众的脑海中,他接下来的演讲也就顺理成章,使更多人理解他想要表达的内容。他巧妙地利用了沉默,取得了意想不到的成功。

（六）自言

自言也是一种主动输出信息的方式。在谈判场合,大家互不认识,这时一句"这些天天气真热"之类的自言自语往往能引起共鸣,成为交谈开场的引子;如果你身陷困境,周围又无熟人,一句"这可怎么办啊"之类的自言自语,配上焦虑的神态,也许会招来几位热心人为你排忧解难。

自言自语还是自我表现的机会。如果你怀才不遇,恰逢伯乐经过,你就该像千里马那样"引颈长嘶",这将有望引起伯乐的注意。战国时期孟尝君的门客冯谖,不就是靠三次弹剑高歌"长铗归来乎"来引起孟尝君的注意吗? 因此,谈判者也应重视自言自语,因为它在谈判中往往具有许多其他方式所没有的优点。

（七）幽默

"幽默和风趣是智慧的闪现。"在生活中,一个幽默的人总能让人感到轻松愉快。在谈判中,适当地运用幽默的语言可以使那些紧张凝重的谈判气氛变得轻松

活泼,使对方感受到说话人的风趣和善意,尤其是在谈判陷入僵局的时候。例如:

1972年2月21日,美国总统尼克松首次来华访问。午餐后,尼克松总统带上基辛格博士,赶往中南海和毛主席会面。一见面,两位领导人紧紧握手,尼克松总统说:"主席,我们是跨越太平洋握手,全世界人民都高兴。"毛泽东主席对尼克松总统开玩笑说:"我们共同的老朋友蒋委员长不高兴了……"(材料参考《国家记忆》之《中美1972》第五集《改变世界的一周》。)

双方领导人用幽默风趣的语言营造了友好氛围,为后面的谈判建立了良好开端。

(八) 含蓄

谈判中,有人表现得比较坦率直接,不加修饰地表达自己的意图;有人则表现得含蓄谨慎,需要靠对方从自己的言语中揣摩体会其中的"言外之意",这种"只可意会,不可言传"的手段就被称为含蓄。一般说来,含蓄在谈判中至少可以起到以下三种作用。

1. 暗示心迹

公元960年,五代十国的混乱局面随着北宋王朝的建立而结束。开国皇帝赵匡胤希望宋王朝可以更长久地存在下去,避免唐末藩镇割据的重演。经过一番深思,赵匡胤决定把所有权力都集中在自己手中,削减功臣们的兵权。于是上演了历史上著名的一幕——"杯酒释兵权"。

赵匡胤邀请诸位重臣来参加宴会,酒过三巡后,大家开始畅所欲言。赵匡胤说:"虽然我现在身居高位,日子却不如你们逍遥,每天都睡不安稳。"在场的重臣们纷纷劝他说:"现在天下大局已定,没人敢对陛下三心二意。"赵匡胤说:"我当然信任你们,毕竟我们曾经出生入死,但如果有一天,你们的属下为了谋取更高的位子,将黄袍披在你们身上怎么办?"此时,大家都明白赵匡胤暗示着什么,连忙征求他的意见。赵匡胤说:"如果你们把兵权都交出来,我保证给你们享不尽的荣华富贵。"

诸位重臣在生死威胁和荣华富贵之间都选择了后者。赵匡胤不费一兵一卒就把大权都掌握在了自己手中。

2. 曲表观点

孟子是战国时期有名的儒学家。他和孔子一样周游列国,希望有诸侯王能够接受他的学说,将"仁爱"发扬光大。

有一天,齐宣王会见孟子,孟子问齐宣王:"如果有一个人把自己的妻儿托付给了一个朋友,之后去了楚国。等他回来的时候,却发现他的妻儿正在受冻挨饿,那么假若你是这个人，你会怎么办呢?"齐宣王果断地说:"和他断绝朋友关系。"孟子不置可否，继续问了另一个看似无关的问题:"如果司法官员无法管理好他的手下，那你会怎么办?"齐宣王又果断地回答:"撤了他!"孟子又问:"如果一个国君治理不好他的国家，该怎么办?"这时，齐宣王才明白了孟子的真实用意。

在人际交往中，如果一个人说话过于生硬和直白，不考虑别人的感受，那肯定会引起别人的反感。谈判中也是一样，如果想让对方心悦诚服地接受你的意见，达到谈判目的，就要学会委婉含蓄地表达自己的观点，不能把自己的想法强加到别人身上。

3. 巧避分歧

虽说谈判是一场心理战，但它毕竟不是你死我活的战争，不是为了消灭异己，而是为了与对方合作。谈判双方往往需要本着"求大同、存小异"的原则，找到一个共同的利益点。即使谈判中发生了分歧甚至争端而陷入僵局，也不必去追究谁对谁错，因为谈判中没有对错，只有能不能合作。例如:

1978年10月，时任副总理的邓小平对日本进行了访问，在25日下午的记者招待会上，一位日本记者提出了所谓的"尖阁列岛"归属问题。邓小平回答说:"'尖阁列岛'，我们叫钓鱼岛，这个名字我们叫法不同，双方有着不同的看法，实现中日邦交正常化时，我们双方约定不涉及这一问题。这次谈中日和平友好条约的时候，双方也约定不涉及这一问题。"邓小平顿了顿，说:"倒是有些人想在这个问题上挑一些刺，来妨碍中日关系的发展……这样的问题放一下不要紧，等十年也没有关系。我们这一代缺少智慧，谈这个问题达不成一致意见，下一代比我们聪明，一定会找到彼此都能接受的方法。"

本来这一问题让会场气氛顿时紧张起来，却没想到邓小平举重若轻地化解了国家间最敏感的领土归属问题。一次蓄意挑刺被如此巧妙、智慧的中国方式化解了，会场又恢复了轻松的气氛。

案例点评

谈判的技巧

借鉴成功的谈判案例，无疑是学习谈判技巧的最有效方法之一。下面我们来看历史上经典的谈判案例——"中英会谈"。"中英会谈"和《中英联合声明》的签署对香港回归祖国起着举足轻重的作用,在联合声明的谈判、签署过程中,邓小平以他高超的谈判智慧、伟大的战略家气魄,战胜了许许多多的困难,为《中英联合声明》的签署做出了历史性贡献。

[案例一]

1982年9月,英国首相撒切尔夫人访问中国,就香港前途问题与中国领导人进行会谈。24日上午9点,邓小平在人民大会堂会见撒切尔夫人。撒切尔夫人与邓小平一见面就说:"我作为现任首相访华,看到您很高兴。"邓小平答:"是呀,英国的首相我认识好几个,但我认识的现在都下台了。欢迎您来呀!"

宾主双方就座后,仍是相互寒暄。撒切尔夫人说:"知道您是刚从外地回来。"邓小平答:"我是陪同朝鲜主席金日成去了四川。"撒切尔夫人说:"这次旅行一定很愉快吧?"邓小平说:"不错,我们在四川吃过好几次川菜,我很喜欢川菜,中国是以川菜和粤菜最为著名。"(案例参考人民网"党史频道"《邓小平与撒切尔夫人交锋:主权问题不容谈判》。)

点评:爱默生说:"有史以来,任何一项伟大的事业都是因为热情的态度而取得成功的。"在谈判中也是这样,要想消除对方的警惕性,尽快取得对方信任,就必须采取真诚热情的态度。

[案例二]

就撒切尔夫人而言,在香港问题上始终抱定"有关香港的三个条约仍然有效"的主张,并在来华前早有声明,大造舆论,因此正式会谈一开始她就提出了这一问题。

面对英国首相的挑战,邓小平寸步不让。他首先指出,这次谈判,除了要解决香港回归中国问题,还要磋商解决另外两个主要问题,一个是1997年后采取什么方式来管理香港,继续保持它的繁荣;另一个是中英两国政府要妥善商谈如何使香港从现在到1997年的15年中不出现大波动。简单地讲,实际上这三大问题,就是1997问题、1997后问题和1997前问题。这些才是中英关于香港前途问题谈判的完整议题。(案例选自人民网"党史频道"《邓小平与撒切尔夫人交锋:主权问题不容谈判》。)

点评:邓小平开诚布公地表达了中方的态度和立场,直截了当地指出了谈判的核心,而没有纠结于英方所设置的重重障碍,这番话增加了谈判的透明度。谈判者越坦率,越可能引导对方采取同样的态度。

[案例三]

说到香港的主权归属,邓小平毫不含糊地指出:"中国在这个问题上没有回旋余地。坦率地讲,主权不是一个可以讨论的问题。现在时机已经成熟,应该明确肯定:1997年中国将收回香港。就是说,中国要收回的不仅是新界,而且包括香港岛、九龙。"中国和英国就是在这个前提下来进行谈判,商讨解决香港问题的方式和方法。在此,邓小平重申了新中国成立以来始终不承认19世纪三个不平等条约的一贯立场。

邓小平告诉撒切尔夫人,收回香港,是全中国人民乃至全世界人民的意愿。"如果不收回,就意味着中国政府是晚清政府,中国领导人是李鸿章!"

邓小平说,在不迟于一两年的时间内,中国就要正式宣布收回香港的决策。"中国宣布这个决策,从大的方面来讲,对英国也是有利的,因为这意味着届时英国将彻底地结束殖民统治时代,在世界舆论面前会得到好评。"(案例选自人民网"党史频道"《邓小平与撒切尔夫人交锋:主权问题不容谈判》。)

点评:领土争端向来是谈判中最敏感的议题,谈判双方不免焦躁和急于求成,而这种心态会影响谈判者的思考能力和行动效率。邓小平沉着冷静,采取刚柔并济的心理策略,一方面表达了国内、国际的舆论倾向,直言领土问题的严肃性,另一方面又以英方的殖民"黑历史"为依据,向英方施加压力。

[案例四]

针对撒切尔夫人关于香港的繁荣离不开英国管理的观点,邓小平说:"保持香港的繁荣,我们希望取得英国的合作,但这不是说,香港继续保持繁荣必须在英国的管辖之下才能实现。香港继续保持繁荣根本上取决于中国收回香港后,在中国的管辖之下,实行适合于香港的政策。这些政策的主要特点,就是基本上保持这个地区政治、经济制度现状。"

中国宣布1997年收回香港,香港会不会发生波动? 邓小平回答:小波动不可避免,"如果中英两国抱着合作的态度来解决这个问题,就能避免大的波动"。他还告诉英国首相,中国政府在做出这个决策时,各种可能都估计到了,"还考虑了我们不愿意考虑的一个问题,就是如果在15年的过渡时期内香港发生严重的波动,怎么办? 那时,中国政府将被迫不得不对收回的时间和方式另作考虑。如果说宣布要收回香港就会像夫人说的'带来灾难性的影响',那我们要勇敢地面对这个灾难,做出决策。"(案例选自人民网"党史频道"《邓小平与撒切尔夫人交锋:主权问题不容谈判》。)

点评：在中英会谈中，英方最得力的一张牌就是把香港的繁荣与英国的管理等同起来，邓小平直接戳穿了二者间的联系，并提出了新的解决方案，让英方无话可说。而在香港回归后会不会发生波动的问题上，邓小平以退为进，坦言承认香港有可能发生波动，甚至发生严重波动，顺势表达了中方解决问题的决心，从而把握了谈判的主动权。

[案例五]

激烈交锋过后，邓小平向撒切尔夫人建议："达成这样一个协议，即双方同意通过外交途径开始进行香港问题的磋商。前提是一九九七年中国收回香港，在这个基础上磋商解决今后十五年怎样过渡得好以及十五年以后香港怎么办的问题"。对此，撒切尔夫人表示接受。

会谈后，撒切尔夫人发表声明："今天，两国领导人在友好的气氛中就香港前途问题进行了深入的讨论，双方领导人就此问题阐述了各自的立场。双方本着维持香港的繁荣和稳定的共同目的，同意在这次访问后通过外交途径进行商谈。"（案例选自中央纪委国家监委网站《洗刷民族百年耻辱：中英关于香港问题的谈判》。）

点评：中英会谈可谓一波三折，英方眼看无法阻止中国收回香港，就采用了拖字诀——仅同意继续商谈，只字不提香港回归事宜。邓小平同撒切尔夫人的谈话，鲜明地表达了党和政府按时收回香港的坚定决心，充分代表了中国人民的意志。中国新华社在报道上述声明时，补充了一句："至于中国政府关于收回整个香港地区主权的立场是明确的、众所周知的。"这次会谈的历史意义在于开启了谈判大门。

[案例六]

1982年10月，中英关于香港问题的谈判正式开始。从1982年10月到1983年2月，中英双方先后举行了第一阶段的五轮会谈。在这几轮会谈中，双方需要首先就谈判的基本原则达成协议，英方认为应以香港的繁荣稳定为共同目标，中方则强调必须以中国对香港恢复行使主权为前提。

1983年7月1日，中英两国同时宣布："中英关于香港未来的第二阶段会谈，将于1983年7月12日在北京举行。"

7月7日，尤德向媒体声称将以港督的身份代表香港市民参加中英第二阶段会谈。

7月8日，中国外交部发言人表示："中英关于香港问题的会谈是中英两国政府之间的双边会谈。尤德先生是作为英国政府代表团的一个成员参加会谈的，因此他在会谈中只代表英国政府。"[案例参考中央纪委国家监委网站《洗刷民族百年耻辱：中英关于香港问题的谈判》；黄相怀、宋月红《中国高层决策六十年——中国特色社会主义道路的探索与创新（第三卷）(1992—2002)》，京华出版社，2010年。]

点评： 在谈判进入实质性磋商阶段后，谈判一方为了试探对方的决心和实力而故意出难题、扰乱视听，迫使对方放弃自己的谈判目标而达成有利于己方的交易——这种策略叫作"制造僵局"。破解这种僵局的最有效方法就是揭露对方企图，坚持原则，以硬碰硬。

[案例七]

在第二阶段的谈判中，英方试图以主权换治权，即香港的主权归还给中国，但是英国继续保持对香港的治权。对于中国而言，主权和治权是不可分割的。如果只是得到主权而没有实际管辖治理的权力，这对于中国共产党和中国政府来说，是难以接受的。因此，中方在谈判中坚持的立场就是主权和治权是不可分的，治权就是主权。

带着这种分歧，中英双方开始了胶着的谈判。这次关于香港前途问题的外交谈判，共进行了22轮，历时长达14个月。在前四轮谈判中，英方仍然坚持以主权换治权。在这种情况下，1983年9月10日，邓小平会见英国前相希思。邓小平在谈到香港问题时说："英国想用主权来换治权是行不通的。希望不要再在治权问题上纠缠，不要搞成中国单方面发表声明收回香港，而是要中英联合发表声明。在香港问题上，希望撒切尔夫人和她的政府采取明智的态度，不要把路走绝了。中国一九九七年收回香港的政策不会受任何干扰，不会有任何改变，否则我们就交不了账。"

第五至六轮谈判，英方不再坚持香港治权，也不谋求任何形式的共管。谈判的主要障碍清除之后，从第七轮开始，谈判进入了正常的轨道。（案例选自中央纪委国家监委网站《洗刷民族百年耻辱：中英关于香港问题的谈判》。）

点评： 在谈判中，双方的交流和沟通不仅仅是语言上的，更是人格魅力上的，人格魅力有助于高效地处理谈判中的特殊人际关系，让对方对自己产生好感和信任。一旦对方信任你说的一切，那么就会答应你的要求，因为他认为你的要求也会给他带来好处。邓小平和希思是老朋友，彼此理解和信任，所以可以开诚布公地表达双方立场和态度，让谈判得以顺利地实现共赢。

[案例八]

通过艰苦的外交谈判，中国终于克服重重阻力，解决一个个棘手的难题，使这场外交斗争取得了预期的效果,圆满解决了历史遗留问题。1984年9月,中英双方在中方政策基础上达成协议。12月,中英两国政府正式签署《中华人民共和国和大不列颠及北爱尔兰联合王国政府关于香港问题的联合声明》,确认中华人民共和国政府于1997年7月1日对香港恢复行使主权。

1984年10月,邓小平回顾这场谈判时,感慨地说:"香港问题为什么能够谈成呢?并不是我们参加谈判的人有特殊的本领,主要是我们这个国家这几年发展起来了,是个兴旺发达的国家,有力量的国家,而且是个值得信任的国家……当然,香港问题能够解决好,还是由于'一国两制'的根本方针或者说战略搞对了,也是中英双方共同努力的结果。"(案例选自中央纪委国家监委网站《洗刷民族百年耻辱:中英关于香港问题的谈判》。)

点评:"成功的谈判,双方都是胜利者。"在中英会谈中,中方使香港顺利地回到了祖国怀抱,维护了中国的领土完整;英国洗刷了百年殖民统治史上的污点。总之,谈判是一个双方协调、互助,最终达到共同目标的过程。虽然谈判双方有着各自不同的利益,但这种利益是存在互补关系的,所以尽量达到两全其美,才能实现成功、长久的双赢谈判。

演练题精选

谈判技巧的演练

谈判并非难事,只要努力学习和领悟,掌握有关的谈判技巧和策略,就一定能成为谈判高手。试分析下面历史上的经典案例,谈谈他们是如何在谈判中成功或失败的。如果是你面对类似的情况,你将如何处理?

1. 林肯是美国历史上最伟大的总统之一,在他担任总统期间,维护了美国的统一。正是因为国家的统一,才有了后来繁荣强盛的美国。但是,林肯走上总统之位的道路却异常曲折,因为在美国竞选总统需要巨额资金的支持,并不是一般人能消费得起的,所以林肯在竞选中遇到了很多波折。请分析以下案例,说说林肯如何运用直言和幽默的方式化解了尴尬,赢得了民心。

1860年,共和党候选人林肯和民主党候选人道格拉斯开始了竞选美国总统的最后决战。道格拉斯出身富贵,所以在竞选中,他决定从金钱和气势上压倒出身贫寒的林肯。

道格拉斯特意准备了一辆豪华汽车,还在车尾处安放了一尊礼炮,每到一个地方拉选票,就会放 30 声礼炮,还请乐队进行演奏配合。道格拉斯声称:"我要让林肯那个没见过世面的乡巴佬看看,什么才是贵族风范!"如此声势浩大的宣传在美国总统竞选历史上还是头一次,不少选民都被震慑住了。

相比之下,林肯只能开着一辆破车在全国为自己拉选票。面对道格拉斯的挑衅,他没有悲观和退缩,他幽默地对选民们说:"曾有人问我到底有多少财产,在这里我可以坦白地告诉大家:我有一个妻子和三个儿子,他们对我来说都是无价之宝。此外,我还花钱租了个办公室,这个办公室一共有一张办公桌和三把椅子。不过最重要的是,办公室的角落里还有一个大书架,书架上有很多书,这些书都很有价值,值得我们每个人去认真阅读。至于我本人嘛,一副穷酸相,又瘦又穷,脸还很长,没有一点儿富贵的样子。这次竞选总统,我没有很多竞选资金,我唯一可以依靠的就是你们——我的选民!"

林肯最终在这次总统大选中获胜,他凭借着自己的智慧和选民们对他的信任击败了不可一世的道格拉斯。

2. 中国的战国时期是群雄蜂起、英雄辈出的时代,谈判大家周游列国、纵横捭阖,留下了诸多让人津津乐道的事迹,其中《战国策·燕策三·张丑为质于燕》中记载了以下一则故事。请分析张丑的谈判技巧,说说他是如何抓住边境官吏的恐惧心理,化险为夷,出逃成功。

战国时,齐国的大臣张丑被送到燕国当人质。不久,齐燕两国交恶,燕国的国君想把张丑杀掉。

张丑得知消息后立即逃跑,不幸被燕国驻守边境的官吏抓住了。张丑见无法逃脱,便对这个官吏说:"你知道大王为什么要杀我吗?因为大家都说我有宝珠,大王想要得到它,但是现在我已经丢了宝珠,大王又不相信我,我只能逃跑了。"

张丑接着说:"如果你将我押送到大王那里,我就说你抢了我的宝珠并吞进了肚子里,大王肯定会杀了你,剖开你的肚子和肠子。如今你抓住了我,还不知道能不能得到赏金,但是可以肯定的是,如果我被腰斩而死,你的肠子也会一寸一寸地被截断。"官吏一听,觉得很有道理,就把张丑放了。

3. 成立于1886年的美国可口可乐公司是全球最大的饮料公司,其所取得的巨大成就是跟它独特的扩张手段分不开的。说说可口可乐是如何采取"将欲取之,必先与之"的经营策略,逐步打开中国市场大门的。

可口可乐刚进入中国市场时采取了独特的策略:根本就不把卖产品当回事。它先是为中国提供了价值几百万美元的生产线,然后又做了很多广告,而且把可口可乐的价位定得非常低。中国的经销商一看有利可图，纷纷和可口可乐公司合作，不仅生产它的产品，而且积极为产品做宣传。

就这样，可口可乐很快打开了中国市场的大门，并牢牢地站稳了脚跟。虽然可口可乐公司并没有赚多少钱，但产品却被很多消费者认可和接受了，在饮料界的口碑越来越好。随着可口可乐在中国消费量的暴涨，经销商仅靠现有设备和原料生产出来的产品已经远远不够，他们需要更多的设备和原料。此时，经销商们已经完全失去了主动权，只能接受可口可乐公司提出的一切条件。

可口可乐公司随即上调了产品价格，它虽然一开始赔了不少钱，但现在又可以获取巨额利润了。牺牲一时的利益，换取长远的盈利，可口可乐公司的这个买卖做得太精明了！

4. 松下电器的创始人松下幸之助虽然在后来被誉为"经营之神"，但在他刚"出道"时，也曾因为谈判经验不足而吃过亏。请说说松下幸之助在下面的谈判中犯了什么错误，他应该采取什么策略才能维护自己的利益。

松下幸之助第一次到东京找批发商谈判，刚一见面，批发商就用寒暄来打探他在生意场上的经验，说："我们是第一次合作吧？以前我好像没见过您啊！"松下幸之助缺乏经验，坦率又恭敬地说："这是我第一次来东京，什么都不懂，以后还请您多多指教。"

这番看似极其平常的话给了批发商一个重要信息：对方只是一个初出茅庐的新手。批发商于是问："你的产品打算以什么价格销售啊?"松下幸之助又如实回答："我们产品的成本价是 20 元，我想卖 25 元。"

在谈判中，批发商察觉到松下幸之助对东京市场一无所知，又急于为自己的产品打开销路，就趁机压低价格："你们在东京初来乍到，刚开始应该卖得便宜些才行，每件 20 元怎么样?"结果，没有谈判经验的松下幸之助就在这次交易中吃了大亏。

第 10 专题　主　持

主持的能力，直接决定着节目的质量和活动的成败。要做一名出色的主持人十分不易，它要求主持人必须具备广博的知识，敏锐的观察力，一定的品德修养、理论修养、文化修养、艺术修养。当然首先必须具备基本的主持技巧，掌握主持语言的基本要求。

要点指津

一、主持的基本内容

主持人是在集体活动中负责活动的编排、组织、解说以及对活动实施过程加以积极协调和有效推进的人。要做好主持人，不仅要有较高的听知素养，而且要有很强的反馈修复能力，更重要的是必须懂得并遵循一定的语用原则。

根据主持的内容分类，主持有社会活动主持，如主持会议、演讲、辩论、评比、典礼、面试等；有文化活动主持，如主持文艺演出、舞会、联欢会等；有广播电视主持，如主持各种综合性、专题性、专业性的有声板块节目等。

根据主持人在活动中所担负的职责分类，主持有报幕式主持和角色主持。前者如主持报告会，主持的职责是向与会者介绍注意事项和报告人，宣布会议的开始与结束。后者如主持文艺晚会，主持人担负着协调晚会的任务，在晚会的开始、中间、结尾都起着重要的作用。一些广播电视节目的主持，也属于角色式主持。

根据主持的口语表达方式分类，主持有报道性主持、议论性主持和夹叙夹议性主持。例如，主持大型会议多用报道性主持，一般只介绍发言人的姓名和发言题目等简单情况。主持演讲和竞赛多用议论性主持，主持人总要评议一下，说说自己的现场感受。主持文艺活动多用夹叙夹议性主持，主持人在活动过程中边叙边议、叙中有议、议中有叙。

根据主持人的数目分类，主持有一人主持、双人主持和多人主持。政治性活动、短小的活动、严肃的场合，多用一人主持。一般的文化活动，多用双人主持。双人主持一般是一男一女，男女声音交叉，富有变化，具有艺术气氛。大型文艺晚会、大型联欢会、大型游艺会等，用多人主持，烘托气势宏大、热烈欢快的氛围。

二、主持的基本技巧

（一）工于开场

万事开头难。良好的开场白，对于主持人来说十分重要，它可以确定基调、营造气氛、表明主旨、沟通感情，使全场人情绪高涨，注意力集中，营造一种全场和鸣共振的态势，从而保证活动的顺利开展。开场的技巧有三条。一是直入点题，提纲挈领，简明扼要地把活动内容的主旨讲清楚。二是调动全场人的情绪，使全场人的情绪高涨起来，注意力集中起来，处于亢奋状态，形成一种和谐的氛围；语言要富于启发性、诱导性，引导全场人尽快进入角色，进入境界。三是要周到得体，要照顾全体，面面俱到。

某艺人在一次电视台春节联欢晚会上发表了一段精彩的即兴演讲，其中幽默的自我介绍堪称经典。

在下……这两年，我在大江南北走了一遭，男观众对我的印象特别好，因为他们见到我有点优越感，本人这个样子对他们没有构成威胁，他们很放心（大笑），沧桑和苦难都写在我的脸上了（笑声、掌声）。一般说来，女观众对我的印象不太良好；有的女观众对我的长相已经到了忍无可忍的地步（笑声）。她们认为我是人比黄花瘦，脸比煤球黑（笑声）。但是我要特别声明，这不是本人的过错，实在是父母的错误，当初并没有征得我的同意就把我生成这个样子（笑声、掌声）。但是，时代在变，潮流在变，现在的男人基本上可以分为三种：第一种，你看上去很漂亮，看久了也就那么一回事；第二种，你看上去很难看，看久了以后是越看越难看（笑声）；第三种，你看上去很难看，看久了以后你会发现，他有另一种男人的味道，这种就是在下这种了（笑声、掌声）。鼓掌的都表示同意了！鼓掌的都是一些长得和我差不多的（笑声），真是物以类聚啊（笑声、掌声）！

(二) 善于连接

作为一场活动的主持人,其既是整场活动的有机组成部分,又是演说者(或表演者)与受众之间的桥梁,因此,主持人要精心设计好各项内容之间的连接语(当然有时是临时发挥的),使之自然流畅,接续无痕,使整场活动浑然一体。

主持人连接语的作用是承上启下、接榫过渡,肯定前面的,画龙点睛;呼出后面的,渲染蓄势。连接语可以顺带,也可以反推,可以借言,也可以问答。总之,要别开生面,恰到好处。

如果一场活动有两个以上的主持人,要注意配合默契,语言协调,切忌产生矛盾。

(三) 长于应变

主持一场活动难免会遇上意想不到的事,如果遇到麻烦,就需要主持人有随机应变的能力和技巧,及时地进行调整和变通。主要的技巧有以下几点。

1. 打圆场

比如,在座谈讨论会上,与会者之间意见相左,甚至唇枪舌剑发生争吵,互不相让。这时主持人就要出来打圆场:或转移争论双方的注意,把话题转移到别的方面;或联络感情,帮助双方寻找共同点,缩小感情、心理上的距离;或公正评价,将双方的意见进行清理和归纳,进行合理评价,阐述双方都能接受的意见;或引导自省,使双方从事实中反省自己的观点和错误,消除误会,认同真理。

2. 打破僵局

僵局也是主持人常常碰到的难题。比如,在座谈讨论中,主持人讲过之后,无人开头发言,或者一人发言完毕,无人接上,形成僵局。遇到这种情况,主持人应该设法尽快打破这种僵局。或者自己做表率先发言,或者启示引发话题,或者巧妙地点名发言。比如,这样的说法就显得非常自然:"××同志最近和我还谈起这件事,今天列入了会议的议题,请谈谈您的高见。"

3. 摆脱难堪

主持人在主持节目的过程中,难免会碰到难堪尴尬的场面。对此主持人必须有敏锐的思维和高超的应变能力,冷静应对,巧解窘境。比如,有人在开会时由于内容和切身的利益相关而发起了牢骚,面对这种发难,主持人要冷静地分析思考:他的动机是什么?起因又是什么?症结又在何处?然后采取对策。对于善意的"发难",应以诚相对,可以直接说明或解释,也可以因势利导,引入正路,有时还可以进行调侃。对于恶意的发难,则应采取外柔内刚的方法针锋相对。可以顺贬,即先默认并接过对方的难题,而后顺理成章地使对方陷入比自己更难堪的境地。可以回敬,套用对方的说法,以其人之道,还治其人之身。也可以釜底抽薪,直接揭穿对方目的。

有时主持人由于不小心也会造成失误。遇到这种情况,千万不要慌张,不妨自觉而灵活地利用双向交流的纽带,将错就错,让它产生逆转和突变,化逆为顺,创造出更加健康活泼的情绪和气氛。

(四)巧于终结

俗语说:"编筐织篓,全在收口。"活动进入尾声,虽然就要结束,但仍要讲究技巧,切忌草率急躁,匆匆收场。要巧于终结,再现高潮。结尾没有固定的形式,不同的活动可以有不同的结尾方式,大致说来主要有:总结式、号召式、赞扬式、祝贺式、抒情式等不同形式。

(五)亲切自然

主持,本质上是主持人在特定的时空中,围绕中心主题,借助有声语言和态势语等载体,来表达主持人对中心主题的真情实意,用以影响听众的一种现实语言交际与信息交流活动。迅速抓住受众内心潜在的感情需求,亲切自然能迅速唤起人们内心的感情,这是主持人的基本技巧之一。

三、主持的语言要求

(一)规范化

当今社会,媒体的发展大有一日千里之势,如何让自己的节目在众多节目之中脱颖而出呢?节目主持人的素养十分关键。而对主持人来说,语言的表达又是重中之重。主持人的语言直接关系节目的质量和播出的效果,并且对受众的语言面貌和水平产生着一定的影响。从这个意义上来说,主持人语言的规范性是每个主持人的生命线。

主持人的语言不同于报纸杂志的文字,它属于口头语言的范畴。但是,也不同于原发状态的完全生活化的口语,它是规范化了的口语。语言是否合乎规范、标准,往往反映出一位主持人的文化程度。作为一种特殊的语言范畴,自然应有它特定的要求和规范。这里所指的规范化包含两个方面的意思。首先,主持人应具备基本的语言条件，理想的语音面貌，如清晰的发音和吐字，抑扬顿挫的语调，适当的节奏。主持人应同播音员一样，自觉树立语言规范意识——字音准确、吐字清晰、气息流畅，使语音的表现力更富有情感性和丰富性。其次，主持人的语言必须是规范的生活化语言。主持人的用词造句应该是在生活语言的基础上有所升华，使它达到正确、简练、生动的境界，避免滥用方言、文言词语、简称略语和生造词及口头禅等；同时，要注意控制音量和音调，以确保听众能清晰地听到和理解。

(二) 口语化

口语是主持人最重要的表现手段。主持人的口语化，并不是日常口头语的复制，而是用大众都能接受的通俗的语言表达深刻的内容，是加工提炼了的具有规范化、逻辑性的口头语言，兼有"上口""入耳"两大特点。

一位资深电视播音员、节目主持人，在镜头前有着多年的经验。她总结道："主持人与观众之间既然是朋友关系，朋友之间谈话总不能拿着稿子。稿子虽薄，但它却会在观众和主持人之间筑起一面墙。"写在稿子上的东西往往会失去生活中的鲜活，而节目主持人要想达到朋友间娓娓而谈的播出效果，也就不能再"照本宣科"了。所以说，口语化是主持人语言表述的基本特点。

主持人在准备节目时，无论如何缜密地组织材料，用多么精彩的书面语写成的稿子，最终还需转化为易说、易听、易懂的口语，用使谈话对象仿佛近在眼前的"说"的方式来播出，而不是念稿子。这里的"说"，不同于生活中不加选择的大白话，应是比生活中的语言更有条理、更合逻辑、更有深度、更为完美的艺术性表达，它比生活中的语言更精练、更贴切、更恰当、更准确，比生活中的语言更流畅、更生动、更形象、更完整。口语化的主持语言源于生活但高于生活，在播出中朴实亲切、自然流畅、生动上口、通俗易懂。这种说起来顺口，听起来悦耳的语言，能大大缩短与观众之间的距离。

1. 通俗易懂

主持人是要与广大受众交流的，受众的文化水平、思想观念、生活阅历都有着很大的差异，因而主持人要根据对象的差异性恰当地使用词语和句子，述说内容从词到句都要以广大受众能够理解为基本出发点。必须用大众的语言来表达，能把抽象的概念说得形象具体，叫人摸得着、看得见、想象得到，即语言表达要做到"接地气"。

2. 语气适当

语气，即说话的口气。它既存在于书面语言之中，更存在于口头语言之中。语气的变化在一定程度上也影响了主持人的口语化表达。主持人口语化表达中的语气,将句式、语调、理性、辞采、音色、立场、态度、个性、情感等融为一体,由主持人直接诉诸听众的听觉,听众当即就可直观地感受到。因此,语气对主持人节目的效果具有立竿见影的影响。语气之强弱、清浊、粗细、宽窄、悲亢等变化,均能产生不同的声音效果。语气要服从内容,要看对象,主持人应使用活泼生动、富有美感的语句传递各类信息,让受众在较为轻松的过程中获取他们所需要的信息。

不同的活动和内容,必须采用不同的语言形式和语气变化。比如,新闻、法律等内容较严肃的节目,语言要平稳、庄重;体育节目要激越铿锵、有力度,速度要快一些,尤其是现场解说要更快;少儿活动和节目要亲切感人,声音可带有几分稚嫩;生活知识类的节目要像聊家常那样朴实自然。如果在会议活动、访谈节目等主持中运用了适合大型晚会的语气,则显得生硬别扭,不够贴近受众。

《焦点访谈》曾播出了14集理论专题片《中国之路》,主持人在第四期《海纳百川》的结束语中,满怀激情地说:

海风吹来,龙的传人当然不会弱不禁风。中国引进资金,也在引进竞争;引进朋友,也在引进对手。当古老的大门终于对外开启的时候,它的含义,绝不仅仅是对门外的人说了一声"欢迎你";更重要的是要对门外的世界说一声"我来了"。

如此激昂,令人振奋的语调和抑扬顿挫的节奏感,展现了主持人的激情,同时也向世人展示了中华民族的自信。语调中带有主持人的情意,同时这种情意也深深地感染了观众,使节目所要表达的信息与观众的心意融会起来,那就是作为中国人的自豪感。主持人从容不迫地对语意进行层层推进,留给听众理解品味的余地,观众对他的主持语言特色有了更深认识。

(三) 个性化

别林斯基说:"风格是在思想和形式密切融合中,按上自己的个性和精神独特性的印记。"主持人的语言表达除了要符合规范化和口语化的特点,还需要展示出主持人的自我个性。主持语言个性化体现了主持人独特的视角,独特的思维,独到的见解,独创的构思,独有的感受。

独特的语言风格是主持人在长期的节目创作中形成的,是一个不断累积的过程,需要主持人在自己的主持工作中不断去学习、探索。

"没想到她的文化底蕴如此深厚!"这是大多数网友观看《中国诗词大会第二季》时对主持人的表现所发出的感叹。第八场中,百人团中有一位选手的父亲是盲人,从小父亲用口述的方式教他诗词。主持人由此便想到了阿根廷著名作家博尔赫斯的经历,随口便念出了他的一首非常著名的诗:"上天给了我浩瀚的书海,和一双看不见的眼睛,即便如此,我依然暗暗设想,天堂应该是图书馆的模样。"主持人不仅诗词功底深厚,而且语言表达能力,尤其是点评及总结能力也令人钦慕,知识储备扎实,名言警句信手拈来。第三场中,她注意到百人团中有一位年纪稍长的老大爷,穿着打扮与年轻选手大相径庭。主持人了解后,总结道:"一位只读过四年书当了一辈子农民的大叔,那诗啊,就像那荒漠中的一点绿色,始终带给他一些希望,一些渴求,用有限的水去浇灌它,慢慢地破土,再生长,一直到今天。所以即便您答错了,那也是在我们现场最美丽的一个错误。"寥寥数语,不仅缓解了大爷的失落,而且还激发了现场观众对诗词和美好生活的联想。优美的语言是一门即兴的艺术,通过润物细无声的方式浸润受众的心灵。

案例点评

一、开场的技巧

开场,对节目传播效果有重要影响。开场的方法是千变万化的。请看下面的几个开场白,都是各具特点的。

[案例一]

以下为《朗读者》第一期的开场白:

各位朋友,大家好。今天,是朗读者节目第一次和观众见面,所以,我们第一期节目的主题词,也特意选择了——遇见。

古往今来,有太多太多的文字,在描写着各种各样的遇见。"蒹葭苍苍,白露为霜,所谓伊人,在水一方。"这是撩动心弦的遇见。"这位妹妹,我曾经见过。"这是宝玉和黛玉之间,初初见面时欢喜的遇见。"幸会,今晚你好吗?"这是《罗马假日》里,安妮公主糊里糊涂的遇见。"遇到你之前,我没有想过结婚,遇到你之后,我结婚没有想过和别的人。"这是钱锺书和杨绛之间,决定一生的遇见。

所以说,遇见仿佛是一种神奇的安排,它是一切的开始。也希望从今天开始,《朗读者》和大家的遇见,能够让我们彼此之间,感受到更多的美好。

点评:主持人的开场白要主动,简洁明了。这里主持人单刀直入切进话题,用本期节目与观众初次见面引出本期主题词——"遇见",我们可以将这种开场白称为"开门见山，揭示主旨"。

[案例二]

以下为《经典咏流传》第四季第六期撒贝宁的开场词：

"月缺不改光，剑折不改刚"，有志向的人自信自强；"君子量不极，胸吞百川流"，有志向的人心有远方；"丈夫非无泪，不洒离别间"，有志向的人情深意长；"及时当勉励，岁月不待人"，有志向的人不会虚度时光；"人生感意气，功名谁复论"，有志向的人看淡名利；"感时思报国，拔剑起蒿莱"，有志向的人是最可靠的力量；"愿君学长松，慎勿作桃李"，新时代，新舞台，让我们"共矜然诺心，各负纵横志"。

点评： 撒贝宁的开场白充满了诗意和哲理，让人感受到文化的魅力和历史的深沉。诗词加排比的组合，字字珠玑，让观众隔着屏幕也能感受到文字震撼的力量。我们可以将这种开场白称为"构思精巧，功力制胜"。

[案例三]

央视《读书》栏目主持人推荐蔡磊的《相信》是这样开场的：

读本好书，听段故事。大家好，我是李潘。如果有一天，您突然被诊断为患了罕见的绝症，无药可治，无医可救，生命最多只有五年，您的第一反应会是什么？是绝望、痛苦、躺平，还是想尽一切办法寻医、问药，或者抓住最后的时光尽情享乐？有这样一个人，他在这样残酷的事实面前做出了全然不同的，甚至有些近乎疯狂的选择，他决定投入个人全部的力量，要攻克这种不治之症，研发出有效的药物。

这个人是谁？他为什么要做出如此疯狂的决定呢？今天，我们就来一起共同读这样的一本书——《相信》。这是中信出版集团出版的，书的作者就是故事的主人公蔡磊。

点评： 主持人可以用议论的方式引发观众或听众的思考，让受众能跟着主持人的节奏较快地进入活动中。主持人从议论开始，或者提一个假设"如果有一天，您突然被诊断为患了罕见的绝症"，抛出一个非常规的答案，"有这样的一个人，他在这样残酷的事实面前做出了全然不同的，甚至有些近乎疯狂的选择"，将观众带入她的思维框架中。我们可以称其为"议论导入，激发思考"。

[案例四]

一些轻松活泼的集会，一些综合板块的演出往往需要一种欢乐、和谐的气氛。随着时代的发展，新闻频道主播的语言态度也发生转变，更接地气，更加亲民。节目主持人如果能运用健康高雅、幽默风趣的话语使节目开场,是很受听众和观众欢迎的。例如,2017年1月26日晚,央视新闻频道主持人朱广权的开场白是这样的:

说到放假回家,最近有一个段子在网上特别火,说快过年了,问你们电视台放假吗? 亲爱的观众朋友们:地球不爆炸,我们不放假,宇宙不重启,我们不休息,风里雨里节日里我们都在这里等着你,没有四季,只有两季,你看就是旺季,你换台就是淡季。

点评: 这段开场白对网友的问题"你们电视台放假吗",做出回答,霎时间被多方转载,登上了微博热搜,朱广权也因此变段子手,网友看后纷纷点赞朱广权"一本正经讲段子""没想到你是这样的央视""哈哈哈,喜欢这样接地气的央视"。这种方法可称为"调侃聊天,新奇诙谐"。

二、连接的技巧

[案例五]

以下节选自某主持人对杨丽萍的采访:

主持人:你自己投资拍过一部影片,而且这部影片还在国际上获过奖?

杨丽萍:加拿大蒙特利尔获的奖。这部电影主要是把你理想的东西,或者童年里的一个梦,集中在电影里面,特别有意思。

主持人:你刚才说,拍这部电影是一次寻梦的过程,同时在这个梦里可以还原你的童年。你的童年是什么样子的呢?

杨丽萍:我是白族人,我们从小就很崇尚大自然,崇尚生活的本质。其实,我没进过舞蹈学校,在我的家乡,舞蹈是我们生活的一部分,我们经常用舞蹈的形式来表达自己对大自然,对美好生活的向往和热爱。对舞蹈的这种感觉是与生俱来的,舞蹈本身就是我抒发的一种手段。

主持人:你投资拍这样一部电影,一定要反映你的内心世界。在你的记忆中,你第一次看到《白毛女》的时候是多大?

杨丽萍:大概是七八岁。

主持人:为什么这么晚才看到?

杨丽萍:因为我们是在边远山区,我记得第一次看电影是在村子里,就像电影里描述的那样,没有电,家里都是点煤油灯,看电影得用脚踏自行车带动电,才能放,而且声音很不准。

主持人:你生活的村庄离县城有多远?

杨丽萍：我们的县城非常小，现在整个都没有了。

点评：追问的手法在人物访谈中较为普遍，追问不怕烦琐，重点是能够挖掘到想获得的信息。主持人应当在理解被访者所表达话语的前提下追问出重要信息。追问作为一种深入挖掘的提问方式，如果能很好地得到运用，将有助于扩展受访者的回答。主持人在保持倾听之后继而进行追问，这样循序渐进地使受访嘉宾吐露心声。他的话语平和温婉又充满关切，他的提问总是给人一种释然的感觉。与此同时他的表情也随着交谈内容的变化或轻松或理解或疑惑，与嘉宾形成积极的互动。

在节目中，这位美丽的"孔雀公主"不仅向大家披露一段尘封已久、充满了艰辛和浪漫的童年往事，而且她还向观众道出自己成名背后鲜为人知的故事以及坎坷、奋斗的心路历程。

三、应变的技巧

［案例六］

2023 年 12 月 9 日《开讲啦》节目邀请了中国科学院院士、生物化学与分子生物学家王志珍院士作嘉宾。整个节目录制过程中，一场小插曲让现场气氛变得活泼而又感人：

主持人撒贝宁在台上感慨道"今天在现场有一个此时此刻让我特别震撼的一个小细节"，在说这句话的时候，撒贝宁长长舒了一口气。站在台上的王院士感到十分不解，询问道"什么东西"，而此时撒贝宁眼泪差点流出来，弯下腰从地上捡起一片东西，原来是王院士鞋底老化掉落的碎屑。

看到撒贝宁手里拿着的碎屑，王院士恍然大悟："是我的鞋是吧？"撒贝宁问道："您这双鞋穿了多久？"王院士很不好意思地回答道"我这双鞋穿了很多年了"，紧接着表示自己出洋相了。于是撒贝宁赶紧解释道："我看到地上碎屑的那一瞬间，我眼泪都快出来了，我才知道一个科学家在乎的是什么。"

此时王院士明显有些不知所措，紧张地握住双手，两只脚一直在地面摩擦，并且解释道："我没注意。"而撒贝宁继续感慨道："王老师来做节目，甚至都没有精心地挑选一双鞋。""我才知道以前我们听到一个科学家准备了七套一模一样的衣服，是因为他每天不愿意将时间花费在挑衣服上，我们以为那是传说，实际上是真的。"王院士微笑地表示："我还出过一个洋相，早上穿上袜子就直奔实验室，后来有人说自己两只袜子不一样。"此时台下响起了雷鸣般的掌声。

点评：撒贝宁的机智应对和幽默风趣瞬间化解了尴尬，赢得了观众的掌声，院士也在笑声中释然了，她感受到了撒贝宁对她的尊重和关心。撒贝宁的机智应对不仅是对院士的尊重，更是对整个直播节目的负责，他以一种平易近人的方式化解了尴尬，让观众们感受到了一个真实而充满温暖的节目氛围。这也证明，一个优秀的主持人不仅需要扎实的专业素养，而且需要高超的应变能力和善于沟通的情商。主持人用一种轻松而风趣的方式消除了嘉宾的尴尬，对主题也是一次升华，为整个节目增色不少。这是"打圆场"的技巧。

[案例七]

2017年大年初四，央视新闻在报道春节长假全国景区盛况时，主播误把重庆磁器口说成了成都磁器口，引起不少网友吐槽。朱广权也因这一乌龙事件上了热搜。即使是出现了工作失误，他也依然有办法把这个问题用最适合自己的方式化解：

除了赞美，批评也让我们懊悔。昨天呢由于我们工作的疏忽，把重庆的磁器口古镇归属地说成了成都，今天郑重更正：磁器口古镇位于重庆市沙坪坝区嘉陵江畔，始建于宋代，是嘉陵江边重要的水陆码头，曾经繁盛一时，白日里千人拱手，入夜后万盏明灯。

昨天，我们节目里私自"拱手"把它送给了成都；今天入夜后，我们万分抱歉，还重庆这盏"明灯"，希望拥有一江两溪三山四街独特地貌的磁器口能够原谅我们昨天的五虚六耗七荤八素，我们愧疚了很久。

点评：知识性错误是主持之大忌，央视主持人能够及时在节目里道歉，一方面说明了对错误的重视，另一方面也是说明我们的电视节目越来越注重对于节目质量及细节的反馈。在这样的工作失误中，这样无意识的袒露和表现，反而让观众和主持人之间拉近了距离。这并非容错态度的问题，而是观众对于一个更坦诚亲和的主持人的偏爱。这是摆脱难堪的技巧。

四、终结的技巧

[案例八]

会议主持结尾：

最后，我提议，让我们再次用热烈的掌声对××教授的精彩演讲表示感谢！今天的报告会到此结束，谢谢大家！

点评：这是自然感谢式结尾。

论辩主持人结尾：

感谢××的精彩点评，相信对每一位辩手及在场的每一位小伙伴都会有所启发。今天围绕着"人为自己还是别人快乐而快乐"的主题，我们的正反双方都使出了浑身解数，展示出了他们出众的辩才、敏捷的思维以及有礼有节的儒雅之风，所以不论最终结果如何，都让我们为他们精彩的表现报以最热烈的掌声！

点评：这是赞美鼓励式结尾。

2023年央视春节联欢晚会结束语：

任鲁豫：亲爱的朋友们，难忘今宵，我们相约在星空下。

龙洋：亲爱的朋友们，告别今宵，我们团聚在春天里。

尼格买提：这里有五千年的梦，闪闪发光，灼灼盛放。

马凡舒：这是我们五千年的家，绵绵不绝，生生不息。

撒贝宁：冬去春来，新年的花一定会开，这是春天的承诺。

王嘉宁：就让我们满怀信心地迎接癸卯兔年的第一缕春光。

任鲁豫：新的一年让我们更加紧密团结在党中央周围，踔厉奋发、勇毅前行。为全面建设社会主义现代化国家，为全面推进中华民族伟大复兴而团结奋斗！神州遍开幸福花，豪情满怀

合：再出发！

任鲁豫：亲爱的朋友们，中央广播电视总台2023年春节联欢晚会到这里就全部结束了，再次祝福大家新春快乐，明年的春晚

合：再见！

点评：这几段结尾用词精练，语言生动，亲切感人，令人回味无穷。

五、亲切自然的技巧

［案例九］

在2019年春节播出的第四季《中国诗词大会》上，来自十堰的母子搭档——妈妈吕亚琴和12岁的黄海亦让主持人和观众深深感动，母亲吕亚琴用超市收银小票精心手抄古诗词，儿子黄海亦熟读背诵。面对吕妈妈手里拿着的一摞特别的抄诗本，主持人动情地说："我还没有见过这样的诗本，它显得挺简陋的，但是也挺美的，美是美在了那小纸头上抄的诗句，美也美在了一颗母亲的心。""当一个妈妈，当她觉得没办法给孩子特别富裕的生活的时候，她努力地给他一个富足的精神世界，这

样的妈妈，是有远见的妈妈。"

点评：主持人用亲切又富含感情的语调解读了吕妈妈对儿子特别的"富养"方式，台下掌声不断，不少观众都感动落泪。这种交流让观众更真切地体会主持人与观众之间的平等关系，不知不觉"渐入佳境"。

演练题
精选

一、工于开场技巧的演练

1. 下面是 2024 年央视春节联欢晚会的开场语：

任鲁豫：亲爱的观众朋友们，大家

合：过年好！

任鲁豫：这里是中央广播电视总台 2024 年春节联欢晚会的直播现场。我们和全国各族人民、全世界的中华儿女相约守岁，喜迎甲辰龙年的到来。

龙洋：今夜，我们辞别旧岁，华章谱新。过去的一年，我们守望相助，砥砺前行。无论风霜雨雪，我们同心鼓舞又一个春天！

尼格买提：今夜，我们举国同庆，共度佳节。九州春色，四方欢歌，洋溢着万物复苏的勃勃生机。无论天南海北，神州大地，欢庆又一个新年。

马凡舒：今夜，我们放下一年的忙碌，依偎在家人身边，团聚在幸福门前，无论千里万里，中华儿女共同奔赴一场团圆。

撒贝宁：今夜，我们共享春晚这道年夜大餐。我们的奋斗，我们的欢乐，我们的感动，就是我们的春晚，无论荧屏内外，龙的传人，共抒新春祝福！

任鲁豫：龙行东方，春满中华，龙腾华夏，福到万家。在这迎春纳福、喜庆吉祥的日子里，我们给大家

合：拜年啦！

设想你作为主持人，为校园大型元旦文艺晚会设计一段开场白。

2. 下面是《经典咏流传》第一季第九期的开场白：

故乡是中国人心中不变的坐标

那里有你最为在乎的人

"独在异乡为异客，每逢佳节倍思亲"

那里也有你最惦念的味道

"秋风起兮木叶飞,吴江水兮鲈正肥"

哪怕月亮都是

"露从今夜白,月是故乡明"

故乡牵引着

"画图恰似归家梦,千里河山寸许长"的离愁

纵使远行也"仍怜故乡水,万里送行舟"

一份思乡情

让我们永远记住自己的根在哪里

设想你主持一次大型文艺晚会,登台亮相后,结合本次晚会的主题,作一番热情洋溢的开场白。

二、善于连接技巧的演练

1. 主持人不仅要工于开场,而且要擅长串场,连接巧妙,使观众对节目保持浓厚的兴趣,关注节目,不会"离开"。下面是某节目的串场词,这段串场词是为活跃场上气氛而集中设置的开台"锣鼓"。男主持人在讲述自己的亲身经历时,场上顿时静了下来,观众们饶有兴致地想听听有什么意外的事件。阅后请分析这篇串场词对连接节目本身所起的作用。

女主持人:观众朋友们好,非常高兴能与你共度这个愉快的周末。(众掌声)

男主持人:我倒要请问你,你的周末是怎么过的?

女主持人:今天上午睡了大半天觉。

男主持人:莫让年华付水流,别老睡觉,做点户外活动也有利健康。你喜欢钓鱼吗?

女主持人:不喜欢,好像女孩子没有什么人去钓鱼。我性子急,钓不到。有一回,有一个朋友拉我去钓鱼,说给我做鲫鱼豆腐汤。钓了半天一条都没钓上来,就拉他们回来了,也没喝上什么汤。

男主持人:你不喜欢不要紧,别破坏别人的情绪。

女主持人:那你喜欢钓鱼吗?

男主持人:已经很久没钓鱼了,不过我仍有过五次钓鱼的经历,其中还有值得一说的经历。

女主持人:那你说说看。

男主持人:1982年秋天,我与剧组住在一个湖边,导演约我去钓鱼。他说有两

副杆,一人一副。那是个好日子,天高云淡,荒草没膝,四下静悄悄,我们一会儿工夫就钓了半桶。忽然,我的伙伴大喊一声,不好! 只见他手上的杆儿只剩了半截,那插上去的杆梢被鱼连钩都带走了,一下子没入水内。

女主持人:一定是条大鱼。

男主持人:我想也是。正在恼火,忽然在离我们50米外的水面上,那根杆竟然立了起来,在水中转悠。他脱下外衣就要下去。我说,别,别,还是我下去,我水性好。临下水前,我对他说,鱼要是急了,一条尾巴拍在胸口,就能把人打晕,我要有个三长两短你回去叫人。

女主持人:还挺悲壮。

男主持人:我蛙泳过去,尽量不溅水花,游近了一手拽住杆,连鱼一块儿往回拽。咦,可能鱼累了没挣扎,待我游到岸旁,把杆交他手上,往上一提,你猜鱼有多大? (比画一下)也就三两大小。(众笑)

女主持人:你的经历说完了,我想每位朋友都会有自己的经历。今天我们第一站去马尔代夫看看他们怎么钓鱼。

2. 白岩松作为新闻门类的主持人,选词基调一贯是磅礴大气,说理清晰,这样能够把论点阐述得更严密、透彻,表达出富有逻辑性的话语,显示出新闻的深度,带来语言审美的愉悦,这一特色在白岩松新闻主持中淋漓尽致地展现出来。读完以下内容,请试着分析主持人白岩松的连接技巧。

2008年央视主持人张泉灵参加火炬珠峰传递登顶活动后,从拉萨返回途经成都,她主动请缨参加抗震的报道。白岩松在与她的连线报道中由衷赞叹道:"谢谢泉灵,刚刚完成火炬接力,又进入生命的接力!"

3. 以下是2022年5月6日的《鲁健访谈》专访王蒙中的一段话,在主持人鲁健层层深入的访谈中,王蒙"开阔的精神空间"跃然呈现。阅读后请谈谈《鲁健访谈》连接访谈话语的风格和技巧。

王蒙:我满怀对新疆的热爱。

鲁健:王蒙老师,您的文学创作贯穿了新中国70年的历史,而且现在应该有两千万字的创作了。在整个的创作过程当中,您谈到新疆这16年的经历对您的影响最大,像这本《这边风景》就是那个时候创作的。

很多人把它称作新疆的风情人物画卷,您觉得新疆这16年的经历对您的创作意味着什么?

王蒙:我是1963年底到的新疆,是我自己要求去的。说实在的,这是和毛泽东的文艺思想的影响是有关系的。在延安文艺座谈会的讲话中,毛主席提出了要和新的时代、新的群众相结合,这对我的影响非常大,我非常愿意到新疆去。

在一个农村里头,现在是伊宁市巴彦岱乡(镇),当时叫红旗人民公社。我是红旗人民公社二大队的副大队长,所以就做到和农民同吃、同住、同劳动,一块也办一些大队里边的事,也尽量尽快地学习。我在那待上一两个月,已经开始在生产队的会议上可以用维吾尔语做一些简单的发言了。

鲁健:这么快,一两个月的时间?

王蒙:我跟您说,我敢学习,爱学习,这是我的一个特点。

维吾尔语我不但要跟他们说话,而且我搜集阅读一切的跟维吾尔语有关的、用维吾尔语表现的书籍,这样很容易就得到大家的欢迎和接纳,一块儿开玩笑,一块儿讲故事,一块儿说笑话。我书里边所有的对话,都是用维吾尔语先构思,然后我把它翻译成汉语的。

鲁健:我看到有维吾尔族的作家就评价,书里特熟悉的这种感觉,完全就是维吾尔族自己的语言特色。您那么快地就和当地人融合到一起,是不是也和您的性格有关系?

王蒙:我是怀着对新疆的热爱,对这片土地的热爱,对它的文化特色的热爱。

三、长于应变技巧的演练

你从以下事例中,得到什么启示?谈谈你的看法。

撒贝宁的"救场"

撒贝宁,一个拥有很强控场能力的主持人,他的一句话就能让尴尬的局面瞬间化解。无论是在与学者、科学家还是明星的交流中,撒贝宁总是能用高情商和聪明才智给予对方最恰当的回应。他的掌控能力不仅赢得了嘉宾和观众的尊重,而且还受到了社会各界的喜爱。

清华大学院士钱易先生在节目中提到某一档节目中的一位女嘉宾的择偶观,并认为其观点有很大问题。而撒贝宁听后指出:"那个嘉宾的意思,她不找老师是因为她可能觉得自己高攀不上。"这句话既表达了对钱易先生的尊重,也赢得了现场观众的掌声。

在与明星的互动中,撒贝宁同样展现了出色的救场能力。在与张信哲的互动中,当一个观众提到他在网上搜索过气歌手会出现张信哲相关链接的时候,撒贝宁机智地替张信哲霸气回应道:"就像现在让乔丹和20岁的小伙去比拼,这完全不科学,但这却不影响乔丹是 NBA 永远的神!"他的一番话让在场观众拍手称赞。

2024年春晚，刘谦时隔多年重新出现在春晚舞台上，此次表演的魔术，除了近距离为大家表演，还邀请了很多观众一起参加，所有人都以为这场魔术相当成功，每个人都亲眼见证了自己手上诞生的奇迹，结果站在刘谦身后的尼格买提却出现了重大失误，他的扑克牌没有对上，当时的表情十分微妙。就在魔术表演结束后，主持人撒贝宁直接"现挂"："小尼是全国唯一一个没对上的。"这下全国人民都知道尼格买提穿帮了，成为当晚最热的"梗"。

四、巧于终结技巧的演练

1. 以下是《中国诗词大会》第四季结束语：

这个春节，《中国诗词大会》让我们度过了一段难忘的、美好的诗词时光。从大漠孤烟塞北，到杏花春雨江南，从山水田园牧歌，到金戈铁马阳光。我们在吟诵着千古绝句，我们也在体味着人间百态。所以无论明天你将回到哪里，身处何方，又将展开怎样的人生，不要忘了在这段日子里我们所共同体会到的那份感动，那份沉醉，那份喜悦，那种振奋。那是我们所专访出来的光芒，那也是中国诗词永恒的魅力。"海内存知己，天涯若比邻"，中国诗词是中国人的精神礼赞，《中国诗词大会》也将是我们永远的精神家园。

设想你主持毕业晚会，应该如何设计。

2. 有位同志在主持庆功表彰会时，这样说结束语：

听完发言，我想到了一件事：有人问球王贝利哪个球踢得最好？回答是：下一个！有人问导演谢晋哪部戏拍得最好？回答是：下一部！有人问一位名演员哪个角色演得最好？回答是：下一个！看来我们在庆功、表彰时也应牢记：

下一个！下一部！散会！

设想你主持一次《做最好的自己》演讲会，在演讲结束时，说一段精彩的结束语。

五、亲切自然技巧的演练

中央电视台《综艺大观》节目主持人倪萍，以亲切自然又不落俗套的主持风格著称，她的诀窍："只要真诚地把心交给别人，就一定能唤起别人的真情。"正是这些可贵的"真诚"，使她面对镜头，始终不忘观众是她的知心朋友，她愿与他们作心与心的交流。如有一次她主持的《综艺大观》以母亲为主题，其间有一段她与现场观众的交流。

"我想知道，今天在场的观众朋友们，有哪位是陪同母亲一起来看《综艺大观》的？"

观众席上一位清秀的小伙子站起来回答："我！"

"是吗？可不可以把你的母亲介绍给大家？"

小伙子看了看母亲，说："可以。"

"请这位母亲站起来好吗？"那位母亲笑盈盈地在观众热烈的掌声中站起来。

"这位妈妈，我们都为你自豪……儿子带母亲来看节目本来不算什么了不起的，但我常常在我们的演播厅里看到的却是一对对情侣，一对对夫妻，有的是父母带着孩子，我却很少看见儿女陪着父母来的。其实，老人更需要多出来走走，他们更愿意来看看电视台是什么样的，演播厅是什么样的，倪萍是什么样的，我希望从今天以后能在这里见到更多的孩子陪着父母来……"

请你谈谈电视、电台节目主持人在表现亲切自然的主持风格上有什么不同？

第 11 专题　演　讲

表达思想的能力和思想本身一样重要。可以说，面对公众演讲，实现有效对话的能力几乎与专业技能一样重要。演讲是一种实力，成功的演讲能够让人们理解你，信任你，为你感动，受你激励，被你说服。演讲需要学习，需要准备，需要技巧，需要实践。

要点指津

一、演讲的基本内容

(一) 演讲的定义

演讲，又称演说或讲演，是一种在现实的时空环境中，以有声语言为主，无声语言为辅，针对某一问题，面对广大听众发表意见、说明事理、抒发情感，从而达到感召和影响听众行为的语言交流活动。它既是一种现实的社会实践活动，也是一种特殊的语言艺术表现形式。

(二) 演讲的传达手段

演讲是一种蕴含艺术性的说话活动，演讲者要通过发表自己的意见，陈述自己的观点主张，达到影响、说服、感染他人的目的，就必须通过与其内容相一致的传达手段来实现。演讲的传达手段主要有以下三种。

1. 有声语言

有声语言是演讲活动最主要的物质表达手段，是信息传达的主要载体。它以声音运载思想和情感，通过直接诉诸听众的听觉器官来产生效应。

2. 态势语言

态势语言就是演讲者的姿态、动作、手势、表情等,它是以流动着的形体动作辅助有声语言传达思想和感情,通过诉诸听众的视觉器官来产生效应。态势语言能加强有声语言的表现力和感染力,弥补有声语言的不足。

3. 主体形象

演讲者是以其自身出现在听众面前进行言语行为的,即演讲者必须以整体形象,包括形体、容貌、衣着、发型、举止、神态等直接诉诸听众的视觉器官,因此,演讲者要注意服饰的自然、得体,体态举止的大方、优雅,只有这样才有利于思想情感的传达,从而取得良好的演讲效果。

(三) 演讲的特点

1. 现实性

演讲属于现实活动范畴,而不属于艺术活动范畴。演讲不是为了满足听众欣赏语言艺术的需要,而是为了满足现实的需要,其根本目的在于影响人们的思想和行为。演讲者必须以其真实的身份而不是艺术的角色,通过对社会现实问题的分析、判断和评价,向广大听众陈述自己的观点和主张,表达自己的情感及态度,具有内容真实性的特征。它讲述的是真人、真事、真理,表达的是真情实感。

2. 艺术性

演讲又是一门口头语言表达的艺术。演讲的艺术性表现为演讲不仅在遣词造句及内容结构上非常讲究,要力求简练、鲜明、生动、流畅,而且在声音表达上要力求吐字清楚、准确,音色清亮、圆润,语气和语调富于节奏美和韵律美。与此同时,演讲还要通过主体形象以及一些自然的或刻意设计的姿态、动作、手势、表情等态势语言使有声语言能更准确地表情达意,更加富于感染力和鼓动性。

现实性与艺术性相结合,“讲”和“演”相统一是演讲的基本特征。在现实性和艺术性两大特征中,现实性是根本的。演讲者意在以自身真实的思想情感、态度意愿影响听众。现实性的这一根本特征决定了演讲必须是以“讲”为主,以“演”为辅。艺术的“演”必须建立在有关现实内容的“讲”的基础之上。“演”的目的是更形象生动地传达“讲”所包含的复杂的思想情感,使演讲具有更强的情感震撼力。所以,既讲又演,以讲为主,以演为辅是演讲区别于其他艺术口语表达形式和现实口语表达形式的关键。

3. 道德性

此外,我们要强调演讲的道德性特征。由于演讲是一种对社会公众发表见解的活动,具有相当的社会影响力。它总是致力于传播主观世界对客观世界的正确认识,而不是宣传谬论;致力于引导人们用正确的道德准则去调整人与人之间的关系,而不是误导人们的伦理道德观念;致力于启发人们去追求美、鉴赏美、创造美,而不是让人美丑不分,以丑为美,因此,它必然是一种担负着道德责任的行为。

(四) 演讲的要素

演讲作为一个交流活动的整体包括七个要素:演讲者、演讲信息、听众、渠道、反馈、干扰与场合。

1. 演讲者

演讲者是指进行演讲活动的人,是演讲内容和形式的发生者和体现者。演讲者个人的可信度、态度、知识、表达能力、准备等对演讲活动的成败起决定作用。

2. 演讲信息

演讲信息是指演讲者所传达的思想感情、知识信息。演讲信息是实现演讲目的的载体。演讲就是要将你想传达出去的内容(即说什么)通过一定的表达形式(即如何说)变为实际交流出去的信息。

3. 听众

听众是指接收演讲信息的人。演讲必须是以听众为中心的活动,演讲者总是抱着某一影响听众的特定的目的进行演讲,因此,听众不仅是演讲内容的接受者,也是演讲活动的参与者,更是演讲水平的最终评判者。因此,听众决定了演讲目的是否能够实现以及实现的程度。演讲者必须认真调整自己的演讲信息,使其适合听众的经验、兴趣、知识和价值观。

4. 渠道

渠道是指演讲信息得以交流的途径。现场、电台、电视都是演讲的信息渠道。演讲者可利用一个或多个渠道进行演讲。现场是听众获取信息最直接的渠道,不仅可以听到声音,而且能目睹演讲者并感受到场上的气氛。

5. 反馈

反馈是指听众对演讲信息所做出的反应。听众对演讲的反应,通过表情、声音、行动等渠道,反馈给演讲者。反馈对演讲者很重要,它是演讲者调节内容和节奏的唯一依据。

6. 干扰

干扰是指阻碍演讲信息交流的东西。在演讲中,干扰分为两种类型:一种干扰对听众来说是外部的,例如,噪声、气温,这些因素会使听众分神;另一种干扰是内在的,来自听众,例如,有的听众在担心下一节课的考试,有的听众刚刚和朋友吵架。演讲者必须努力排除干扰,保持听众的注意力。

7.场合

场合是指演讲发生的地点和时间。场合同样影响着演讲者对演讲内容的组织。例如,演讲是在户外还是在室内进行,是针对一群人还是针对少数几个人,时间是白天还是夜晚,餐前还是餐后,排序如何,都会对演讲的内容产生影响。

(五)演讲的要求

1.内容正确感人

内容是演讲的灵魂,是演讲的生命。优秀的演讲应该是正确思想和巧妙表达的完美结合。演讲的内容应该体现时代的精神,传播进步的观点。

2.表达流畅生动

演讲的表达既要简洁精练、准确规范,又要明白流畅、形象生动。演讲不仅要做到发音正确、清晰、响亮,语速适中,语调自然优美,而且还要用贴切的词语、简洁明快的语句,把抽象的概念形象化,把抽象的道理具体化,从而达到深入浅出地阐明观点、表达丰富思想内容的目的。

3.感情真挚朴实

演讲要以理服人、以情感人。这就要求演讲者抒发真情实感,这样才能引起听众的共鸣。

4.态势自然得体

演讲者不仅要善于运用有声语言来说服感染听众,而且还要善于运用态势语言辅助表达思想情感,以加强演讲的说服力和感染力。演讲者的态势语言要服从演讲主题表达的需要,做到自然协调,切忌矫揉造作,更不要过多过滥,以致喧宾夺主。

(六)演讲的类型

根据不同的角度,演讲可以分为许多不同的类型。

根据不同的内容,演讲可以分为政治演讲、经济演讲、军事演讲、学术演讲、法律演讲等。

根据不同的准备程度,演讲可以分为命题演讲和即兴演讲。

根据不同的目的,演讲可以分为传授性演讲、说服性演讲、娱乐性演讲等。

根据不同的场合,演讲可以分为集会演讲、课堂演讲、法庭演讲、宴会演讲、街头演讲、战地演讲等。

根据不同的风格,演讲可以分为激昂型演讲、深沉型演讲、严谨型演讲、活泼型演讲、幽默型演讲等。

下面介绍几个常用的演讲类型。

(1)政治演讲。政治演讲是指代表一定阶级、政党或政治团体的利益,针对人们关注的社会政治问题阐述政治观点、立场、方针、政策而向公众进行政治宣传鼓动的讲话,包括施政演讲、竞选演讲、就职演讲、国情咨询演讲等。特点是观点鲜明,政治立场坚定,思想感情炽烈,逻辑论证严密,具有鼓动性和感染力。

(2)学术演讲。学术演讲是指科学研究工作者就科学领域中的各种问题进行研究,向听众介绍科研成果、传授科学知识和学术见解、开展学术讨论的专门性演讲。学术演讲知识量和信息量大,内容科学严谨,具有逻辑性、创造性和说服力。

(3)命题演讲。命题演讲是指根据事先规定的命题或范围,在有准备的基础上所作的内容系统、结构完整、要求全面的演讲。命题演讲包括全命题演讲和半命题演讲两种形式。全命题演讲是指根据事先规定的命题所进行的演讲。一般是由演讲活动的组织部门来确定并组织的。这种演讲针对性强、主题鲜明,但对演讲者有一定的限制。半命题演讲是演讲者根据限定的拟题范围,自己拟定题目而进行的演讲。对于半命题演讲,演讲者可以选择自己熟悉的材料、题目来讲,灵活性强且有益于主题深化。

(4)即兴演讲。即兴演讲是指演讲者在事先毫无准备的情况下,依据现场的感受临时发表的演讲。即兴演讲具有临时性、触发性、时境性和篇幅短小的特点。根据演讲的主题选择的相对自由度,即兴演讲可以分为生活场景式即兴演讲和抽题测试式即兴演讲两种类型。

生活场景式即兴演讲,是指演讲者针对日常生活中发生的各种事件、现场氛围和听众对象即兴而发的演讲。诸如生活中的欢迎、欢送、哀悼、竞选、就职、答谢、婚礼、寿庆等特定场合的讲话。这种演讲比较自由。演讲者可以根据中心事件的性质、现场环境、听众的素养和自己的身份等方面的情况来确定即兴演讲的内容和形式。

抽题测试式即兴演讲,是指在比赛或有测试性质的场合,演讲者临时抽签得题,并根据题意稍事思考而进行的演讲。抽题测试式即兴演讲要求演讲者紧紧围绕主题,以敏捷的思维,从记忆库里选取最能说明主题的材料来组织演讲的内容和形式。

即兴演讲既要有感而发,又要适应特定的场合,往往要求一事一议,抓住事件核心,迅速组合,言简意赅。

二、演讲的准备工作

演讲活动是一个相当复杂的工程,要求思想精湛、内容翔实、艺术形式完美,因此,必须经过精心的准备。缺乏准备或准备不充分会使听众十分失望。他们将立即丧失对你的信心,并对你所讲的内容失去兴趣,甚至不安、烦躁。同时只有充分的准备才能让你成为一个很有信心的演讲者。

演讲的准备工作大致说来包括以下十件事情:

(一)选择话题

演讲的第一步就是选择一个合适的话题。话题就是演讲的主题。演讲是否成功,话题选择的好坏是关键。话题的选择受主客体多方面因素的制约,要遵循三条原则。

1. 适合演讲者

演讲者一定要弄明白自己能讲什么。话题的指向应该符合自己的年龄、身份、气质、价值观。要尽量选择自己关心的、熟悉的、有真切深刻感受的,最好是学有所长的话题。这些话题给听众的说服力、感染力将是那些毫无切身之感的道听途说之事所远远不能比的。演讲者可从自身的经历、兴趣、爱好、技能、信仰中寻找话题。

2. 适合听众

听众是演讲的对象和目标。选择话题时演讲者一定要弄明白听众想听什么。尽量选择为听众所关注的重要的问题进行讨论。电视、广播、报纸、杂志、校园新闻等都是话题的来源。利用互联网网站的主题目录也能寻找到合适的话题。时事热点、社会焦点、民生民计等都是易受听众关注的话题。

3. 适合组织者

有组织的演讲都有一个特定的目的,因此话题要切合演讲组织者的意图,所讲的话题要与时间的安排、组织者的背景、现场的布置风格、场上的气氛相一致。

(二)分析听众

分析听众是指具体地研究你的演讲对象。"我准备对谁讲话?""我希望他们听完我的演讲之后知道、相信或做什么?"演讲是讲给听众听的而不是为了自我欣赏,因此,好的演讲都是以听众为中心的演讲。不管你的话题是什么,你怎样开展话题的讨论在很大程度上应该取决于听众的特点和需求。因而,在话题确定之后,必须深入细致地研究、分析你未来的听众,只有这样才能够有的放矢地根据听众的想法和兴趣来准备演讲。

听众分析主要包括三个方面的工作:

(1)搜集有关听众的重要信息,以确定大部分听众的相似点。

(2)预测听众对演讲话题的兴趣、了解程度和态度,以决定你的演讲内容。

(3)了解听众的规模及其对演讲者的态度,以制订演讲的策略。

(三)搜集材料

一篇有价值的演讲稿必然有十分丰富的材料。只有拥有丰富的材料,你才能对演讲有充分的把握。

搜集材料时可注意以下四个问题:

1. 要搜集适合听众的材料

演讲的目的并不是告诉大家你知道什么,而是告诉听众他们所需要知道的,一定要搜集听众能够理解并感兴趣的材料,然后再以一种最适合你的听众的方式来选择材料、组织材料。

2. 要搜集多种不同类型的材料

多样化的材料会使演讲更加生动有趣,如名人轶事、统计数据、实例、引文,这样,每位听众都能从中找到自己感兴趣的东西。

3. 要灵活组合材料

把搜集到的材料连同其材料来源一起写在单独的笔记卡片上,并将这些资料卡片按标题进行分类,这样你就可以灵活地排列、组合这些材料。演讲所用的材料一定要说明其来源,这是演讲的道德性原则的规定,也是材料可信度的依据。

4. 要有额外的材料准备

一定要保留一些材料,如额外的实例、统计数据、名人逸事。你永远不知道什么时候会用到它们。当在你前面的演讲者已经讲过了你所用的材料,你就必须有新材料才能吸引听众。

(四)写作演讲稿

演讲稿是指演讲者准备的文字稿。演讲究竟需不需要文字稿?很多演讲者在总结演讲失败的教训时常常都会谈到由于受制于演讲稿,演讲时总是不自觉地想依赖稿子一字不漏地念稿子、背稿子,结果要么只是顾着念稿、背稿而忽视了和听众的交流,让听众觉得枯燥乏味,要么在中途突然有所遗忘背不下去,并且文字稿中会有很多的书面语,与演讲口语风格的要求会有相当的距离。因此,许多有经验的演讲者都主张用详细的演讲摘要代替演讲稿,以便伸缩自如地展开演讲。但是,对于一个缺乏经验的演讲者来说,撰写一份完整的演讲稿仍然十分有必要,它将大大有助于演讲者精心地设计、调整自己的演讲。那些能作精彩的即兴演讲的演讲家们,一般也都有从写演讲稿到列提纲再到即兴演讲的历程。

具体地说,演讲稿对于演讲的积极作用主要体现在以下四个方面:

1. 保证演讲内容的正确性、全面性和逻辑性

语言在没有形成文字的时候总会处于较为模糊的状态。如果没有形成成熟的文字稿,演讲者就不能仔细地选择材料、厘清内容的逻辑结构,就难以避免口语表述中常会出现的内容凌乱、思想模糊、重复啰唆、无以为继等问题。

2. 加强语言的规范性和表现力

经过在语法、修辞方面对文字稿进行推敲,可以使语言同时具有口语"上口"的优点和书面语规范化的特点,避免用词不当、词不达意、带口头禅等弊病,使演讲的语言更加规范化,更有表现力。

3. 有助于克服怯场,增强信心

写好演讲稿,演讲者对所讲内容及形式胸有成竹,演讲时就不必因为需要临时厘清思路,以致惊慌失措,就可以有效地消除心理上的顾虑和紧张,充满自信地开始演讲。

4. 帮助演讲者恰当地掌握时间

没有演讲稿,往往在演讲中就难以很好地掌握演讲的时间进程,出现虎头蛇尾、比例失当的情况。写好完整的演讲稿,演练时就可以发现问题,及时地加以调整,演讲时就不会出现前松后紧的现象。

有了演讲稿之后,有一件很重要的事是要知道如何用才能避免稿子给演讲带来的限制。写、记、扔被很多演讲者称为备稿演讲三部曲。讲稿是"脚本",是依据,到讲时要有勇气"扔",才可能相时而动,与现场形成交融。"扔"的前提是"记"。记住讲稿之后让讲稿烂熟于心,就可以扔掉讲稿,做到既依据讲稿又不受制于讲稿,能够根据现场情况从容调整。

(五)制作视觉辅助物

据统计,听众对利用视觉辅助物的演讲者抱着更多的好感,认为他们很专业,准备得很充分,因而更可信。视觉辅助物直观、形象,强调了重要的观点和信息,能使听众集中注意力,让他们更容易理解你的演讲,更好地记住演讲的内容,同时也

节约了大量的时间。此外，由于视觉辅助物转移了听众的注意力，也有助于演讲者消除面对听众的紧张心理。

最常用的视觉辅助物有实物、模型、表格、地图、计算机制图、照片、黑板或白板、散发的印刷品、幻灯片、录像片、影视片段、广告、采访资料、报纸等。特别要强调的是随着计算机和多媒体技术的普及，用计算机软件合成的，融合了图像、文字、声音多种视觉辅助的多媒体演示已经越来越多地在商务会议、学术报告、课堂讲授等各类演讲中运用。这些软件除了能够将计算机生成的图形用在演讲中，还能把表和图结合起来，甚至还可以利用动画、录像，从而大大增加演讲的生动性和吸引力。

（六）设计态势语言

演讲的态势语言既是一种表情达意的手段，也是听众的审美对象。它一方面要求演讲者能够在公众面前保持自然、优雅的身姿体态，以体现演讲者从容、自信的精神状态；另一方面能加强演讲的表现力。

态势语言具有丰富的表现力，可以把有声语言说不出、不便说、未说尽的意思表达出来，因此，演讲时要充分发挥态势语言表情达意的功能，借助眼神、动作、表情等更完满地表达内容，抒发情感。需要强调的是态势语言的运用必须建立在演讲内容的基础之上，是对演讲内容的一种恰如其分的补充，起着突出、强调、渲染的作用，不能与内容的表达脱节，不能喧宾夺主。

1. 眼神

眉目传情，眼神是演讲者和听众之间情感交流的视觉通信工具。首先，眼神能够塑造自我形象：目光炯炯意味着精神饱满、热情自信；目光明澈意味着坦诚正直；目光如炬意味着威严正义。其次，演讲者要始终与听众保持眼神的交流，并且顾及全场听众，只有这样才能掌控全场局势，吸引听众注意。当然，眼神也要随着感情的起伏而有变化，但不能过分地左顾右盼、游移不定，更不能畏缩慌乱。

2. 表情

很多演讲家都把表情作为演讲的重要因素。演讲者要善于通过面部表情准确、逼真地传达出高兴、关切、同情、痛苦、悲伤、愤怒、失望、好奇、疑惑、烦恼等丰富复杂的情感。在众多表情之中微笑是至关重要的。演讲时面带微笑，表示对听众的友好与信赖，拉近了与听众的距离，也表明了自己的从容和教养，自然容易赢得听众的好感。

3. 手势

手势是指演讲中手臂、手掌和手指的动作。它使用频率很高，表现力很强。例如，可以用激动时挥拳，痛苦时捶胸表现强烈的情绪；可以用挥手象征号召前进，用举起食指和中指象征胜利。手势一定要与有声语言同步，与身姿表情协调。由于手势幅度较大，因而不能繁杂，否则会让听众头昏目眩。手势要干净利索、有变化，切忌模棱两可、死板单调。

4. 身姿

一般来说，演讲都是站着讲的，既表示对听众的尊重，也便于挥洒自如地进行演讲。演讲者的站姿，要利于发声，利于演示，利于走动，要体现昂扬、饱满的精神状态。比较好的站姿有两种。一种是自然式站姿：双脚自然分开，不超过肩的宽度。这种站姿给人一种注意力集中，精神抖擞的印象。另一种是前进式站姿：一脚在前，一脚在后，两足稍有距离，成 45 度角，身躯微向前倾。这种站姿会给听众一种向上的振奋的感觉。无论哪种站姿都要抬头挺胸收腹，双手轻松自如地沿着身体两侧下垂，不要用手扶着桌子，不要把手插在口袋里，更不要把身体靠在讲台上。垂头缩脑、弯腰曲背、左右摇晃都是不良的站姿。

5. 走动

在演讲过程中，演讲者不能死板地一直站立不动，而要根据演讲的内容和会场的气氛前后左右有所走动。走动时需要注意以下几点：一是不要盲目地走动，没有意义的走动，会让听众感到不自然，而且容易让人心烦；二是走动不可太频繁，也不宜幅度太大，以避免分散听众的注意力；三是在一层意思没有终结时尽量不要改变走动的方向，以免不协调。

（七）修饰形象

演讲者的形象是演讲中一个很重要的因素，它是演讲者思想、道德、情操、学识及个性的外在体现。演讲者是听众的审美对象，良好的形象可以让听众赏心悦目，是对听众的一种尊重，而且也是演讲者自尊的体现，令其自我感觉良好，增强自信心。衣着、发型、妆容、风度是演讲者性格气质、文化品位的反映。演讲者的形象修饰要与演讲内容和演讲环境的格调相吻合，要与听众的审美品位和需求相吻合。

1. 容貌

演讲者事先应认真地"打扫"自己，把脸洗干净，头发梳整齐。发型要自然大方，可打些发胶让其光亮定型。男士还要注意修刮胡子。女士的妆容要高雅，一定要化淡妆，千万不可浓妆艳抹。

2. 服装

服装直接影响演讲者的形象。演讲者要根据自己的身体形态、个性爱好、年龄职业、气质涵养以及演讲主题来选择合适的服装,做到得体、简洁、和谐、舒适。

3. 风度

有风度是每一个演讲者对自身形象美的高级追求。风度远不是短时间内所能修饰出来的,它是一个人精神气质、文化修养、心理禀赋等诸因素的外化。只有经过长时间的"内功"修炼,才能形成个人独特的风格和气度,令演讲独具个性魅力。只有内外兼修,才能塑造演讲者良好的自我形象。

(八) 编制摘要

摘要是演讲内容的高度概括,既反映了演讲中必须准确表达的重要信息,如主要观点、结构、重要材料,但又可以避免死板地逐字逐句地用读稿子或者背稿子的形式作演讲,也就是说,使用摘要这种演讲方式可以保证你是在向听众"说"稿子而不是"背"稿子。同时,由于摘要很灵活,并不妨碍演讲者在现场根据听众的反应增减内容,就可以有效地加强演讲者与听众的交流。

如何准备一份演讲摘要呢?

1. 写出要点和次要点

把你演讲主题的具体内容用几个完整的陈述句清楚地概括出来,这就是你的要点。这些句子意思要明晰,句式要平行。一般而言,一场演讲的要点不要超过五个。

2. 列结构提纲

把要点按照一定的逻辑进行排列,或并列,或总分,或递进,就构建了结构。符合人类思维发展规律的逻辑性结构具有让听众信服的强大力量。用数字清楚地标示出结构就形成提纲。列提纲可以很好地厘清你所要讲的要点以及要点之间的逻辑联系,使你思路清晰、重点分明、有条不紊地进行演讲。为了更好地厘清思路,在提纲中还要写出各要点之间起衔接作用的过渡段。

3. 摘录重要材料的关键性信息

提纲只是提供了演讲的骨架,为了避免演讲时因为紧张忘了如何展开而束手无策,还需要能够刺激记忆的关键词和短语等重要信息。在摘要中要完整地记录诸如引语和统计数据这样需要精确表达的内容,以免出现差错。如果内容较多则可以单独做成一张卡片。就听众心理而言,在演讲时用准备好的卡片宣读这些引语和统计数据较之背出这些材料反而更加具有可信度。

4. 注意提示词和标记

摘要中还要用提示词和标记标示出音量、语气、语调、节奏、态势等练习时的表达线索，以便提醒自己。例如，给难发音的词注拼音，在需要强调停顿的地方做标记。特别强调要在摘要上做好增删标记，以便根据现场演讲时间的变化、听众的反应，对演讲内容随时增减。当然，摘要中也不宜做太多标记，如果用颜色来强调标记，颜色的种类也不要太多，以免难以辨别。

（九）反复演练

演练是指对演讲进行全面的练习，包括熟悉内容、强化声音、体态表达、视觉辅助物运用等。一定要反复地演练，直至你的措辞已经十分完美、流利，你的表达已经十分自然、生动、充满感染力，你的操作已经十分准确、娴熟。

演练可以按照以下步骤进行：

（1）熟悉演讲稿。

（2）准备好录音、摄像等设备，以记录你的演练情况。

（3）演练。模拟正式演讲的场景，依照演讲摘要大声地进行练习。

（4）分析。分析是完善演讲的必要环节。

（5）再次演练。分析之后进行第二次练习。包括分析的完整演练至少要进行两轮以上，直至你感到完全掌握了演讲的内容。

（6）着装试讲。在演讲前穿上你准备在演讲那天穿的服装进行一次试讲。

（十）熟悉演讲环境

演讲环境的好坏也是演讲能否成功的重要因素。演讲前熟悉环境可以保证你的演讲能够有序地进行，也可以消除由于环境陌生而产生的紧张感。了解环境之后，你还可以根据演讲的需要向组织者提出一些要求，尽力为自己的演讲创造一个良好的外在条件。

需要了解的环境信息主要有以下几点：

（1）演讲地点。

（2）演讲场所。

（3）演讲设施。照明设施、视觉辅助物、麦克风、黑板、投影仪、电脑等设备的摆放位置及使用情况。

（4）演讲时间。演讲前一定要提前到场，预先检查演讲场所的一切细微之处，确保一切安排都满足你在规定的时间内完成演讲的要求。

案例点评

一、开场白的技巧

演讲的开场是听众对你的"第一眼",是你与听众之间建立起来的第一座情感桥梁。开场的成功将极大地调动演讲者自身的情绪,令其充满信心地继续下面的演讲。演讲者一定要充分考虑演讲目的、演讲内容、演讲对象、演讲场合的具体要求,从新颖的角度,用精辟感人的语言、巧妙的形式精心设计自己的开场白,为整个演讲设定一个基调,以达到引人入胜的目的。

开场白的设计要有创造性。个人经历、历史事件、名人轶事等都可以成为开场白的精彩内容。设问、反问、排比、比喻等修辞手段都可以成为开场白的有效形式。

下面介绍五种常见的开场方式:

(一)陈述式

陈述一个事件或者事实,引发听众的兴趣与关注是演讲常用的开场白。需要注意的是用于演讲开场的陈述要以具体、生动甚至惊人的事实和数据说话,达到引人入胜、增强说服力的目的。

[案例一]

大家好!今天,我想与大家探讨智能电子产业背后不容忽视的问题。国家统计局数据显示,我国不仅是全球最大的智能手机生产国,而且也是消费大国。截至2020年,我们的智能手机年产量已超过14.8亿部。然而,这背后却伴随着严峻的环境挑战。每年,我国产生的电子废弃物总量达230万吨,其中仅手机废弃物就高达数亿部,回收利用仅10%左右。这些废弃物含重金属和有害化学物质,若处理不当,将严重污染土壤、水源和空气,影响人类健康与生态平衡。同时,更令人担忧的是长时间使用电子产品,尤其是睡前使用智能手机和平板电脑,已成为导致青少年视力下降、睡眠障碍等健康问题的主要因素之一。研究显示,近年来我国青少年近视率持续攀升,已超过50%,且呈现低龄化趋势,就与过度使用电子产品有着十分密切的关系。

点评：该演讲开场就通过一组具体而有力的对比性数据，说明我国作为全球最大智能手机生产国，以及消费大国，在繁荣背后却有着巨大隐患。一系列数据，不仅增强了论述的说服力，成功吸引听众的注意力，也激发了听众对于如何合理消费电子产品、促进资源循环利用以及保护青少年视力健康的深刻思考，有良好的教育效果。

（二）问题式

开场时提出问题、进行设问或反问都是集中听众注意力，引导听众积极思考，使听众参与到演讲之中的好办法。所提问题要紧扣演讲主题，有鲜明的针对性。

［案例二］

你上网冲浪时，是否一次就连续几小时？是否花很多时间在网上看视频，而不是在教室里看书？你是否跟聊天室里的人谈得更起劲，而不愿跟朋友或家人在一起？如果不能上网，你是否感到压抑或失去目标？登录上网是不是你一天的兴奋点？如果是这样，你也许是心理学家们所说的越来越多的网迷的一分子。

点评：这段开场白针对网迷可能有的表现一口气提出了五个可以对照检验的问题，每个问题都非常具体，有针对性，使听众不由自主地对照自己的上网行为，自然而然地随着问题去思考自己是否已经成为网迷。

（三）抒情式

抒情式的开场白经常运用排比、修饰性词语等手段，用富有感染力的诗意的语言直抒胸臆，渲染气氛，感染听众，达到迅速调动听众情绪的目的。

［案例三］

虽然有的想法近乎疯狂，但是却十分奏效。当一位来自费城的年轻女性走进当地一个无家可归者的避难所，她对自己说："我想让他们跟我一起跑起来。"就在那里，一个所有努力都被遗忘、压抑与日俱增的地方；一个失去梦想、虚度光阴的流浪汉和瘾君子随处可见的地方；一个被抛弃、被忽视、被全世界拒绝的地方。这位女士走进这里，头脑中充斥着一个坚定的信念让跑步成为一种治愈的力量。她说："我想带动一些无家可归的人跑步。"这正是安妮·迈勒姆要做的事。于是他们一起系好鞋带、戴上帽子、穿好衣服，一起跑完了最初的一公里。一开始大家跑得很慢，随着跑步的人群不断壮大，奔跑的脚步也变得更快。有些人坚持跑步，他们跑向新的工作岗位,跑向新的家庭,向着他们一直梦想的生活努力奔跑。这就是他们努力奔跑的真正原因,每个清晨在太阳升起之前,你都能看到一群坚定的跑步者。专业人士、志愿者和无家可归的人们都在沿着费城的街道奔跑。安妮·迈勒姆——我们的家园英雄,也带着她的疯狂的想法,奔跑在人群中间。

点评:这个开场白用了大量的排比修辞叙述无家可归者的避难所和跑步者的场景,通过抒情的方法增强了语言的感染力,为听众描绘出这位"来自费城的年轻女性"带领无家可归的人们一起跑步的感人画面。此外,演讲者开头并未提到要讲的人物名字,在用各种修饰性的词语介绍完人物后,才说出了人物的名字——安妮·迈勒姆,给听众制造了一个悬念,使听众一直在猜这个人物是谁,引发了听众的好奇心。

(四)比喻式

比喻式的开场白生动形象,可以引发听众的联想和想象,非常引人入胜。

[案例四]

如果你也喜欢园艺,那应该知道一棵像这样的植物苗壮成长所需要的一切元素,包括合适的花盆、肥沃的土壤和充足的水分。花盆是植物的家,一个它们可以自由生长的地方。土壤给了植物养分,让它们根深枝茂。水是生命之源,让植物得以存活。正如植物生长所需的花盆、土壤和水分一样,你可以从我的家庭、朋友和兴趣爱好了解到我的成长之路。

点评:这是一篇美国威斯康星大学学生的演讲,在开场白中,演讲者直接用了比喻的手法,将自己的成长之路比喻成植物的成长之路,将家庭、朋友和兴趣爱好比喻成植物成长所必需的花盆、土壤和水分等元素,生动形象地向听众们展示了自己的成长之路,既揭示了主题,又引发了听众的联想。

(五)颂扬式

人人都愿意听别人的欣赏和赞美。倘若演讲者用真诚的赞美开头,往往能够迅速激发听众强烈的自豪感和认同感,起到鼓舞和激励的作用。

[案例五]

在座的每一位都为公司的成功做出了巨大的贡献。你们当中的许多人是公司的创建者。你们一起创建了这家公司,并且在你们的努力下,公司已成为行业里的佼佼者。但是,女士们、先生们,我们现在面临一个挑战。在接下来的七年里,你们中有 35% 的人会退休,而我们还没有储备好领导人,在未来带领我们前进。

这就好像一次航行,出发时有充足的补给让我们到达目的地,但是却没有充足的补给让我们回家。如果我们现在不采取行动,那么公司的未来就成败难料了。

点评: 这篇演讲一开场首先称赞在座的每一位员工都为公司的成功做出了巨大的贡献,进而表扬其中很多人作为创建者为公司成为行业里的佼佼者做出了努力,以此激发起台下员工强烈的荣誉感以及为公司现在面临的挑战而立刻行动起来的责任感。同时,演讲者也用了比喻的手法,将公司发展比喻成了航行,员工为公司所做出的贡献就像是航行中的补给,如果补给没有了,航行就进行不下去了,公司的前景也会迷茫,从而激发了公司员工与公司同命运、共同迎接挑战的斗志。

二、主体部分的技巧

演讲的主体是指对话题展开论述的部分,它是演讲的核心,担负着阐述、论证观点,达到说服和感染听众的重要任务。主体部分的总体要求是紧密围绕主题展开论述,结构完整清晰,观点全面正确,论据准确新颖,论证充分有力,重视情感的表达。

主体部分内容的组织要安排好完整、有序、清晰的结构;要采用多种形式的材料充分论证观点;要用大量的归纳和提示性的语言,为听众提供内容线索;要设置情感高潮,营造演讲的激情和气势。

下面介绍三种安排主体部分的重要技巧。

(一) 用标志性语言标示结构

演讲者为了充分地表现主题,必须把散乱的、零碎的材料,有机地、巧妙地组织成一个有序的整体。为了保障听众能够清楚地明白演讲者的思路,主体部分十分强调用标志性语言来标示结构,以加强结构的明晰性。

[案例六]

各位同学:

今天我想和大家谈四个问题,叫作"每天四问"。

第一问,自己的身体有没有进步? 有,进步了多少? 为什么要这样问? 因为健康是生命之本,有了健康的身体,我们才有本钱去寻求幸福,实现崇高的理想。否则,一切都将是空的。健康的身体,离不开自觉持久的锻炼,离不开科学合理的生活和作息。希望你们从小树立"健康第一"的观点，筑起"科学的健康堡垒"。

第二问，自己的学问有没有进步？有，进步了多少？为什么要这样问？因为"学问是一切前进活力的源泉"。我们是学生，求知是我们的主要任务，有了学问，将来才能更好地造福于社会。要想自己的学问有进步，就要专心致志，就要有坚韧不拔的意志力。要认准目标，钻进去，展开来。这样，我们就能够到达胜利的彼岸。

第三问，自己担任的工作有没有进步？有，进步了多少？为什么要这样问？因为工作的好坏对我们的今天和未来都有很大的影响。在学校和班集体中，你们多多少少都承担着一些工作，如值日、值勤、班级和学校的管理等。这些工作虽然都是一些小事，却能培养我们的责任心，锻炼我们的办事能力，是我们将来步入社会做大事的基础。认真负责地做好自己手上的每一件事情，这也是一种学习，一种和听课、读书、做作业同样重要的学习。

第四问，自己的道德有没有进步？有，进步了多少？为什么要这样问？因为道德是做人的根本。根本一出问题，即使你有一些学问和本领，也不会成为对社会有用的人。社会的稳定和国家的发展，需要每个人既要讲究"公德"，也要讲究"私德"，要"建筑人格长城"。我们到学校里来，除了要学习文化知识，更要紧的是要学习做人，学习做"真人"。

以上我谈的就是"每天四问"。如果我们每天都这样问问自己，这样地激励和鞭策自己，我们就一定能在身体健康、学问进修、工作效能、道德品格各方面有长足的进步。

点评： 这篇陶行知校长的演讲稿，开头十分简洁明了，直接提出本次演讲要谈四个问题，使听众对自己的演讲内容有一个总体的把握。然后，主体部分用序数词对各个问题进行标示："第一问""第二问""第三问""第四问"。虽然每个问题里面不仅有提问还有设问和反问，形成多重排比，但听众可以十分清晰地把握住演讲主体部分的层次结构，从而对演讲内容留下深刻印象。

（二）善于运用事例和过渡语

演讲主体部分要善于运用多种形式的材料，特别是用具体、真实、典型、生动、新颖的事例来充分论证观点。个人经历、故事、寓言、名人轶事、趣闻以及生活中真实的事例可以使抽象的观点变得清晰，使演讲变得生动有趣，更富有感染力和说服力，从而对听众的行为产生影响。

演讲主体部分的组织还要特别注重过渡性语言的使用。过渡语是指把一个要点与另一个要点连接在一起的提示性的词语、段落。在演讲中只有运用一些强有力的过渡手段才能让听众明白各个要点之间的相互关系，以便他们能够更好地理解和记忆你所说的内容。

[案例七]

同样，大家终于能够明白，科学已经使人类登上了万物之灵的顶峰，所以人降生在这个世上，总要做点什么，让这个世界更加美好；但又不能强求，自然的规律无法改变，再怎么强求，人类对于自然界而言仍然是渺小的。其实回想起来，我自己一路走来，确实是有意无意地在践行这样的原则。我小的时候，生活在一个非常和睦的家庭，父母的感情非常融洽。我至今仍然记得，一个夏天的晚上，一家人围坐在一盏小小的煤油灯旁，父亲给我释讲"聊斋"的故事，母亲在一旁倾听，一幅温馨的场景。在这种温馨的环境下，父母对我的要求也很宽容。我喜欢放学后把作业带到山上去写，父母也不会把我抓回家去。高中毕业后考大学，我记得当时有过犹豫，本来我是可以保送到一所著名大学学习经济管理的——我曾有机会成为大家的同行，当然这样的话就不知道是否还有机会被钱院长邀请来到这里了——但我又非常喜欢物理，在跟我父母亲散步的时候我说，我想报考物理专业，又怕学物理养不活家人。我父母说，没关系，我们都有退休工资，按照你自己的兴趣来就可以了。所以那时候我忽然发现，排除了功利的想法，抉择其实很简单，只要遵从自己的内心就好。

后来我到欧洲留学，接着又继续在欧洲搞合作研究。有一年春天，我在奥地利维也纳的实验做完了，本该尽快赶到德国海德堡去筹建自己的实验室，可我很留恋在多瑙河边采摘荠菜的那一份惬意，担心到海德堡就再也采不了荠菜了，于是就在维也纳多待了一段时间。结果，在海德堡的实验计划被延后了，后续的一个重要实验被别人先做了出来。当时，我感到有些懊恼，尤其是后来我发现在海德堡的内卡河边其实也有荠菜。但是，我很快就释然了：工作是做不完的，这个实验未能如愿，下个实验再努力就是了，没有必要给自己施加那么大压力，相对悠闲一点，回到实验室的效率反而会更高。我非常喜欢德国哲学家叔本华的一句话：人可以做他想做的，但不能要他想要的。科学研究其实正是如此，你费了大把力气，可能什么也发现不了；有的猜想可能一辈子都验证不了；也有可能像我刚刚讲的那样，努力了半天，结果被别人捷足先登了，但是探索和努力的过程本身，已经是科学带来的最大乐趣。

点评：2018 年，中国科学院院士、发展中国家科学院院士、中国科学技术大学常务副校长潘建伟，受清华大学经济管理学院邀请，以"科学的价值"为主题作毕业典礼演讲。他采用个人经历的真实故事、名人名言等多种形式的材料阐述了科学对于个人价值的影响。第一个父母亲的故事，他深情回忆了夏夜一家人围坐煤油灯旁，听父亲讲"聊斋"故事的温馨场景，正是这种温馨、宽容的环境，他能够按照自己的兴趣报考物理专业，认识到排除功利的想法，抉择其实很简单，只要遵从自己的内心就好。第二个欧洲留学的故事，他分享了自己留学欧洲时，有一年春天因为留恋在多瑙河边采摘荠菜的惬意导致实验计划被延后，以至于一个重要实验被别人先做出来的令人懊恼的经历。但之后很快便释然了，因为他认识到工作做不完，从容不迫的环境，其实更加重要。于是他分享了自己非常喜欢的德国著名哲学家叔本华的一句话"人可以做他想做的，但不能要他想要的。"他提炼了"探索和努力的过程本身，已经是科学带来的最大乐趣"的观点，可谓论证深入浅出，生动睿智，说服力和感染力俱佳。

演讲中，潘建伟通过"同样，大家终于能够明白，科学已经使人类登上了万物之灵的顶峰""其实回想起来""我至今仍然记得""后来我到欧洲留学，接着又继续在欧洲搞合作研究。"等过渡句使句子间转承更符合演讲作为口语表达的需要，语气更平顺，段落间联系更紧密。深刻的思想却能娓娓道来，层层深入，引人入胜。

(三) 设置情感高潮

演讲讲求节奏鲜明，张弛相间，跌宕起伏，力避平铺直叙。情感高潮可谓演讲者感情最真挚、最动情的时刻，是听众最受震撼、情绪最激动、精神最振奋的时刻，也是演讲者与听众达到精神和情感的共鸣的时刻。因此，在主体部分，演讲者一定要有意识地设置一处或多处情感的高潮。

情感高潮必须依靠演讲者有意识地向前推进才能形成。酿造高潮的方法是多样的：或通过对所举事例的精辟分析，提炼出精彩的观点、深刻的哲理而语出惊人，使听众为之折服而掀起高潮；或用充满感情的语言、叙述动人的经历而达到高潮；或通过诙谐幽默、制造悬念等使听众情绪起伏而掀起高潮。

[案例八]

现在我想从国外说起。

肖邦是一个大音乐家，这是大家所熟悉的。在他就读音乐学院的时候，已经是很有名气的音乐家了。他 19 岁那年，从音乐学院毕业。毕业后他到维也纳举行过两次演奏会，第二年春季又在华沙演奏，都获得了极大的成功。老师和同学都劝他到国外深造。当时的波兰正遭受沙俄统治者的蹂躏与侵略，他虽然热爱祖国，想留在祖国,但现实环境会束缚他的艺术才能,所以他接受了师友们的建议,于 1830 年出国。在出国前的告别宴会上,朋友送给他一个银瓶,其中装满了波兰土地上的泥土。他出国不久,听说国内发生了反对沙俄统治的武装起义,他想马上回国。但在回国的路上听说起义被沙俄政府镇压了。他只好取消回国的念头。就这样,他在国外颠沛流离 19 年。这瓶祖国的泥土,也一直伴随着他。

1849 年,他在巴黎一病不起,在生命垂危的时候。妹妹柳德维卡来探望他。他说:"我在人世不会太久了,在我去世以后,波兰反动政府是不会允许我的遗体运回华沙的。但我希望至少能把我的心脏带回祖国去……"

点评: 情感高潮可以通过用真挚的语言讲述真实、坎坷的经历,令听众感动而表现。李燕杰在《国家、民族与正气》的演讲中,在论述爱国之心时,讲述了大音乐家肖邦的动人故事。肖邦在国外颠沛流离 19 年,但一直把离开波兰时朋友送给他的装满祖国泥土的银瓶带在身边。生命垂危之际,他深知自己的尸骨无法埋入故土,便嘱托妹妹至少能将其心脏带回祖国。肖邦爱国之心的故事令人震撼,感人至深。"从祖国的一瓶泥土,到肖邦这颗心脏,这里包含着一个爱国音乐家对祖国的忠诚和热爱!"李燕杰对故事的点题激发了听众对爱国情感的强烈共鸣。

三、结束语的技巧

演讲的结束语与开场白同等重要,是演讲者表达思想、打动听众的最后机会。演讲结束语的特殊之处在于它既要起到收束全篇的作用,又要构建起一个最后的情感高潮。演讲者应该调动一切积极因素,用充满感情和力量的语言总结全文,提升主题,升华情感,从而把听众的情绪推到最高的浪峰上,使听众情绪激昂,给听众以希望和信心,以实现说服听众采取行动的目的。

演讲的结束语要简洁凝练,收拢全文,提示题旨,不能拖沓冗长;要激情洋溢,铿锵有力,富有鼓动性,不能平淡无味;要新颖巧妙,耐人寻味,不能落入俗套;要给结尾留有足够的时间,不能草草了事。

下面介绍五种常用的结尾方式。

(一) 总结式

演讲结束时呼应开场,对演讲的主要内容和大意进行总结概括并形成结论,这是一种最常用的结尾方法。

[案例九]

让我们的话题回到吉格斯。那次吉格斯掉进坑里的经历让我见识到了另一个世界,而这件事完全改变了我对森林的看法。第一,我们都得走出家门,走进森林。我们需要重新使当地的居民融入我们的森林中去,了解当地环境情况和森林知识。第二,我们需要保护好我们的古老森林。保护好它们就是保护好森林的基因库、保护好母树和菌根网络。第三,当我们伐木时,我们需要保护森林的"遗产"——母树和菌根网络,还有树干和基因,这样它们就能把它们的智慧传给下一代的树木,这样整个森林就能经得起未来将会面对的重重困难了。第四,我们需要通过人工种植和自然再生的方式,增加森林的物种多样性、基因型多样性和结构多样性。我们需要给大自然母亲她需要的工具,好让她用自己的智慧来进行自愈。我希望今天我也能改变你们的一些关于森林的印象。

点评:演讲时让听众心理上产生统一感的一个极好办法是在结尾的时候回应开场白,进行总结。这篇带有科普性质的演讲文,开场白是这样的:

我是在不列颠哥伦比亚省(加拿大)的森林中长大的。那时我总喜欢躺在森林的地面上,向上望着那些树冠。一次我们可怜的狗吉格斯脚一滑跌进了一个坑里。爷爷匆忙抄起一把铁铲,跑过去救那只可怜的狗。那狗掉进了深处,在淤泥里挣扎。但在爷爷挖开森林的地面的时候,我却被那些露出的树根深深地吸引了,我后来发现,在树根下面有很多白色的菌丝,再下面就是红色和黄色的矿质土层了。当然最终,我和爷爷救出了那只可怜的狗,但也就是在那时我意识到,正是树根和土壤的混合构成了森林的基础。

作者的开场白从一只小狗的故事说起,在演讲结尾时回到开场白提到的场景——一只小狗掉进了坑里,使整个演讲首尾呼应,连贯成一个整体。演讲者使用总结式结尾的方法,将自己的所讲内容归纳为四点,重申了自己对森林的认知,再次加深了听众的印象。

(二) 提升式

演讲的结尾把一些经过情感凝聚和思想升华的精辟见解提炼成具有高度概括力和号召力的警语,可以起到升华主旨内涵、激励听众的效果。

[案例十]

最后,我愿意引用诺贝尔物理学奖获得者康普顿的一句话:"科学赐予人类的最大礼物,是相信真理的力量。"大家之中,有的即将走出校园,面对更加精彩也更加复杂的社会,也有的将继续深造。愿这种力量能为大家带来乐观的心态、坚持的毅力,还有敏锐的眼光。再次祝贺大家顺利完成学业,迈向更加宽广的天地!

点评:这是中国科学院院士、发展中国家科学院院士、中国科学技术大学常务副校长潘建伟,受清华大学经济管理学院邀请,以"科学的价值"为主题作毕业典礼演讲的结尾。在正文的演讲中,潘建伟从自己的个人经历出发,阐述了科学对于个人与社会的价值。结尾时,他引用诺贝尔物理学奖获得者康普顿的一句话"科学赐予人类的最大礼物,是相信真理的力量"升华全篇的主旨,并期待这种科学的力量能给即将走出校园,面对更加精彩也更加复杂的社会的毕业生和继续深造的学生带来乐观的心态、坚持的毅力、敏锐的眼光,鼓励毕业生坚信科学的力量,迈向更加广阔的天地。思想睿智、情理交融的结尾十分富有感召力。

(三)呼吁式

演讲者在结束时用充满激情的呼吁提出目标,号召行动,具有很强的鼓动性,可以有效地实现演讲的目的。

[案例十一]

最后我送给大家一个公式,来结束我的这场"狗皮膏药"式的演讲,这是美国心理学家荣格的一个公式,我非常赞赏,就是"I plus We equals to Full I",大家很强调要体现自我价值,体现自我价值,需要把自己融在"We(我们)"这个大集体里面,最终完全体现自我价值。我非常赞赏这个公式,把这个公式奉献给大家——"I plus We equals to Full I",谢谢。

点评:这是中国科学院院士、中国工程学院院士、北大方正开创者,被誉为"当代毕昇""汉字激光照排系统之父""中国现代汉字印刷革命的奠基人"王选的著名演讲《我一生中的八个重要抉择》的结尾。在正文演讲中,王选用八个抉择为要点,把自己一生从学习到创业所经历的重要阶段和重要经验串接起来,用真实可信的事例、生动幽默的语言条理清晰地讲述了自己作为一位科学家的人生历程。结尾时,他把自己非常赞赏的美国著名心理学家荣格的公式"I plus We equals to Full I"送给听众,强调体现自我价值,需要把自己融入"We(我们)"这个大集体中,起到了引发思考、号召行动的作用。

(四)感悟式

演讲的结尾用文采斐然的语言真诚地抒发自己的某些感悟和心得,可以很好地实现以情动人、推己及人的演讲目的。

[案例十二]

　　五天的培训课程精彩纷呈，让人耳目一新。我深受感动的是从事汉语国际教育的国内外知名学者、老教师们数十年如一日追求教学理念的更新、教学方法的改革、教学技巧的进步。我深刻地领悟到汉语国际教育传授的不仅是优美的汉语，更是灿烂的中华文化。坐而言，不如起而行；路虽远，行则将至；事虽难，做则必成。让世界通过汉语了解中国，我们任重道远。

　　点评：这是一位学员在一次汉语国际教育师资培训班结束时的演讲。该学员真诚地表达了自己在培训班上的收获和感悟；此外，还运用古文名言警句、成语表达了从事汉语国际教育的抱负和决心。结尾时恰当的古文点缀能使语言精练而富有意蕴。

（五）故事式

　　在演讲的最后，用发人深省的小故事、幽默的笑话，不仅可以营造轻松的氛围，使演讲富有启发，而且能有效提高听众的注意力。

[案例十三]

　　最后，我和大家分享一个故事：一位渔夫听见很多水族在哭泣，便上去询问。原来是龙王觉得，只要是带尾巴的水族，工作效率都很差，非常生气，要把他们治罪。这时渔夫发现一只青蛙也在哭泣。于是渔夫就问青蛙为什么也哭泣。青蛙说"虽然我现在没尾巴，但是我担心龙王会因为我小时候是蝌蚪而一并惩罚。"这个故事的寓意，请各位回去后体会。

　　点评：这篇演讲的结尾，某单位领导通过一个故事来表达自己关于如何用人，特别是如何对待有过一些过错的员工的看法，提醒各部门中层领导要把员工现在的工作能力和表现放在首位，而不要总是用过去的眼光看人，以员工过去的表现作为判断的依据，达到了在轻松的氛围中委婉含蓄地告诫下属的效果。

　　演练题
　　精选

一、开场白技巧的演练

　　比较评价下面两个安全演讲的开场白。

　　（1）朋友，我问你：人最宝贵的是什么？当然是生命。为生命保驾护航的是什么？是安全。安全对个人、家庭、企业来说又意味着什么呢？意味着我们焦急等待亲人下班时还能按时听到钥匙在锁孔里转动的声音；意味着企业获得不竭的动力持续而快速地发展。所以，让我们争做本质安全人，将安全工作常抓不懈。

（2）朋友们，当我们聆听着洗煤机欢快地歌唱时，当我们看见蓝天下输电线勾勒出一幅幅美丽的画卷时，大家是否想到安全就是幸福呢？

二、主干部分技巧的演练

1. 根据演讲的主题与结构安排，请按照这个思路，写一篇《杭州雷峰塔》的演讲稿。

具体目标：告诉听众杭州雷峰塔建造和重修的历史。

中心思想：杭州雷峰塔经历的建造与数次重修，是杭州历史的见证。

要点：

（1）北宋太平兴国二年(977)建成，但于北宋宣和二年(1120)遭到严重损坏。

（2）南宋庆元年间(1195—1200)重修，但于明嘉靖年间再次遭到破坏。

（3）1924 年 9 月 25 日，年久失修的雷峰塔砖塔身轰然坍塌。1999 年底，浙江省和杭州市人民政府决定重建雷峰塔，并于 2002 年 10 月 25 日，建成雷峰新塔。

2. 根据题目《什么是真正的幸福》的开头，构思演讲的主体脉络。

幸福，这是一个美丽而诱人的字眼，它古老而常新，有着无穷的魅力。古往今来，有多少人追求、探索。然而，大千世界、茫茫人海，人们对幸福的理解和追求又不尽相同。

3. 根据题目《梦想》的开头和结尾，补写演讲的主体部分。

（开头）梦想，是生活的灯塔，是力量的源泉。一个人如果失去了梦想，就会迷失前行的目标。而人只有确定了诗和远方，才可能选择理想的生活道路，进而掌握自己的人生方向。

（结尾）希望我们从现在开始成为一个相信梦想的人，以梦为马，改变自己，努力前行。新生活从胸怀梦想之日开始。

三、结束语技巧的演练

根据下面演讲的开头，请加上恰当的结尾。

1. 演讲《不要轻易说"不"》的开头：

人生,其实就是一个过程,很多事,很多人,失败过,经历过才会懂,才会成熟。当失败来临的时候,不要悲伤,而应将其看作一次成长的机会,一次锻炼的机会。冲过去,会有更美好、更灿烂的生活等着你,更会有一番成就感;如果退而不前,那只能迎来更多的失败,更多人生的遗憾。

2. 演讲《亲情》的开头:

亲情是雨,带走烦躁,留下清凉;亲情是风,吹走忧愁,留下愉快;亲情是太阳,带走黑暗,留下光明。亲情是最伟大的,不管你快乐、沮丧、痛苦、彷徨,它永远轻轻地走在你的路上,悄悄地伴着你的一生。"摇啊摇,摇啊摇,摇到外婆桥……"不知是谁轻轻哼了一句,把我从思绪中拉回。外婆桥,外婆桥,外婆一定又在把我"瞧"了。我的眼前仿佛又浮现出她探着矮小的身子,站在高高的门槛上,踮脚倚门盼望的情景。此时,一股浓浓的亲情如春天那温暖的阳光,洒进我的心田,令我感到幸福无比。

第 12 专题　辩　论

　　任何理念、思想的形成，仅靠个人独立的思考是不够的，往往还需要在同他人的辩论冲突中碰撞发展，才能获得清晰的认识。辩论作为日常生活中广泛使用的会话形式，也越来越受大家重视。

要点指津

一、辩论的基本内容

　　辩论（又称论辩），指持不同见解的各方，就同一话题阐述己见，批驳对方所进行的言语交锋。辩论是交际双方对同一事物的是非之争，是各自为了证明己方正确对方错误而进行言语对抗，是以驳倒对方为目的的言语活动。

　　对抗性是辩论的本质特征。辩论重在批驳对方思想见解的错误，讲求针对论题击中对方要害。大多数论辩往往先声夺人，以使自己处于不败之地。即时交互性和情境动态性是辩论的显著特点。辩论中一方的表达以另一方的即时表达为基础，并受制于另一方的表达，辩论的话语由交际双方在动态的语境中共同生成。这一显著特点要求交际双方必须根据即时交际情境（对象情境、言语情境等）的变化而变化，敏锐辨别，及时应变，善于捕捉对方论断中的矛盾和漏洞迅捷反驳。辩论要求交际主体有较强的察言观色的能力和快速的言语结构组合能力，语码的接收和输出几乎同时发生，听、思、说同步化。

　　辩论是对抗性的，但采取的是摆事实、讲道理、以理服人的方式，必须把握分寸，尊重对方的人格，决不能攻击谩骂。

二、辩论的基本策略

（一）始终围绕话题

演讲等单向口语交际所面对的是一种相对稳定的交际情境，交际主体一般可以在事前根据交际目的和情境设计好自己的话语，不存在中途转换交际话题的问题。辩论是一种双向互动交际，所面对的是一种活动的情境，是一个话轮一个话轮地进行的，在话轮转换的过程中，辩者有时会迷失自己的交际目的，偏离话题。

辩论是双向的交流活动，作为辩论中的主体，发话内容应服从于统一话题，不能岔开话题。另外，接话时也不能偏离话题。

（二）陈说概括简明

辩论的最终目的是驳倒对方观点，证明己方观点的正确性，是以说理为本质属性的话轮转换过程。事实的"雄辩性"使事实成为辩论的基本证据，摆事实是重要手段之一。事实陈述清楚，概括简明，是论辩的基本要求。

辩论中，辩论双方都需要陈说自己的观点和看法。声音的转瞬即逝的特点，特别是辩论交互即时的特点，要求陈说时必须概括简明，尽可能用最简洁明晰的语言表达事物的实质。当然，能在这个基础上再做到内涵丰富、精警有力就更好。例如，一学者在论及中国古代的婚姻家庭时说："古代中国的婚姻是无爱婚姻，所以，所谓家庭的和谐，实质是一种文化规定。"在论及中国女性在历史上的地位时，他又说："古代中国女性只有容貌，没有声音。"这位学者的观点也许有值得商榷的地方，但简短的两句话，却点出了中国古代家庭婚姻的实质和女性的依附性。

（三）注意倾听应变

会话的交互性决定了应变的重要性。

辩论要求一方的陈述以另一方的陈述为前提，语境是交互的且动态的，因此，对应变提出了更高的要求。成功应变的前提是必须注意倾听，并且要听出水平。据说，拿破仑有一次对秘书布里昂说："布里昂，你也将永垂不朽了。"布里昂迷惑不解，答不上话来。拿破仑提示说："你不是我的秘书吗？"布里昂明白了他的意思，微笑着说："请问，亚历山大大帝的秘书是谁？"拿破仑没有直接回答布里昂的话，而是高声喝彩："问得好！"拿破仑说第二句话后，布里昂听出了话外音，巧妙应对，他们的话都没有直说，但彼此都明白了对方的意思。

应变是根据交际情境的变化进行应对,要注意以下几点。

(1) 不仅要根据对象的基本情况来决定说话策略,还要注意观察,分析对象的心理、心情变化,及时调整说话策略。上述拿破仑的第二句话就是根据布里昂的反应做的调整。

(2) 要根据对象表达的内容和形式,及时调整自己讲话的内容和形式。

(3) 努力利用交际场合中的其他情境因素(交际现场中的其他人及其言行,交际的时间,交际的空间状况,交际时的天气,进入交际场合的各种声音,交际现场中每一件可能影响交际的物品,等等)和这些因素的变化来见机说话。

(四) 营造融洽气氛

除极个别的情况,口语交际都要求融洽发话主体与受话者的感情。不过,在演讲等单向口语交际中,发话主体和受话者感情不融洽只影响受话者解码的兴趣,而在辩论中,双方感情不融洽不仅会影响受话者解码的兴趣,甚至会使交际中断。因此,辩论中营造融洽气氛具有特别重要的意义。辩论的对抗特征会使言语交锋激烈,故特别要注意运用言语上的含糊回避、顺应辩驳等,并切忌利用对方的缺陷或不足进行挖苦讽刺,甚至人身攻击。

辩论时,交际主体面对面、近距离的特点使交际双方的态势语言更能清楚地被感受到,声音上的细微变化也更易被捕捉到,非语言要素对和谐融洽的气氛营造产生较大影响。主体除了要注意态势语言,还需特别留意声音的差别以分辨意义。人在表达愤怒、热情和快乐时,往往会出现语速加快、嗓门变大和音调提高的现象。而如果说话比正常速度慢,声音较小,音调较低,往往表现诸如厌烦、抑郁或者不确定等。据莱思·斯珀里博士的研究,单调的嗓音表示厌烦;慢速、低声调表示抑郁;高声、有力表示热切;不断升高的声调表示惊讶;生硬的口吻表示防范;简短、大声表示愤怒;高声调、拖长腔表示难以置信。在辩论中,交际主体应有意识地控制自己的声音,以创造和谐融洽的气氛。此外,体态语等非语言要素对和谐融洽的气氛营造也能产生较大影响。

(五) 讲究言辩技巧

论辩时由于双方常处于对峙状态,各方对自己所持观点都不轻易让步,对对方观点的反驳也往往不留情面,特别注重技巧,逐渐形成了人们常说的"辩术",即言辩技巧。其主要指论辩双方对话轮的抢夺控制和各自对对方论点、论据、论证过程的反驳所采用的技巧。

三、辩论的基本技巧

辩论的基本技巧主要有话轮的抢夺、把持和各类言辩技巧。

（一）话轮的抢夺

从会话角度看，辩论也是交际主体在共享同一话题的基础上，利用语言技巧、逻辑思辨等策略进行竞争性交际的言语行为。会话活动的实质是话轮转换（即会话参与者轮番说话）的过程。辩论的对抗性使说话人与受话人对话轮的争夺不可避免。为表达利于己方的观点和思想，说话人常常采用一定的语用策略以夺取说话权。我们以国际大专辩论赛上的辩论为例。

甲："请问对方辩友，以成败论英雄是否鼓励成功？"

乙："对方辩友，我们今天要鼓励成功，但是我们不能鼓励不择手段的成功。所以我们不能鼓励以成败论英雄。我想请问你一个逻辑上的问题。请问成功到底是英雄的充分条件还是必要条件？"

丙："为什么对方辩友只是看到不择手段的成功呢？我们倡导时难道不能取其精华弃其糟粕吗？"

丁："不是我方要看到不择手段的成功，问题在于以成败论英雄的幌子下，有多少人去不择手段地获取成功呢？请对方辩友回答我方四辩的问题。"

上例中，甲用提问的形式质问对方"以成败论英雄是否鼓励成功"，并开启新一轮话题，乙回答了对方的问题，同时又利用对方提出的问题重置问题。丙作为站在甲的一方针对对方的观点继续提问，丁在回答问题后，继续追问。一般而言，提问是话轮争夺的常见方式。

（二）话轮的把持

辩论中交际双方都要抢夺话语权。为了达到对话轮的持续控制，当前说话人会积极采取重复、曲解等方法以把持话轮。

甲："难道对方辩友因为今天经济的发展可能带来环境破坏，就说经济发展不可取吗？难道我们今天没有其他价值观去制约吗？"

乙："对方辩友类比不当。你怎么知道，以成败论英雄是经济发展而不是破坏环境呢？对方辩友还是没有回答我方四辩的问题。我再问一个具体的问题：'夸父追日'和'精卫填海'都没有成功，请问夸父和精卫是不是英雄？"

丙:"其实今天错解题意的是对方辩友。他们只将以成败论英雄看作一种衡量英雄的标准,可是没有看到他背后代表的是一种价值观。请问鼓励成功到底哪里不可取?"

丁:"我方已经说得很清楚了,我们鼓励成功,但是也要看人们怎么样去追求成功,恰恰是以成败论英雄,往往就导致不择手段,刚才您没有回答,成功到底是成为英雄的充分条件还是必要条件? 再请问您一个反面的问题,失败是成为非英雄的充分条件还是必要条件呢?"

(三) 主要言辩技巧

1. 利用矛盾反驳法

利用矛盾反驳,就是要善于抓住对方立论中相互矛盾之处,据理反驳。

甲:我倒想请问对方辩友,在人性本恶之下,我们为什么要法律,为什么要惩治的制度呢?

乙:对呀,这不正好论证了我方观点嘛! 如果人性都是善的,还要法律和规范干什么?

甲提出人性本恶不需要惩治制度,乙立即抓住对方的逻辑漏洞,得出"正是因为人性不善,所以我们必须有惩治制度"的结论。

2. 事实反驳法

聪明的辩者善用事实反驳,让人们从事实中自己得出结论,这符合人们的接受心理,因此这种反驳具有极大的说服力。

1950 年 11 月,伍修权率中国代表团出席联合国安理会。美国操纵安理会否决了中国提出的制裁美国、要求美军自中国台湾和朝鲜撤军的议案,伍修权质问道:

"自从美国政府发动侵略朝鲜战争以来,从 8 月 27 日至 11 月 25 日止,侵略朝鲜的美国武装力量已经侵犯我国领空,根据初步统计,已达二百次,共出动飞机一千架以上,毁坏中国财产,杀伤中国人民,我要问奥斯汀先生,这是不是侵略? 美国第七舰队侵入我国台湾领海,以阻止我中华人民共和国中央人民政府对台湾行使主权,我要问奥斯汀先生,这是不是侵略? ……"

面对伍修权的事实反驳,奥斯汀等美方代表不敢再与中国在大会上交锋。

3. 二难推理反驳法

二难推理反驳法是指在论辩过程中,列出两种可能的情况,迫使对方从中做出选择,无论对方选择哪一种,得出的结果都对对方不利,使对方无法逃遁、哑口难辩的一种论辩手法。

古时有个县官非常可恶,凡是来打官司的如果不给钱,就会被打得死去活来。当地有个艺人编了出戏,叫《没钱就要命》。演出那天,县官也来看戏,一看演的是他,火冒三丈,没等戏演完,就回到县衙,命衙役将艺人传来审问。艺人听说县官传他,就穿了龙袍来到县衙。县官一见艺人,喝道:"大胆刁民,见了本官为何不跪?"

艺人指了指龙袍说:"我是皇帝,怎能给你下跪?"

"你在演戏,分明是假的!"

"既然你知道演戏是假的,为什么还要把我传来审问?"

县官面红耳赤,张口结舌说不出话来。艺人大摇大摆走出了县衙。

此处艺人列举了"演戏是假的"和"演戏是真的"两种情况,是真的则不能下跪,是假的则不能审问他,让县官陷入两难,无言以对。

4. 对比反驳法

对比不但是一种有效的认识事物的方法,而且也是一种有力的辩论手法。对比时的着眼点可以有很多,但不管从哪个角度切入,都应特别强调比较事物的相近点和反差度,制造鲜明的形象对照。

自称"一贯不愿同女流争辩"的菲律宾前总统马科斯,在大选中和阿基诺夫人展开论辩。马科斯攻击阿基诺夫人是"没有经验,不懂政治的家庭妇女",阿基诺夫人说:"是的,对于政治,我是外行,但是作为围着锅台转的家庭妇女,我精通日常经济。你对政治内行,然而,在菲律宾,工厂的开工率只有40%,占全国人口的60%的人失业或半失业,外债惊人,物价飞涨,民怨沸腾,经济的衰败导致政治的恶化,而政治的动荡,又进一步加剧了经济的恶化,你的政治'高明'得糟糕透顶!"

阿基诺夫人的反驳通过对照使人们识其同、辨其异,从而使自己的观点更鲜明突出。

5. 归谬法

归谬法即归谬反驳,事先假设对方观点是对的,然后从这个对的原理中推导出明显的荒谬结论,放大其错误,使其结果更加荒谬,从而否定对方论点。

有一天,一位教徒来到教堂。

教徒说:"神父大人,我是信教的,但不知上帝能给我什么帮助?"

神父平静地说:"上帝是万能的,他能帮助你所需要的一切,只要你祈祷。"

教徒忧虑地说:"我的邻居也是信教的,如果我祈祷上帝下雨,他却同时祈祷天晴,那么上帝会做出怎样的决定呢?"

神父无言以对。

此处教徒根据神父的观点——只要祈祷,上帝能帮助你所需要的一切,推出一个自相矛盾的命题——这里既下雨同时又不下雨,以此否定了神父的观点。

案例点评

一、围绕话题的技巧

[案例一]

托德:你认为大学生应该做很多作业吗?

弗雷德:我认为你的问题很精确。我认为大学生和高中生还有初中生不一样。在大学里应该成为一名负责的学生。负责的学生意思是,老师不用告诉他们应该做什么。学生自己应该知道他们要做什么,而作业对负责的学生来说并不是太重要。

托德:所以你的意思是学生应该自主学习。

弗雷德:对,自主学习。

托德:不应该由老师告诉他们应该学什么吗?

弗雷德:老师要告诉学生他们应该学什么,不过不能通过留作业来告诉他们应该怎样学习。

托德:好,举例来说,如果学习数学,那老师应该教给学生要学习的理论,不应该让学生们每天都交作业。

点评:辩论时常常容易出现这样的问题:觉得对方不讲理,或被对方故意一激,就控制不住自己的情绪,被对方设法牵着鼻子走。要使会话成功,就一定要避免这些现象,要牢记自己的交际目的,不要在不经意中迷失方向,转换话题。

二、陈说概括的技巧

在辩论中,概括简明的程度较之其他口语形式要高得多,往往须到精练的地步,甚至达到"一语中的"的程度。特别是类似法庭论辩等对抗性高的激烈辩论,择词选句应力求简短、犀利,因为任何一方的论辩时间是与对方思考的时间成正比的,一方的论辩时间越短,对方考虑辩驳的时间也就越少,给对方造成的困难也就越大。另外,辩论的互动显著,一方的言说必须在另一方言说的基础上进行,始终处于动态发展之中,因此要做到简明概括并不容易。

[案例二]

有一天,一位老妇人来找林肯,哭诉其被勒索一事,并请求做律师的林肯帮助她打官司。这位老妇人是美国独立战争时的一位烈士遗孀,仅靠政府抚恤金维持生活。不久前,出纳员竟然要她交付一笔手续费才准领钱,而这笔手续费却等于抚恤金的一半,分明是勒索。林肯安慰了老妇人,并答应老妇人一定为她打赢这场官司。

法庭上,由于出纳员是口头勒索,原告老妇人没有实证,被告出纳员矢口否认。于是林肯陈述独立战争前人们的苦难和战士们在冰天雪地里战斗,为自由而牺牲生命,最后,林肯说:"现在历史已经成了陈迹,英雄早已长眠地下,可是他们那衰老而可怜的遗孀,还在我们面前,要求代她申诉。她以前也曾经是位美丽的少女,曾经有过幸福愉快的家庭生活,不过,她已经牺牲了一切,变得贫穷无依,不得不向享受着以战士生命争取来的自由的我们请求援助和保护……我们能熟视无睹吗?"最后,在听众的一致要求下,法庭通过了烈士遗孀不受勒索的判决。

点评: 林肯在这次为烈士遗孀的辩护中就利用简明概括的陈说打赢了官司。

三、倾听应变的技巧

注意倾听应变体现在两个层面,一是指双方各能听出对方话外音,随对方而应变;二是指应答要及时,随对方而变。

(一) 注意对象

[案例三]

竞选第 41 任美国总统时,杜卡基斯和布什的一段辩论是利用对象情况展开论辩的很好示例。

杜卡基斯:布什在哪里?

布什:噢,布什在家里,同夫人巴巴拉在一起,这有什么错吗?

点评: 这一话轮,民主党总统候选人杜卡基斯嘲笑布什不过是里根的影子,没有自己的政见,理由是布什在 20 世纪 60 年代初追随保守的戈德华特,80 年代初又遵从于温和的洛克菲勒,后来再附骥里根。作为一个政治家,其自身的政治标记不明显。而布什平淡的一句回答,也语意双关,既表现了自己的道德品质,又讥讽了杜卡基斯的风流癖好,置杜卡基斯于极尴尬的境地。

这看似极普通的一轮会话,如果不知道背景,根本看不出是辩论,布什从杜卡基斯的问话中听出了话外音,敏锐地洞察到他对自己的嘲弄,于是针对对方风流成性的特点,迅速应变,做出针锋相对的回答,取得上风。

(二)留意话语

[案例四]

一个小孩在面包店买了一块两便士的面包,他觉得面包比往常买的要小得多,便对老板说:"你不认为这面包比往常的要小一些吗?"

"哦,没关系。"老板回答道,"小一些,你拿起来就轻便些。"

"我懂了。"

男孩说着,就把一个便士放在柜头上。正当他要走出店门时,老板叫住他说:"喂,你还没付足面包钱呢。"

"哦,没关系。"小孩有礼貌地说,"少一些,你数起来就容易些。"

点评: 此处小孩利用老板的话语结构"小一些,你拿起来就轻便些",仿拟出"少一些,你数起来就容易些",不动声色地根据老板的话语予以反击。

(三)凭借现场

[案例五]

第二次世界大战时期,为了说服美国共同抗击德国法西斯,英国首相丘吉尔访问美国,被安排住进白宫。一天早晨,丘吉尔正一丝不挂地躺在浴缸中吸烟,罗斯福来看他,突然推门走了进来。丘吉尔慌忙扔掉烟站起来,光着湿淋淋的身子,尴尬中笑着说:"总统先生,我在您面前可是没有丝毫的隐瞒啊!"两人随即哈哈大笑起来。

点评: 在慌乱中,丘吉尔借助交际现场的情境因素——自己躺在浴缸中一丝不挂的尴尬情形,用"没有丝毫的隐瞒"一句话,转瞬间不仅化解了尴尬,而且照应到双方的关系和自己此行的目的。

四、营造气氛的技巧

(一)闪避回答

闪避回答是指不提供交际另一方所期待的真实或相关的信息。一个回答如果不是对问题做出正面的直接回应,或对提出的问题进行质疑,就是闪避回答。闪避回答常常采用转变疑问焦点、模糊话语的方式来表达,目的是回避对方问话锋芒,营造融洽气氛。

[案例六]

王元泽（即王雱，王安石之子）数岁时，客有以一獐一鹿同笼问雱："何者是獐，何者是鹿?"雱实未识，良久对曰："獐边者是鹿，鹿边者是獐。"客大奇之。

点评：面对自己无法分辨的鹿和獐，小小的王元泽选择了闪避，没有从正面回答客人的刁钻问题，而是利用鹿、獐同在一笼的条件，以"獐边者是鹿，鹿边者是獐"作答，不仅巧妙回应而使气氛融洽，而且让客人佩服他。

（二）先顺应后辩驳

顺应就是寻求与对方在某一方面的共同点，适当地给予肯定，以靠拢对方，取得对方的信任和好感，然后驳斥对方观点。顺应的目的是反驳对方的观点。

[案例七]

托德：作为老师，我不太确定你的看法是否正确，你是一个上进心很强的人，我认为大部分学生都像你这样既有上进心又遵守纪律，不过我也教过许多没有上进心的学生，如果我让他们交作业，那他们就不会做，如果我要求交作业，那他们可能会产生兴趣，成绩进步，但是如果不让他们交作业，不告诉他们要做什么，我想他们就完全不会学习了。他们会四处吃喝玩乐。

弗雷德：好，我同意你的观点。的确有一些学生需要被告知要做什么。有些人很难去自主做事。我同意你的观点，不过我认为作业是高中和初中的产物，中学老师会告诉学生要做什么，可是大学不一样，对大学生来说学习任务比较重要，老师可以每周给学生布置学习任务，而不是每天留课外作业，学习任务应该在学分中占有一定比例，这样学生会更积极地去完成。如果不给学生一些激励，那他们可能不会太积极。

点评：费雷德首先认同了托德的观点，之后又提出了不同的观点，营造了和谐的辩论氛围。

（三）能承受反面意见和揭短

[案例八]

当丈夫对朋友大讲自己怎样钓到两条大鱼时，妻子说："别听他的！钓了两天连鱼影都没见着，那鱼是花钱买的。"丈夫说："不错，我往池塘里扔了5块钱，那两条鱼就自动跑进我的网兜里了!"

点评:上述案例中若丈夫面对揭短恼羞成怒,最后必定不欢而散。这里丈夫采用顺势接话、自我调侃的方式维持了交际中的和谐友好气氛。

[案例九]

美国第 16 任总统林肯的长相谁都不敢恭维,他本人也从不避讳。一次竞选中,对手道格拉斯与林肯辩论,指责他说一套做一套,是个地地道道的两面派。林肯回答说:"道格拉斯说我有两张脸,大家说说看,如果我有另一张脸的话,我能带着这张脸来见大家吗?"

点评:自我揭短实际上在暗示听众自己也不完美,能与听众建立信任。林肯放下自己的身段,以一句自嘲的话语不仅化解了尴尬,而且获得听众的认同,让人觉得他可亲可爱。

五、运用言辩的技巧

(一)利用矛盾反驳法

[案例十]

一天,马新宇与刘伟之间发生了这样一段辩论:

马新宇:有理想是假的,实惠是真的。什么理想、信念? 有利就想,有福就享。

刘伟:我觉得你这种观点是错误的! 人怎么能没有理想、信念呢!

马新宇:都 21 世纪了,你还这么落伍,相信什么理想、信念呀! 反正我是不信了。

刘伟:你一点也不信?

马新宇:半点也不信!

刘伟:你就这样确信吗?

马新宇:对。

刘伟:那你怎么能说没有理想、信念这种东西呢? 你自己首先就有了一个错误的信念。

马新宇顿时哑口无言,不得不低头认错。

点评:刘伟发现了马新宇的观点中存在的自相矛盾之处:不承认有信念这类东西,却又确信自己的主张是正确的,这样就等于承认了有信念这种东西,以子之矛,攻子之盾,让其陷入自相矛盾之境,充分揭露了马新宇观点的荒谬,最终辩得马新宇哑口无言，不得不低头认错。

（二）事实反驳法

［案例十一］

秦孝公召集群臣说："继承君位，不能忘了巩固政权，这是国君应当遵守的原则；实施法制务必阐明国君的长处，这是臣下应有的品行。我现在想通过变法来治理国家，变更礼制来教育百姓。但是恐怕天下人非议。所以要大家发表意见，一起来想办法。"

商鞅首先发言，提出"治世不一道，便国不法古"的主张。但遭到甘龙和杜挚等人的反对。甘龙说："不对。我听说，高明的人不改变民众的习俗来进行教化，有智之士不变更旧法而治理国家。这样，不费力就会成功，官民相安无事。现在如果不按秦国的旧制办事，改变礼制来教化人民，恐怕天下都会非议君上，愿王明察！"商鞅立即驳斥甘龙说："甘龙所说，不过是世俗之言。一般人总是安于旧日习惯，迂腐的学者也往往沉溺于学问之中。所以，这两种人做官都固守旧法，不能和他们讨论旧法之外的事。夏、商、周三代礼制不同，但都称王于天下；齐桓公、晋文公等五个霸主各自的法令也都不同，却都称霸于诸侯。所以高明的人制定法规，而愚蠢的人只能受制于旧法；贤能的人变更礼制，而无能之辈只会被礼制约束。拘泥于旧礼的人，不足以与之谈论国事，受制于旧法的人，不足与之讨论变革。大王不必再疑虑了。"

这时，杜挚站起来给甘龙帮腔，说："我听说，没有万倍的利益，就不变法；没有十倍的功效，就不能更新器具。还听说有这样的话：'效法古代没有错，遵循礼制不会出偏差'。请大王好好考虑！"

商鞅立即予以反驳："前代教化人民的方法都不同，哪有什么古法可仿效？历代帝王的礼制都不重复，又有什么旧礼可遵循？远古的伏羲、神农时代教育而不惩罚，后来的黄帝、尧、舜就实行惩罚了，但不滥施惩罚，及至周朝的文王、武王，都是各自根据当时的形势而立法，根据事情的具体情况来制礼。显然，礼和法是因时势的需要而制定的，制度和法令要与形势相宜。各种武器装备都要便于使用。所以我说：治理国家不是只有一种方法，只要有利于国家就不必效法古代。商汤王、周武王都不遵循古法，一样兴盛起来了，夏桀王、殷纣王虽然没有变更旧礼制，却也灭亡了。由此可见，不效法古代的人未必有可非议之处，遵守旧礼的人不足以多加肯定。国君不要再疑虑了！"

点评：商鞅概述历史事实辩驳，不仅使甘龙、杜挚的守旧论调显得苍白无力，而且打消了秦孝公的疑虑，使秦孝公下定决心变法，"商鞅变法"得以施行。

（三）二难推理反驳法

[案例十二]

在泰国流传着这样一个故事：有个叫西特努赛的人，在皇宫做官。一天上朝之前，他对每个官员说："我可以洞察你们的内心，你们心里想的什么，我全都知道，不信咱们打赌！"官员们虽然知道西特努赛足智多谋，但绝不相信他会聪明到这种地步，他们想让他在皇帝面前出丑，于是一致同意以100两银子为赌注，与他打赌，皇帝也认为西特努赛输定了。打赌开始后，西特努赛不紧不慢地高声说道："在座的诸位大人心里想的什么，我十分清楚，诸位想的是：'我的思想十分坚定，我的整个一生都要忠于皇帝，永远不会背叛谋反。'诸位大人是不是这样想的？哪位不是请立即站出来！"官员们听到这里，面面相觑，张口结舌，没人敢站出来！都只好认输。

点评：西特努赛制胜的秘诀就在于预先给官员们设下一个"二难"之境：如果你认为我猜对了，就得输给我100两银子；如果你认为我猜得不对，就得承认对皇帝不忠。所以，你或者输给我100两银子，或者承认对皇帝不忠。两弊相较取其轻，官员们自然都愿认输。这里西特努赛选取的关键点是，官员们不敢当面说出对皇帝不忠。可见，二难推理是辩论的有效武器之一，在特殊场合可以使辩者在山穷水尽之时出奇制胜，绝处逢生。

（四）对比反驳法

[案例十三]

文竹随着一个旅游团到×国旅游。但是×国导游总是将他们领到免税商店去，动员他们购物。他们发现，这些商品，一点也不便宜，所以大多数人都只看不买。

几次三番后，导游很不高兴地对他们说："你们如果真的喜爱×国、尊重×国的话，就应多买×国货回去送给朋友，如果只看不买，喜爱×国又何从说起呢？"

文竹立刻反驳道："导游，话不是这么说的！我们国家领导人来访问，学术团体来进行学术交流，运动员来比赛，难道不算是喜爱×国吗？我作为外国人，来到陌生的国度了解这个国家的历史，感受这个国家的文化，体验这个国家的风俗人情，这才是喜爱吧！购物，只是喜爱这个国家的商品，是浅层次的喜爱。我们是从深层次喜爱×国。再说，如果你随时随地都怂恿我们购物，我们的朋友怎么敢再到×国来旅游呢？"

文竹的一席话，说得这位导游连连称是，再也不敢怂恿游客购物了。

点评：文竹先用对比反驳法，列举国家领导人的访问、学术交流等事例，否定了只有多购物才是喜爱×国这一谬论。然后，从新的角度灵活地解析了解×国历史、认识×国文化、体验×国风俗人情等才是深层次喜爱×国的表现，使论证更有深度，反驳也更有强度。

（五）归谬法

[案例十四]

19世纪末，有个人写了一封信给伦琴射线的发明者。信上说有一颗子弹在他胸中残留多年，需要用射线治疗，所以他特地写信请伦琴寄一些伦琴射线和一份怎样使用伦琴射线的说明书给他。

伦琴提笔回信道："真遗憾，目前我手上的 X 射线刚好用完了。这样吧。请把你的胸腔寄给我吧！"

点评：对方提出的要求显然是荒谬的，伦琴射线怎么能邮寄呢？但假使伦琴直接揭露事实，指出这个人的无知，就会有些居高临下的教训意味，容易让对方不快，于是伦琴聪明地采用了以谬制谬的办法，由对方要求"寄伦琴射线"，推出让对方"把胸腔寄来"，巧妙暗示对方要求的荒谬性，同时又不失幽默感。

归谬法在论辩中如果运用得好，一般能发挥一锤定音的功效。运用时关键在于能迅速明确对方话语的理据，并据此推出荒谬的事例，然后从中推出明显荒谬的结论，从而达到推翻对方观点的目的。归谬反驳有放大谬误的作用，常使论敌处于无地自容的窘境，同时往往可以取得幽默诙谐的效果。

演练题
精选

一、始终围绕话题的演练

辩题立场：互联网经济不会取代实体经济

作为反方四辩，我要对对方的观点指出漏洞，并对我方在辩论阶段做出总结，进一步说明我方的观点：互联网经济不会取代实体经济。

（1）这是个信息透明的时代。但我方认为当你身份泄露时，这是很危险的，而实体经济就比这个安全得多。

（2）互联网经济比实体经济更便捷。我方并不否认互联网经济的便捷性，但是实体经济更有它的便捷，例如，当你逛街口渴了，难道你一定要在网上购买吗？

（3）对方三辩刚才也说了，网上教学不能取代实体教学。因此，我方认为这已在无形中承认互联网经济不会取代实体经济。

（4）对方辩友承认说，东西是由人创造的，是一种财富。这就是实体经济的含义，但对方辩友支持的观点却是互联网经济会取代实体经济，这无疑是矛盾的。可以看出对方辩友并没有了解实体经济的含义。

我方认为：

（1）互联网经济具有虚拟性，有时候，你看到的只是个假象，并不是你想要的商品。

（2）实体经济是人类赖以生存的基础，它的方便性、安全性和确定性是不可置疑的。

（3）互联网经济是实体经济上的创新体，是一个更新、提升实体经济的形式，我方并不否认互联网经济的存在，但否认互联网经济会取代实体经济。因为这两者是相辅相成的，共同促进的。

综上所述，我方认为对方辩友的观点是矛盾的，是漏洞百出、站不住脚的。因此，我方还是坚持：互联网经济不会取代实体经济。

以上为辩论赛的自由论辩的部分辩词，辩题为"互联网经济不会取代实体经济"，分析正方是否始终围绕话题，若没有，哪些部分偏离了话题？

二、陈说概括简明的演练

1. 请你分析辩手是如何进行陈说的：

我方认为：现代社会竞争比合作更重要。

第一，从现代社会发展的内在动力看，竞争比合作更重要。社会在新陈代谢的竞争中实现，文明在挑战与应战的循环中发展。竞争不仅是社会运动内在矛盾的体现，更是现代社会的根本动力。现代生产力的提高正是基于竞争压力所带来的制度创新和技术创新。经济增长作为竞争性的发展过程，导致组织与组织、国家与国家之间竞争力的变换，你追我赶的发展竞争可使落后成为先进，也可使先进沦为落后。社会就是遵循这种永恒的竞争法则走向现代，走向未来。

第二，从竞争与合作的内在关系看，竞争是绝对的，合作是相对的。合作以竞争为前提。竞争的压力往往促使人们为了获得更多的资源寻求合作,但合作伙伴的构成与合作策略的确定必须通过选择和博弈,而合作的目的无非是将每个成员的力量整合为团体的竞争力。至于平等合作的基础则是势均力敌,否则弱者和强者所谓的合作总使弱者成为强者的附庸。

第三,从实现效率与公平的目标看,竞争比合作更重要。竞争通过市场机制促使生产者不断采用先进技术,降低成本,以战胜对手;又促使资金和劳动力合理流动,推进整个社会劳动生产率的提高。其结果必然是优胜劣汰。对个人而言,竞争的前提是人人都有机会参与竞争,这就保证了社会公平;竞争的过程是各尽其能,按劳取酬,这又激励了个人积极性的发挥。现代社会的存在与发展,就在于通过竞争吸引、造就、分配具有相应能力的人担负重要性不同的角色。现代法治则为竞争提供了良性的社会规则,使竞争在合理有序的条件下顺利进行,从而充分实现其功能。或许人性的软弱和利益的守成都使人们习惯于高唱合作的欢歌。然而,现代社会是一个呼唤强者的时代,不进则退。竞争不仅是时代的要求,更是对人性的挑战。"鹰击长空,鱼翔浅底,万类霜天竞自由",让我们直面这个竞争的时代吧!

上述为第三届中国名校大学生辩论邀请赛总决赛中正方一辩的辩词,请你分析辩手是如何进行陈说的?

2. 学校拟举办一场"发朋友圈是否该由自己做主"为题的辩论赛。请为正反双方各设计一段简明概括的陈词。

3. 庄子与惠子游于濠梁之上。

庄子曰:"儵鱼出游从容,是鱼之乐也。"惠子曰:"子非鱼,安知鱼之乐?"庄子曰:"子非我,安知我不知鱼之乐?"惠子曰:"我非子,固不知子矣;子固非鱼也,子之不知鱼之乐,全矣。"庄子曰:"请循其本。子曰'汝安知鱼乐'云者,既已知吾知之而问我,我知之濠上也。"

上述庄子的答辩是怎样简明而又精练锋利,一语中的的?

4. 我方始终坚信只有理想才能创造奇迹,拥有梦想才会拥有财富。梦想不是空想,梦想最大的意义是给予人们一个方向,一个目标。而人生最大的意义就在于对梦想的追求,如果连梦想都放弃了,那么你的人生也失去了意义。没有梦想的个人,是可悲的,没有梦想的民族,是不会进步的。有梦想的人,必然怀有激情,有激情的人,必然迈向成功。

陈毅曾经说过:"我们是世界上最大的理想主义者!我们是世界上最大的行动主义者!我们是世界上最大的理想与行动的综合者!"梦想是不容等待的,青春是需要冒险的,人要有追求,要有梦想,有信仰。也许你冒险了可能不会成功,但是不冒险必定不会成功。千万别让自己后悔。物质财富是可以创造的,但是精神财富是无价的。不要想当然地认为,有了金钱,就有了梦想,金钱和梦想是不成正比的,就像精神的力量永远凌驾于物质之上一样。我们不能只看眼前小小的利益,只图一时安逸,要为长远考虑。毕竟人的精力是有限的,人只有做自己真正喜欢的事,才会有动力,才能激发出最大的潜能。

美国微软公司的董事长比尔·盖茨曾是美国最著名的学府哈佛大学的学生,但是他在大二时辍学了,为了自己的梦想。如果他从哈佛大学毕业,也会有份稳定的收入。但也许就不会有今天的微软,他也不会有现在的成就。梦想是需要魄力和胆识的。如果觉得比尔·盖茨的成功是偶然是机遇。那么19世纪美国著名女作家海伦·凯勒就坚持用毅力创造了奇迹。在她生命的88年中,87年都生活在无声、无光、无语的世界中,但她却掌握了英、法、德等五国语言。她曾经有一句非常形象而生动的话来概述理想的信念:"当一个人感觉到有高飞的冲动时,他将再也不会满足于在地上爬。"对于人的生命而言,要存活,只要一碗饭、一杯水就可以了;但是要想活得精彩,就要有精神,就要有远大的理想和坚定的信念。作为一个健全人,我们有什么理由不去追求梦想?

请指出这段陈说存在的问题,并根据这段话语进行简明概括的陈说。

三、注意倾听应变的演练

一位企业家接受一家电视台采访时,发生了一件非常有趣的事情。

一位主持人问他:请问,你们的主要竞争对手是谁?

本以为会听到一些企业的名字,但没想到的是,该企业家先是冥思苦想了半天,然后又抠了半天脑袋,最后说:我不知道。

他接着解释:虽然外界都觉得我们在国内和×××竞争,在国外和×××竞争,但实际上现在就确定自己的竞争对手还为时过早。我们现在要做的,就是努力把商务基础设施做好,只有这样,不管是遇到什么竞争对手,我们都不会害怕,能坦然面对一切。

这段话中该企业家是运用什么辩论技巧做出及时应变的?

四、营造融洽气氛的演练

美国白宫记者协会已经成立九十多年,一年一度的晚宴其声势不亚于奥斯卡颁奖典礼。很多善于讲段子的总统都在历届晚宴上给观众留下了深刻印象。奥巴马拿自己过往一年所面对的挫折和华盛顿官场斗争当笑料。"奥巴马医保"网站推出后问题不少,并曾经瘫痪,奥巴马以此"抖包袱"。他说:"2008 年我的选举口号是'Yes,we can'(是的,我们行!);2013 年,口号变成了'Ctrl＋Alt＋Delete'(重启计算机的指令)。"他又提到了迪士尼的动画电影《冰雪奇缘》,笑指电影名字的灵感是来自频频宕机的医保网站。

分析奥巴马答语的成功之处,想一想面对这样的情况,还可以有其他表达吗?

五、讲究言辩技巧的演练

1. 就之前报道的传俄罗斯卷入美国大选事件,凯利采访俄罗斯总统普京。凯利说:"您一向否认俄罗斯卷入了去年的美国大选,但是根据美国相关情报机关的调查,俄罗斯的确插手了去年的美国大选。是不是美国所有的情报机关都在撒谎?"

普京说:"他们都被误导了,他们没有全面地分析数据。我至今没有看到他们提供哪怕一个直接证明俄罗斯卷入去年美国大选的证据。"

普京还指责美国曾多次插手其他国家的选举。"你在地图上随便指一个地方,你去问那里的人,他们都会抱怨美国官员干预过本国国内的选举。"普京说。

凯利则紧追不放,称普京这似乎是在为俄罗斯政府干预美国大选辩护。

普京则再次否认:"每一个行动都会引来一个对等的反应。但是,我再说一遍,我们不需要这么做。美国总统不断地换,执政的政党也在轮替。这也是为什么我们真的不关心谁是美国总统。但是,美国的政治主流方向从未改变。"

普京接着说:"的确,俄罗斯在美国选举中有自己更喜欢的一方,但是俄罗斯只会对美国的政治前进方向感兴趣。我们没有道理去干预美国大选啊。"

分析普京是如何回答凯利的?

2. 从前有个人叫张三,喜欢自作聪明。他积攒了三百两银子,心里很高兴,但是他也很苦恼,怕这么多钱被别人偷走,不知道存放在哪里才安全。带在身上吧,很不方便,容易让小偷察觉;放在抽屉里吧,觉得不妥当,也容易被小偷偷去,反正放在哪里都不方便。他捧着银子,冥思苦想了半天,想来想去,最后终于想出了自认为最好的方法。张三趁黑夜,在自家房后墙角下挖了一个坑,悄悄把银子埋在里面。埋好后,他还是不放心,害怕别人怀疑这里埋了银子。他又想了想,终于又想出了一个办法。他回屋,在一张白纸上写上"此地无银三百两"七个大字。然后,出去贴在坑边的墙上。他感到这样很安全，便回屋睡觉了。张三一整天心神不定的样子，早已经被邻居王二注意到了，晚上又听到屋外有挖坑的声音，感到十分奇怪。就在张三回屋睡觉时，王二去了屋后，借月光，看到墙角上贴着纸条，写着"此地无银三百两"七个大字。王二明白了一切。他轻手轻脚地把银子挖出来后，再把坑填好。王二回到自己的家里，见到眼前的白花花的银子高兴极了，但又害怕了起来。他一想，如果明天张三发现银子丢了，怀疑是我怎么办？于是，他也灵机一动，自作聪明拿起笔，在纸上写上"隔壁王二不曾偷"七个大字，也贴在坑边的墙角上。

你如果是张三，找到王二将如何让他承认是他盗走银子的？

3. 从前有个凶恶的庄园主，特别自负，要求穷人见到他必须低头。有一次，他在路上遇见一位诗人。只见诗人昂首挺胸，完全无视庄园主。庄园主顿时气急败坏，一边用手杖敲着地面一边大声说："你见到我为何不低头？"

"你给我钱我就低头。"

"好。我把钱拿出十分之二给你，你给我低头！"

"你拿八成，我拿二成，这不公平，我还是不低头。"

"那么我分一半给你，你给我低头！"

"要是那样的话，我和你平等了，为什么还要向你低头？"

"那么我把钱全部给你。这样，你该向我低头了。"

"到那个时候，我成了富人，而你成了穷人，你倒应该向我低头了！"

结果，庄园主在围观者的一片嘲笑声中灰溜溜地走了。

请具体分析诗人的辩驳方式。

4. 李时珍幼年跟父亲学医，小有名气。一次，有人故意习难他，问："腊月时，有人被蛇咬伤，怎样医治？"李时珍慧黠一笑，应声答道："取五月五日南墙下之雪涂之，即愈。"那人感到十分奇怪，问："五月哪里有雪？"李时珍反问："腊月何处有蛇？"

分析李时珍用了什么方法进行辩驳？

5. 余光中是中国台湾著名的学者、诗人、散文家。有一次，在台湾一项文艺大奖中，获奖者大都是黑头发的晚辈，只有余光中年届花甲，头发染霜。相形之下，余光中颇不自在。在致辞中，余光中风趣地说："一个人年轻时得奖，应该跟老头子一同得，表示他已经成名；但年老时得奖，就应该同小伙子一同得，表示他尚未落伍。"话音刚落，满堂喝彩。

请分析，余光中是抓住什么特点，赢得人们的掌声的？

6. 相传乾隆皇帝同刘墉等大臣登上城楼观景，恰巧有一家出殡，抬着棺材向城外走。不一会儿，又见一家娶媳妇，抬着花轿走过城楼下。乾隆皇帝就问刘墉：

"刘爱卿,都说你聪明过人,现在我问问你,你说全国一年生多少人,死多少人?"刘墉答:"生一人,死十二人。"乾隆疑惑不解,刘墉解释说:"国家再大,一年内生的也只是一个属相的,死的却是十二种属相的。"

请分析,在这段辩论中,刘墉采用了哪些论辩技巧来回答乾隆?

第 13 专题　新闻发言人

新闻发言人制度的起源可以追溯到 19 世纪初，美国总统亚当斯因一次被迫采访而开始组织媒体举行新闻发布会，宣布白宫对重大问题的看法。20 世纪初，新闻发言人制度在美国走向了常规化的道路。今天，新闻发言人制度已经被全球各国政府机关以及企事业单位所采纳，以此来主动发声，与媒体和大众达成及时有效的沟通。

新闻发言人代表政府部门或企业发布各类权威消息，看起来风光无限。但是，在新闻发言领域却流传着一个非常形象的比喻：新闻发言人是"风箱中的老鼠"，夹在所属部门与媒体之间，两头都不能得罪。新闻发言人是部门的喉舌，也是部门意志的表达者，更是部门、媒体与大众三者沟通的桥梁。做一个好的新闻发言人，是一件不容易的事情，时常面临着诸多挑战，其中最直接的挑战就是新闻发言人如何在新闻发布会上运用合适的语言来表述重要信息，以及如何与提问者交流。实际上，新闻发言人在发布会上的活动可被看作一种以口头交际为主的行为，一般的新闻发言人要先通过个人独白来发布信息，然后再与在场的媒体记者们展开互动对话。

要点指津

一、新闻发言人的角色定位

作为一个新闻发言人，工作能力的强弱，最主要在于是否掌握以下三点。

首先，新闻发言人能够清晰地表达自己所代言的部门的观点与立场，这是一个新闻发言人最重要的工作。我们不否认新闻发言人有自己的观点与立场，但是作为新闻发言人,他首先是所属部门的一名员工。因此,当新闻发言人进行新闻发言工作时,他所代表的只能是本部门,必须坚守本部门的立场,为本部门创造有利的舆论影响。并且,新闻发言人应当具备新闻敏感性,具备清晰、简洁的语言表达能力。

其次,新闻发言人能够及时收集媒体或大众的意见告诉相关领导,使相关部门能及时做出反应,同时建议其应该为媒体提供哪些信息来满足媒体的报道需求。这就要求新闻发言人需要与上级紧密沟通,对所在部门的情况了如指掌。基于这点,有些部门的新闻发言人干脆直接由决策者担当,或者由二把手担任。

最后,新闻发言人应当具有一定的基本素养。首先,他需要有一定的政治素养:要有坚定的政治信念和政治敏锐性,对内外政策能够掌握、理解和执行;要密切关注、敏锐把握中央各个时期的各项路线、方针、政策,与时俱进;要树立对外宣传、对外交往的政策意识,准确把握对外宣传的政策;具备国家的法律法规意识,避免出现与国家的法律法规相抵触的言论;有必要的保密和回避意识。其次,他要有一定的业务素养:必须对自己所负责的部门的工作非常精通和熟悉;必须具备一定的新闻素养和新闻业务知识,尽量多和广地拥有人文社会科学和自然科学方面的基础知识;应当具有较高的语言、文字表达能力,善于讲话,善于写作;应当具有较强的组织活动的能力,有很好的人际关系,有随机应变的能力。最后,新闻发言人还要有良好的心理素养。遇事沉稳冷静,不慌不乱,面对突发事件胸有成竹、应对有方。

简言之,作为新闻发言人,应当具有良好的表达能力和开阔的新闻视野,应成为你所代表的政府部门或企业重要信息发布和新闻传播链的起点。

二、新闻发言人发布的基本原则

(一) 真实性原则

真实是新闻与生俱来的特点之一,作为一个新闻发言人,当然要遵循新闻发布中真实性的原则。任何一个政府、企业或媒体,如果大众认为他在说谎,那么,他的公信力将会急剧下降。失去公众的信任,对任何政府部门或企业来说,都是一个极大的损失。由此可见,真实在新闻发言中的重要性。

"发言人的职责就是为公众提供真相。"真相是最好的信息,坦诚是最好的交流。

另外，新闻发言是个复杂而琐碎的工作，难免会出现一些失误。在这种情况下，更不该撒谎、隐瞒。如果撒谎或者隐瞒，那可信度就不保了。在这种情况下，保存好相应的证据，及时纠正错误，想好补救的方法才是上策。

（二）主动性原则

新闻之所以为新闻，精髓就在于它的"新"。虽说记者对社会热点的敏感度高于常人，但记者也并非无所不能，哪里发生了什么事情都一清二楚。这就要求，新闻发言人也要作一个"推销人"，主动把有效信息提供给媒体，走在舆论的前面。

美国的领导人常常举行新闻发布会，甚至会把每天的行程主动告知媒体，从而提高新闻发言的传达率。

（三）金字塔原则

金字塔原则解决的问题是如何使别人在短时间内记住你所讲的内容，也是一个核心信息传达的原则。它的主要内容是，讲话的内容由一个主要观点和三个小观点组成，而这三个小观点是由主要观点拆分而来的，它的作用是用来支撑主要观点。

金字塔＝塔尖＋塔底。

原则1：突出塔尖，即要突出主要观点。

原则2：以一概全，即以一个主要观点来回答所有的问题。

金字塔原则的基础：当人们说话时，所讲的第一句话很重要，以后的话的影响力会逐渐减弱。因此需要不断地重复你的主要观点，来让别人记住。而三个的数目也是根据研究得出的，多于三个的数目会造成记忆的混淆。

金字塔原则的好处就是容易记，容易表达，不易产生误读的现象。这也给了我们一个讲话时要注意的原则，即讲话多用肯定语气，不要使用复杂的句式，不要用带有强烈感情色彩的词语，力求表达能够简洁明了，最好避开那些套话、空话、行话。钱其琛就曾经说过："表态不要开天辟地。不要讲许多过去如何如何，人家关心的是你现在的立场。这种情况过去并不少见。有时，有些部门的表态像论文一样，面面俱到，从历史情况谈起，说半天才绕到主题，或者根本不着边际，效果很不好。"一般的核心信息传达设计包括两方面：我们支持的立场和我们支持这个立场的证据。必要时，可在传达核心信息时加入"非常重要"等提示词，提醒媒体或公众。新闻发言无须面面俱到，但最忌没有重点。

三、新闻发言人发布的基本技巧

（一）语言简洁明了

新闻发言人在发布信息的时候应该避免长篇大论和使用不必要的修辞语句，因为这会让发布的信息变得含糊不清，让听众抓不到核心消息，同时这么做也很容易让一些人借机发挥，在句子中随意断句，对信息进行"二次加工"，发出错误或有偏差的新闻报道。另外，作为新闻发言人通常精通自己的业务，对自己部门或行业的术语更是信手拈来，但是当新闻发言人站在大众面前发布消息，那些听上去"高大上"的专业术语却恰恰会带来反效果，因此一位专业的新闻发言人要懂得将术语转化成普通大众可以听得懂的语言来发布和交流。一些专业术语对普通大众来说难以理解，要是能够附上通俗易懂的解释，传播效果会更好。

（二）旗帜法

旗帜法是通过强调的方式使受众形成最重要印象的方法。使用它的意义在于不被记者的问题牵着鼻子走，旗帜鲜明地传递己方信息、坚守己方阵地。这种方法发言人可以经常使用，既能强调发布的重点，还间接影响媒体的议题和记者的报道角度。常用的旗帜语有这些：

（1）今天我谈了不少问题，我想重点可以归纳为以下三个方面……

（2）最为重要的是……

（3）请大家一定不要忽略了这一点……

（4）我想再强调一下这个问题……

四、新闻发言人与媒体交流的基本技巧

（一）桥梁法

桥梁法是指发言人用合适的过渡言辞，达到与记者沟通的目的，这是最为有效的传播策略之一。桥梁法大体上可以概括为"表态—桥梁语—转移到核心信息"的模式。使用桥梁法，主要是为了不被记者牵着鼻子走，让发言人始终保有话语主导权，从而有效传达核心信息。以下是常用的桥梁语。

（1）更重要的一点是……

（2）你说的不无道理，但除此之外，我想补充一点……

（3）你这个问题太大，我们来着重分析其中的一个方面……

（4）不，你误会了我的意思。让我来澄清一下……

（5）你说的情况我不太清楚，但据我所知……

（6）你提出的这个问题很重要。实际上，很多人都有类似的误解。真实的情况是……

（7）在事情没有完全弄清楚之前，谈这个问题有些为时过早，不过我可以告诉你的是……

（二）说"不"的权利

新闻发言人代表的是一个集体而不是个人，因此当台下的媒体记者抛出不合时宜的、敏感的问题，新闻发言人可以选择不回答。当下，我们处于一个全媒体时代，政府部门、企业的透明度达到了前所未有的程度，新闻发言人在有保密规定的情况下，或正当活动会受到妨碍的情况下，或受保护的私人利益遭到损害的情况下，不得不对大众媒体说"不"，中外均如此。此外，虽然一个合格的新闻发言人会对每一场的新闻发布会进行精心的准备，但是在记者提问环节，难免会遇到超出预期的问题。有些新闻发布会召开得非常紧急，比如，某地区突发自然灾害，当地新闻发言人第一时间站出来发布权威消息，但是往往因为时间紧迫，搜集的信息不多，有些具体的问题还未得到核实，那么新闻发言人就应该如实告知情况，这才是作为新闻发言人专业和诚信的表现。以下是一些新闻发言人表达"不"的常用说法。

（1）这个问题我只能说这些。

（2）我没什么东西要补充的。

（3）我没什么新东西要说。

（4）这个问题不属于我回答的范围，但我愿了解后通过发言人办公室向你做出回答。

（5）这个问题我们正在调查中。

（6）我目前还没有什么细节可提供。

（7）如有这方面的消息，我们会及时发布。

（8）我们会在适当的时间发布。

（9）我没有任何新的情况可以提供。

（10）现在，我想我只能从这个角度回答你这个问题。

（三）回避的技巧

回避也是新闻发言人必备的技巧之一。曾经的美国国防部发言人的卡托把新闻发布会形象地比喻为"布满地雷的战区"，这么形容也不是危言耸听。在发布会上，新闻发言人要面对记者刁钻的问题和强硬的态度，但作为一个机构的代表，不能也不可能对机构的机密知无不言，因此懂得用什么方式来回避这些问题就显得尤为重要了。

有学者指出了以下几种常用的回避的方式。

1. 空话回避

例如，有人问发言人是支持 A 还是 B。发言人可回答："谁是对的就支持谁。"

2. 开玩笑回避

开玩笑回避是指用幽默的方式来避免正面地回答问题。举个著名的案例，1962 年，我国打下了一架进入我方领空的美制高空侦察机，一名外国记者在记者招待会上问陈毅副总理："中方是用什么武器打下的？"陈毅笑着说："记者先生，我们是用竹竿把它捅下来的！"记者这一问题明显涉及了军事机密，在无法告知的情况下，陈毅用了幽默的话语来回答，既不显得生硬，也能给大家一个台阶下。

3. 不回答假设性问题

"如果""假如"类问题一般可以选择避而不答，因为这类问题没有事实依据，回答之后很可能引起麻烦。

（四）归位法

归位法是指回归受众的本位进行回答，站在受众的立场，回答受众最想了解的问题。比如，在介绍灾情时，应把伤亡状况、灾民转移情况以及灾情控制情况放在首位来讲，而非首先罗列各级领导的讲话与批示。这就是秉着"以民为本"的原则，回归人民本位。

（五）共鸣法

共鸣法是指发言人不应当激化与受众的对立情绪，而应当从道德和情感上唤起受众的认同。

（六）反问法

在新闻发言中，记者往往会提出一些刁钻的问题，这时候就要适当地考虑反问法，弄清记者提出这个问题真正的意图。可以用"您觉得这个问题应该怎么样"或者"如果你是我，你会如何处理这个问题"等话语。

案例点评

一、做诚信的新闻发言人

［案例一］

2011年6月16日，四川省凉山州会理县人民政府公众信息网上发表了一篇题为《会理县高标准建设通乡公路》的图片新闻。这篇和其他众多的旨在宣传交通的新闻一样，并没有引起太多人的关注和关心。但是，一位网友在2011年6月26晚将这则新闻放到了网上，并题为《太假了，我县的宣传图片》，指出这篇新闻的图片是PS的，将几位领导的图从别的地方抠出来放到了公路上面。

随即"悬浮照"被网友在微博、论坛中广泛传播，并引发全民"PS大赛"，使得四川会理县这个知名度并不高的县城一夜之间成为全国公众关注的焦点，这对于会理县而言，也是一场公共舆论危机。

6月26日当晚，会理官方网站的此条新闻即被删除。

6月27日，距四川会理领导"悬浮照"曝光仅一天后，会理县政府就发出了言辞恳切的道歉信；并由当事人S将领导考察现场的原图和经过修改的PS图一并放到网上，还原了具体情况，S也开通微博，向社会各界表示歉意，与网友进行了轻松的互动，并保证"在今后工作中绝不再发生类似情况"。

从6月27日晚开始，S在微博上转发并评论网友对会理领导的各种PS图片，从中挑选自己"最喜欢"的与网友分享，并表示自己"在加强练习PS技术的同时，还将学习微博操作，以便跟大家介绍会理县"。

有网友表示，会理县这几位领导做的是一次"真正有智慧"的公关，会理县政府及当事人迅速开微博道歉承认错误，会理县政府似乎也没怪罪技术粗糙的小设计，而且"放任"原照片发布者在微博里兴致勃勃与网友互动交流哪个PS图更好玩，顺

234

便还推销了一下美丽的会理风光,高明!

点评:会理县政府积极回应,道歉并认错,贴出了 PS 前的原图,使网民明白了真相,有利于推动事件向好的方向发展。与一般危机回应不同的是,会理县还向前多走了一步:会理县政府及原照片发布者 S 在新浪网开通实名认证微博,向网友说明情况并致歉。S 不仅态度诚恳,而且将前后照片直接放在网上对比,使网民能更清楚地明白这件事并非造假,而只是善意的修饰,从而赢得了网民的理解。同时,通过巧妙移位,利用微博和幽默的网言网语逆转舆论方向,最后变危机为商机,宣传了会理县的美丽风光。

二、做主动的新闻发言人

[案例二]

2024 年 1 月 17 日傍晚,一条"小孩哥沉默的十秒、浙江文旅一年白干"的话题迅速登上全国热搜新闻榜,这两天一位东北"小冻梨"在杭州研学旅游期间被问及吃到了哪些特色美食,小朋友沉默数秒后,在旁人的提醒下说出了"雪糕"二字。

在全国各地文旅部门"花式内卷"的当下,此言一出迅速引发全国网友大讨论:我有点不信,浙江这么富裕的鱼米之乡还能没有好吃的;谁懂杭州的食物,只有外地人最懂……更有甚者调侃道:孩子几句话,浙江文旅一年白干!

"小孩哥沉默的十秒、浙江文旅一年白干"的热搜出现后,浙江省文化和旅游厅也迅速回应了:"小孩哥的沉默难道不是因为浙江的美食太多了,难以抉择吗? 在这里,一年四季、一日三餐都有不同的美食。宁波的汤圆油润,糯米皮软中带弹,台州的梅花糕软糯香甜,还有清明团子、棉菜饼、麦芽塌饼、艾饺轮番登场。糯米在这里甜咸共存,包裹浙江万物。当然,浙江除了糯叽叽,还有衢州三头一掌、舟山海鲜、绍兴臭豆腐、嵊州小笼包、千岛湖鱼头、温州鱼饼、永康肉麦饼……评论区里留下你最喜欢的浙江美食,一起给浙江文旅上大分。"

点评:浙江省文化和旅游厅迅速反应,及时回应网络热点,避免负面舆论进一步发酵,体现了敏锐的舆情洞察力和危机管理能力;幽默地解释"小孩哥"的沉默为"美食太多,难以抉择",巧妙展示浙江丰富的美食文化,转化潜在负面影响。同时,详细列举浙江各地特色美食,吸引更多人关注浙江饮食文化,提升旅游吸引力;利用热搜话题进行美食宣传,通过网友讨论和互动,扩大浙江美食知名度,实现宣传推广效果。总体而言,浙江省文化和旅游厅通过主动回应,成功化解危机并有效宣传,展示了出色的公关处理能力。

三、新闻发言技巧的运用

[案例三]

2002 年 1 月,有外界盛传我国从国外订购的一架飞机上发现窃听器。在外交部的例行记者会上,不管各国驻京记者如何纠缠,发言人始终就是一句简短答复:"中国是一个爱好和平的国家,不对任何人构成危险,对中国搞窃听是没有必要的。"

点评: 发言人的答复虽然简短,但是旗帜鲜明地表明了我国政府的严正立场。

[案例四]

有记者问美国国务卿基辛格:"美国到底有多少武器?请告诉大家,好让大家放心。"

基辛格答:"我知道美国有多少武器,但是我不能说,因为苏联千方百计想知道美国武器的数量,我不能就这样让苏联不花一分钱就从我这里知道。"

点评: 记者的问题明显涉及了国家的军事机密,换成谁都不可能告知。基辛格这么回答,既礼貌地回绝了记者的提问,记者也不会觉得难堪。

[案例五]

2001 年 4 月 1 日,发生了震惊世界的"中美南海撞机事件"。4 月 5 日,我国时任驻美大使杨洁篪在美国有线电视新闻网(CNN)接受了美国记者的现场提问。面对美方记者的刁难,杨大使严正指出,这一事件完全是由美方造成的,美方应负完全责任,应向中国人民做出解释并道歉。为了加强传播效果,杨大使针对当时美国媒体企图掩盖事实并煽动民众反华情绪的做法,当场讲了一个"故事":"咱们举一个美国的例子:有一个家庭,一所房子,一个前院。但有一伙人总是在这家门前的街上开着车徘徊。他们没有进入到你的前院,但就是日日夜夜月月年年的,在靠近前院的地方开来开去。家里有人出来查看,结果家里人的车子被毁了,人也失踪了。我认为家里人有权问到底发生了什么,应该做一些检查和调查。如果这种道理可以成立的话。我想美国人民能够做出非常公正的判断到底该怪罪谁。"

点评: 杨大使在面对中美南海撞机事件上,并非只是简单强硬地指出是美方的过错,而是巧妙地运用了共鸣法,举了一个贴近美国人民生活的例子,这种方式

236

显然比板着面孔说教更有效、更能让人接受。

[案例六]

在 2021 年 11 月 19 日外交部举行的例行记者会上，一家媒体提问：针对日本东京电力公司发布福岛核污染水排海计划的放射性影响评估报告，韩国原子能安全委员会对此表示遗憾，认为对排海计划的不可避免性没有进行充分说明。中方对此有何评论？

赵立坚答：我注意到有关报道。福岛核污染水排海是真的不可避免，还是日方为了一己私利而一意孤行？如果核污染水真的无害，为什么不向日本国内湖泊排放？事实上，自今年 4 月日本政府单方面做出将福岛核污染水向海洋排放决定后，环太平洋各国以及日本国内民众的质疑和反对一直没有停歇。我要重申，日方应认真回应国际社会、周边国家以及本国民众的呼声，撤销错误决定，不要让核泄漏"黑天鹅"演变成奔腾而来的核污染"灰犀牛"。

点评： 根据提问的角度和问题，新闻发言人一般会综合使用多种方法来灵活应对。掌握当下重点时事新闻，提前做好预判和准备，也是新闻发言人必备的技能。

演练题
精选

新闻发言人发布技巧的演练

1. 库尔斯克号核潜艇是一艘俄罗斯海军 949A 型核潜艇。库尔斯克号核潜艇是专门用来攻击航空母舰的，曾被俄罗斯媒体誉为"航母终结者"。该级潜艇是俄罗斯第三代巡航式导弹核潜艇，是俄罗斯海军力量的核心，共建造 12 艘。同时是人类有史以来单舰火力最强大的海军战役装备，也是世界上最大的战术潜艇。

2000 年 8 月 12 日，库尔斯克号在巴伦支海域参加军事演习时发生爆炸并沉没，艇上 107 名乘员、11 名舰队级的高级将领和助手共计 118 人全部遇难。成为俄罗斯历史上伤亡最惨重的潜艇事故。

此事引起了国际各大媒体的关注。2000 年 9 月，当美国 CNN 电视台记者向普京提问，询问俄罗斯核潜艇库尔斯克号出什么事了，普京做出了简短的回答："它沉了"。

库尔斯克号的沉没，无疑是对俄罗斯军事的一次沉重打击。但库尔斯克号隐藏着许多俄罗斯重要军事机密，所以，当英国和挪威等国主动提出救援时，都被俄方一一拒绝。各路媒体也使尽招数想捕捉库尔斯克号沉没事件的蛛丝马迹。普京简短的几个字，真实地告诉媒体库尔斯克号的状况，同时也委婉地表达了更多细节无可奉告的意思。

如果是你，你会怎么回答呢？

2. 2018 年 4 月 12 日，两名非洲裔的美国人来到位于宾夕法尼亚州费城的一家咖啡店等候朋友，期间，他们想用下洗手间，但是很遗憾，他们遭到了拒绝，拒绝的原因是他们没有在门店进行消费。并且，该门店的负责人在他们坐下后便报警，警方以非法入侵为由将两人逮捕，虽然之后因为证据不足，两人被释放了，但却因门店里的一位顾客将此事视频上传到网络而引发了轩然大波。

如果是你，对于这样的危机事件，面对愤怒的公众，假设作为新闻发言人的你会怎么做？

参考文献

［1］博尔顿.交互式听说训练：人际交流五大技巧［M］.葛雪蕾,朱丽,译.北京：新华出版社,2004.

［2］陈萍.最新礼仪规范［M］.北京：线装书局,2004.

［3］陈莞.实用谈判技巧［M］.北京：经济管理出版社,2003.

［4］黄相怀、宋月红.中国高层决策六十年：中国特色社会主义道路的探索与创新　第三卷　1992—2002［M］.北京：京华出版社,2010.

［5］戴安娜·布赫.自信演讲　自在表达［M］.陈栎蕴,杨凡,译.北京：机械工业出版社,2004.

［6］戴斯蒙德·莫里斯.身体语言［M］.梁豪,译.上海：上海三联书店,2003.

［7］董晓萍.说话的文化：民俗传统与现代生活［M］.北京：中华书局,2002.

［8］多罗茜·利兹.口才［M］.曾献,余瀛波,郭纯品,译.北京：民主与建设出版社,2004.

［9］傅冬勇.汽车销售礼仪与实务［M］.杭州：浙江工商大学出版社,2014.

［10］何欣.口才训练［M］.北京：中国政法大学出版社,2010.

［11］滑志.拿来就用的实用心理学［M］.海口：南海出版公司,2016.

［12］黄先健.令人心悦诚服的艺术：说服与口才［M］.长沙：中南工业大学出版社,1998.

［13］金正昆.自我提升路线图［M］.北京：当代世界出版社,2011.

［14］卡耐基.演讲的艺术［M］.王红星,译.北京：中国华侨出版社,2010.

［15］卡耐基.卡耐基口才的艺术与人际关系［M］.马剑涛,肖文键,译.北京：中国华侨出版社,2010.

［16］卡耐基.语言的突破.［M］.房铭,编译.北京：中国商业出版社,2015.

［17］康家珑.语言的艺术［M］.北京：海潮出版社,2003.

［18］郎劲松. 新闻发言人实务［M］. 北京：中国传媒大学出版社，2005.

［19］雷池. 怎样提高领导能力［M］. 北京：中国致公出版社，2003.

［20］李杰群. 非言语交际概论［M］. 北京：北京大学出版社，2002.

［21］李劲. 超级说服力：在任何场合说服任何人［M］. 苏州：古吴轩出版社，2016.

［22］李军华. 口才学［M］. 2 版. 武汉：华中科技大学出版社，2003.

［23］李希光，孙静惟. 发言人教程［M］. 北京：清华大学出版社，2007.

［24］李元授，邹昆山. 演讲学［M］. 2 版. 武汉：华中科技大学出版社，2003.

［25］刘六英，蔡丽. 演讲与口才［M］. 北京：北京交通大学出版社，2010.

［26］鲁道夫·F. 维德伯. 讲话的艺术［M］. 11 版. 范晓煦，于敦海，译. 北京：中信出版社，2003.

［27］盛大生. 如何实现成功谈判［M］. 北京：北京大学出版社，2004.

［28］史安斌. 全媒体时代的新闻发布和媒体关系管理［M］. 北京：五洲传播出版社，2014.

［29］苏玉. 哈佛最受欢迎的口才课［M］. 北京：中国商业出版社，2014.

［30］孙海燕，刘伯奎. 口才训练十五讲［M］. 2 版. 北京：北京大学出版社，2004.

［31］孙路弘. 说话的力量［M］. 杭州：浙江人民出版社，2013.

［32］唐桂兰. 广告修辞学［M］. 合肥：合肥工业大学出版社，2014.

［33］唐树芝. 演讲语言技巧与实践［M］. 长沙：湖南师范大学出版社，2003.

［34］王朝彦. 主持人语言艺术［M］. 武汉：华中科技大学出版社，2007.

［35］王宇红. 幽默与节目主持人的语言艺术［M］. 北京：中国经济出版社，2003.

［36］吴小楼. 赞美的力量：教你赢得人心的口才艺术［M］. 北京：当代世界出版社，2002.

［37］吴郁. 主持人语言表达技巧［M］. 3 版. 北京：中国广播影视出版社，2020.

［38］谢伦浩. 演讲写作技巧［M］. 北京：石油工业出版社，2004.

［39］谢伦浩. 影响你一生的 100 个辩论技巧［M］. 北京：石油工业出版社，2004.

［40］颜永平，杨赛. 演讲与口才教程［M］. 上海：华东师范大学出版社，2012.

［41］叶晗. 大学口才教程［M］. 杭州：浙江大学出版社，2004.

［42］应天常.口才训练术［M］.上海：上海文艺出版社，2004.

［43］于保泉，鞠荣祥.言语交际案例教程［M］.上海：上海交通大学出版社，2011.

［44］余培侠，舒霖.正方·反方·评方：历届国内大学生辩论会辩词精选精评［M］.北京：西苑出版社，2002.

［45］翟雅丽.教师口语技巧［M］.广州：暨南大学出版社，2001.

［46］张策.新闻发言人［M］.北京：群众出版社，2014.

［47］张晋升.新闻发言人手册［M］.北京：经济日报出版社，2015.

［48］张培弛.怎样提高说话水平［M］.2版.北京：中国致公出版社，2004.

［49］赵宏.你是最会说话的人：准确动人表达的几种方式［M］.北京：地震出版社，2003.

［50］赵毅敏.口才与成功［M］.广州：岭南美术出版社，2001.

教学资源服务指南

扫描下方二维码，关注微信公众号"高教社极简通识"，学生可学习名校通识课，教师可学习教师培训课程、免费申请课件和样书、观看直播回放等。

名校通识课

点击导航栏中的"名校通识"，点击子菜单中的"课程专栏"，即可选择相应课程进行学习。

教师培训

点击导航栏中的"教师培训"，点击子菜单中的"培训课程"，即可选择相应课程进行学习。

教学资源服务指南

 ## 课件申请

点击导航栏中的"教学服务"，点击子菜单中的"资源下载"，注册并填写相关信息即可申请课件。

 ## 样书申请

点击导航栏中的"教学服务"，点击子菜单中的"免费样书"，填写相关信息即可免费申请样书。